# 数普惠 新金融
——中国普惠金融实践案例集锦（2020）

人民日报全国党媒信息公共平台 编

中国金融出版社

责任编辑：陈　翎　杨　敏
责任校对：李俊英
责任印制：张也男

**图书在版编目（CIP）数据**

数普惠　新金融：中国普惠金融实践案例集锦（2020）/人民日报全国党媒信息公共平台编.—北京：中国金融出版社，2020.12
ISBN 978-7-5220-0887-5

Ⅰ.①数… Ⅱ.①人… Ⅲ.①金融事业—经济发展—案例—汇编—中国—2020 Ⅳ.①F832

中国版本图书馆CIP数据核字（2020）第210392号

数普惠　新金融：中国普惠金融实践案例集锦（2020）
SHUPUHUI XINJINRONG: ZHONGGUO PUHUI JINRONG SHIJIAN ANLI JIJIN (2020)

出版　中国金融出版社
发行
社址　北京市丰台区益泽路2号
市场开发部　（010）66024766，63805472，63439533（传真）
网上书店　http://www.chinafph.com
　　　　　（010）66024766，63372837（传真）
读者服务部　（010）66070833，62568380
邮编　100071
经销　新华书店
印刷　北京市松源印刷有限公司
尺寸　169毫米×239毫米
插页　6
印张　19
字数　300千
版次　2020年12月第1版
印次　2020年12月第1次印刷
定价　68.00元
ISBN 978-7-5220-0887-5
如出现印装错误本社负责调换　联系电话（010）63263947

# 编委会

**顾问**（按姓氏笔画排序）

王向楠　王　非　尹优平　叶　斌　邢　炜　成家军　朱进元　任彦祥
刘晓春　杜晓山　李均锋　李丽辉　杨再平　杨　农　杨志海　张永军
张　伟　张　芳　陈玉林　陈　琳　欧阳俊　殷有祥　陶东平　焦瑾璞
曾　刚　樊卫东　潘光伟

**编委**（按姓氏笔画排序）

马　丽　王文妍　王君陶　王晓东　王　璐　孙　晨　李晓波　李　倩
杨青楠　杨紫华　肖　翔　沈小根　张仁民　张玉珂　张建龙　邵　楠
林　啸　郑明秀　赵　阳　赵　娜　姜　涛　贺　霞　秦　默　郭艺萌
唐晓蓉　曹　力　崔　超　梁苎潇　燕　翔　戴　磊　魏　贺

## 开 篇

疫情防控常态化下的数字普惠金融最新进展
　　中国人民银行金融消费权益保护局局长　余文建 …………………… 3
打造扶贫小额信贷"金字招牌"
　　中国银行保险监督管理委员会普惠金融部主任　李均锋 ………… 8
推动金融科技时代金融消费权益保护高质量发展
　　中国人民银行金融消费权益保护局副局长　尹优平 ……………… 13

### 中国普惠金融创新发展情况综述

银行业践行普惠金融，助力脱贫攻坚成果综述
　　中国银行业协会 …………………………………………………… 22
我国"三农"领域普惠保险创新与发展情况
　　中国保险行业协会 ………………………………………………… 26
聚焦主业谋新篇
　　中国融资担保业协会 ……………………………………………… 31
小额贷款公司在发展中践行普惠金融
　　中国小额贷款公司协会 …………………………………………… 37
财务公司行业普惠金融综述
　　中国财务公司协会 ………………………………………………… 44

## 案例篇

### 第一章　中国普惠金融助力抗击疫情案例

＊小微企业高效、全面、实惠"复工贷"精准助力
　　中国农业银行股份有限公司 ……………………………………… 52

（标＊案例为"2020中国普惠金融典型案例"）

\*精准支持　纾困稳企打出普惠金融抗疫组合拳
中国建设银行股份有限公司 ·············· 54

\*用心服务　科技赋能　助力小微企业抗击疫情
中国民生银行股份有限公司 ·············· 57

\*抗疫情　保民生　金融助力春耕备耕
武汉农村商业银行股份有限公司 ············ 60

\*从一线到"后方"　阳光财险多措并举抗疫助复业
阳光财产保险股份有限公司 ·············· 63

\*积极发挥逆周期调节作用　助力企业复工复产
国家融资担保基金有限责任公司 ············ 66

\*信易佳电子保函助力招投标企业实时云复工
中国投融资担保股份有限公司 ············· 69

\*发挥政策性担保作用　助力"战疫情　保春耕"
山东省农业发展信贷担保有限责任公司 ········ 72

\*助力实体经济复工复产　为小微企业纾困解难
佛山市南海友诚小额贷款有限公司 ··········· 75

\*齐心战"疫"携手共进　助力湖北企业渡过难关
中油财务有限责任公司 ················ 77

送上普惠金融"及时雨"　当好疫情防控和助力复工复产"急先锋"
中国邮政储蓄银行股份有限公司 ············ 79

"同舟共济吉银+"金融服务案例
吉林银行股份有限公司 ················ 81

基于电力大数据的企业金融信贷服务
重庆农村商业银行股份有限公司 ············ 83

助力机器人中小企业在战"疫"中大显身手
渣打银行（中国）有限公司 ·············· 86

"医疗专项信贷基金+政府融资担保"贷款
汇丰银行（中国）有限公司 ·············· 89

平安—线医护人员、赴湖北媒体人抗击疫情专项保障
中国平安财产保险股份有限公司 ············ 92

# 目录

"再担抗疫贷"支持企业成功战胜疫情
　　湖北省融资再担保集团有限公司 …………………………… 95

充分发挥担保职能　助力企业抗疫复产
　　哈尔滨市企业信用融资担保服务中心 ………………………… 98

以精准金融服务为抓手　助力中小微企业复工复产
　　内蒙古惠商互联网小额贷款有限公司 ………………………… 101

"责无旁贷"助力汽车产业链　打赢抗疫攻坚战
　　北京汽车集团财务有限公司 …………………………………… 103

征信赋能小微企业信贷解决方案
　　深圳微众信用科技股份有限公司 ……………………………… 106

无接触式闪电融资　金融科技助力小微企业复工复产
　　山东深度网络科技有限公司 …………………………………… 109

战疫情　保民生　促复工
　　中国融资担保业协会党委委员、副会长　陈琳 ……………… 113

新冠肺炎疫情防控常态化下农商行如何做好普惠金融服务
　　湖北省农村信用社联合社党委书记、理事长　李亚华 ……… 117

## 第二章　中国普惠金融助力脱贫攻坚案例

*"亲情贷"让乡情变财富
　　湖北省农村信用社联合社 ……………………………………… 126

*"保险+"扶贫模式让脱贫致富更"保险"
　　中国人民保险集团股份有限公司 ……………………………… 128

*保障农村低收入群体——小额保险项目
　　平安养老保险股份有限公司 …………………………………… 131

*"扶贫保"项目——堵住因病返贫回头路
　　中国人寿保险股份有限公司宁夏回族自治区分公司 ………… 133

*"科技型融担+农担"——"惠农贷"创新"三农"普惠金融业务模式
　　平安普惠融资担保有限公司 …………………………………… 137

聚焦外出务工群体　关爱留守儿童及老人　助力乡村振兴
　　中原银行股份有限公司 ………………………………………… 140

3

做好惠农金融服务　助力乡村振兴
　　哈尔滨银行股份有限公司 …………………………………… 142
普惠金融助力脱贫攻坚在行动
　　江西九江农村商业银行股份有限公司 ………………………… 145
"防贫保"创新防贫机制　助力脱贫攻坚
　　中国太平洋财产保险股份有限公司 …………………………… 147
"扶贫一保通"　为脱贫攻坚筑牢安全线
　　中国人寿财产保险股份有限公司 ……………………………… 150
立足"三农"　"储粮贷"携手农牧民奔小康
　　喀喇沁旗中昊小额贷款有限公司 ……………………………… 153
文投速度助"三农"
　　陕西文化产业小额贷款有限公司 ……………………………… 156
"减息""延期"多措并举　专注农贷助力"三农"
　　大理吉时与小额贷款股份有限公司 …………………………… 159
蕲艾纤维项目低息贷款推动产业扶贫
　　招商局集团财务有限公司 ……………………………………… 162
普惠金融助力脱贫攻坚案例点评
　　中国小额信贷联盟理事长　杜晓山 …………………………… 165
以新金融赋能普惠金融助力打赢脱贫攻坚战
　　中国建设银行党委书记、董事长　田国立 …………………… 170

## 第三章　中国普惠金融产品创新案例

*创新型工具"工银e信"　精准助力小微企业复工复产
　　中国工商银行股份有限公司 …………………………………… 176
*中商惠民与新零售共成长
　　北京中关村银行股份有限公司 ………………………………… 179
*普及城乡惠民惠农　服务基层央企担当
　　中邮人寿保险股份有限公司 …………………………………… 182
*"惠农担"标准化农担金融产品
　　湖南省农业信贷融资担保有限公司 …………………………… 186

\*养牛场里的信贷"私人订制"
  山东省鲁信小额贷款股份有限公司 ·············· 189
"专精特新"工企贷
  中国银行股份有限公司 ·············· 192
小微企业出海的"指路明灯"——小微资信红绿灯
  中国出口信用保险公司 ·············· 194
创新供应链业务模式　助力中小微企业发展
  四川发展融资担保股份有限公司 ·············· 196
"奶企担"助力宁夏奶企"加速跑"
  西部（银川）担保有限公司 ·············· 199
"微生素"小微金融生命体系解决方案
  东方微银科技（北京）有限公司 ·············· 202
多方发力　产品创新助力普惠金融发展
  国家金融与发展实验室副主任　曾刚 ·············· 205
发展工程建设领域保证保险　英大长安助力企业全流程风险防范
  国家金融与发展实验室副主任　曾刚
  中国社会科学院保险与经济发展研究中心副主任　王向楠 ·············· 209

## 第四章　中国数字普惠金融案例

\*科融e贷　基于大数据应用的科创企业授信评价体系
  齐鲁银行股份有限公司 ·············· 216
\*科技赋能　实现农商小微业务数字化转型
  江苏南通农村商业银行股份有限公司 ·············· 218
\*金融科技助力供应链金融服务平台焕新
  深圳前海微众银行股份有限公司 ·············· 221
\*智能大数据智数营销赋能引擎服务项目
  上海安硕信息技术股份有限公司 ·············· 223
\*小微企业信贷风控服务解决方案
  上海冰鉴信息科技有限公司 ·············· 226
\*基于大数据分析　实现信贷精准投放
  福建省农村信用社联合社 ·············· 230

"中小云链"以金融科技破解信用穿透难题
　　深圳担保集团有限公司 ·················· 233
提高科技化水平　赋能家居中小微企业
　　上海黄浦红星小额贷款有限公司 ·············· 236
数字普惠金融的守正创新：提升效率　防控风险
　　中国社科院保险与经济发展研究中心副主任　王向楠 ····· 239
金融科技助力普惠金融发展
　　微众银行党委书记、行长　李南青 ············· 243

## 第五章　中国普惠金融可持续发展案例

*践行赤道原则促进商业银行可持续发展
　　兴业银行股份有限公司 ··················· 248
*内外兼修　锤炼小微服务能力
　　深圳农村商业银行股份有限公司 ·············· 251
*惠农保使"三农"融资门槛不再高
　　浙江省担保集团有限公司 ·················· 254
*基于风险穿透式管理的信保业务可持续发展
　　英大长安保险经纪有限公司 ················· 257
*北京市金融风险监测预警平台
　　北京金信网银金融信息服务有限公司 ············ 260
好伙伴成长计划构建新型银企关系
　　日照银行股份有限公司 ··················· 263
"红原模式"助力藏区农牧业发展
　　中航安盟财产保险有限公司 ················· 266
"优学e+"学费分期贷款产品及资产证券化实践
　　青岛城乡建设小额贷款有限公司 ·············· 268
政策性天使科贷
　　苏州市融风科技小额贷款有限公司 ············· 270
可商业化的户用光伏创新普惠金融产品
　　浙江互联网金融资产交易中心股份有限公司 ········ 273

"农村数字金融综合服务体系"助推普惠金融可持续发展
　　吉林省农村金融综合服务股份有限公司 …………………… 276
普惠金融是现代金融重要的供给侧改革
　　清华大学国家金融研究院副院长　张伟 ………………………… 279
为全面打赢脱贫攻坚战贡献金融力量
　　中国农业银行三农业务总监　陈军 ……………………………… 284

后记………………………………………………………………………291

# 开 篇

# 疫情防控常态化下的数字普惠金融最新进展

中国人民银行金融消费权益保护局局长　余文建

新冠肺炎疫情发生以来，党中央、国务院迅速部署开展疫情防控工作，采取有力措施帮助小微企业渡过疫情难关。中国人民银行、财政部、银保监会、证监会、外汇管理局等部门及时出台多项政策，全方位开展金融支持疫情防控工作。金融机构积极采取行动，克服疫情带来的不利影响，完善数字普惠金融产品和服务，确保小微企业金融服务不停摆。当前进入疫情防控常态化阶段，应继续充分发挥数字普惠金融的作用，赋能小微企业可持续经营，支持实体经济发展。

## 一、数字普惠金融经受疫情考验

受疫情影响，传统面对面的金融服务方式必须调整和改变。金融机构充分发挥数字普惠金融"非接触性"的优势，降低了传统金融服务对物理网点、面对面接触的依赖，及时适应了疫情防控常态化的要求，在数字普惠金融服务方面取得了新的进展。

金融机构适应数字经济发展的要求，积极探索数字化转型。数字普惠金融将大数据、云计算、生物识别、人工智能、区块链等信息技术创新成果应用于服务普惠金融的目标群体，具有共享、便捷、低成本、低门槛的特点，在金融的商业模式、产品服务、组织架构等方面产生了诸多创新，丰富了金融服务主体，延伸了金融服务触角，提高了市场竞争性，具备服务长尾客群、降低交易成本、分散金融风险、回归金融本质的功能，对于不同群体的各类金融需求具有较强适应性，以低成本、广覆盖的特点增强了普惠性，有效地解决了普惠金融发展中商业可持续和成本可负担两大难题。

在本次新冠肺炎疫情期间，数字普惠金融突破了金融服务的时空限制，有效服务了"非接触经济"。数字技术的运用，使金融机构可以提供7×24小时的在线金融服务，不再局限于传统的物理网点和工作时间，让客户随时随地获得金融服务。本次疫情加快了"数字世界"场景的到来，无论是疫情下的家居生活，还是单位远程办公，乃至疫情防控中社会治理的各个方面（比如"健康码"），数字化快速融入人们的日常工作与生活，金融机构的数字化转型也经受住了本次疫情的"大考"。

在银行服务方面，商业银行积极推广金融服务的线上办理，减少人员流动，规避了交叉感染风险。通过数字化方式为客户提供账户开立、支付结算、转账汇款、投资理财、现金管理、贸易金融等综合性金融服务，保证业务的连续性。商业银行大力推广数字化贷款产品，帮助企业维持经营和发放工资，稳定了实体经济。通过数字化方式提供便捷的贷款服务，采取信贷额度倾斜、贷款延期或展期、扩大利率优惠幅度等措施，实现客户自主操作快捷支用，从而有效解决了疫情防控期间小微企业和个体工商户的资金周转问题。充分利用线上方式保持投诉渠道畅通，优化客户咨询、投诉处理流程，及时妥善处理疫情相关的金融咨询和投诉。

在保险服务方面，保险公司数字化服务渠道不断完善，科技助力下，智慧保险和保险产品创新明显加速发展。互联网保险加快普及，健康险、车险、农业险等险种的全部流程都可在线自助完成，实现了24小时在线承保服务，做到疫情期间保险服务不中断。保险公司通过微信、APP等线上渠道24小时受理客户报案。客户可通过拍照方式实现全数字化理赔，无须提供纸质材料。

在投资理财服务方面，证券市场加快实现在线化、数字化，支持了疫情期间A股市场交易量不降反增，使企业直接融资渠道保持畅通。智能投顾技术得到更多应用，通过数字技术帮助投资者购买与其风险承受能力相适应的低门槛正规理财产品，有利于人民群众的财产保值增值。

## 二、数字普惠金融有效助力解决小微企业融资难、融资贵、融资慢问题

在疫情防控常态化下，金融机构发挥数字普惠金融的优势，针对小微企

业融资中信息不对称、抵押物缺乏等痛点，综合运用大数据、云计算、人工智能、区块链等技术，为小微企业提供无抵押、无担保的纯信用贷款，助力解决小微企业融资难、融资贵、融资慢难题，帮助小微企业控制经营成本，拓展融资渠道，提升抵御外部"黑天鹅"冲击的能力。

金融机构要高度重视对小微企业的金融服务。国家统计局发布的第四次全国经济普查系列报告显示，2017年我国中小微企业法人单位约2800万家，比2013年末增长115%，占全部企业法人单位的99.8%；若计入个体工商户、家庭式作坊，全国小微企业数量达到9379.4万户，占全国各类工商市场主体的95.6%。2018年末，我国中小微企业吸纳就业人员23300.4万人，占全部企业就业人员的79.4%。可以看出，"保就业、保市场主体"的关键就是保小微企业；对金融部门来说，就是要做好对小微企业的金融服务。

过去，很多小微企业和个体工商户缺乏可以追踪的"数字足迹"，不但游离于正规金融体系之外，而且事实上处于正规经济统计体系的边缘地带。数字普惠金融运用大数据给客户画像，有助于金融机构直接了解小微企业和个体工商户的有效金融需求，从而能够更精准地给予金融支持。

疫情期间，金融机构通过数字化渠道提升获客能力和服务效率，通过技术替代和规模效应降低服务成本，催生了小微企业金融服务新业态，更好地实现小微企业贷款申请环节零纸质资料提供、零申贷成本、秒批秒贷、随借随还、自动化放贷、批量化服务。通过基于区块链等技术的供应链融资平台，产业链核心企业的信用得以在平台内流动，覆盖产业链上下游小微企业，从而支持上下游、产供销、大中小企业协同复工达产。除经营性贷款外，消费类的数字信贷服务也发挥了支持实体经济的作用，帮助个人平滑消费、渡过疫情难关，同时通过促进消费扩大内需，增加了对小微企业产品和服务的终端需求。

## 三、数字普惠金融在解决小微企业"首贷难"问题上成效明显

小微企业融资难的突出表现是首次获贷难。数字普惠金融借助大数据、云计算、人工智能等技术手段，充分发挥各类替代性数据的作用，助力解决小微企业"首贷难"问题。我国小微企业平均寿命在3年左右，却平均在成立4年零4个月后才能首次获得贷款。然而小微企业一旦获得首次贷款，随后获

得第2次贷款的比率为76%，得到4次以上贷款的比率为51%，后续融资的可得率较高。传统的征信记录主要包含客户的历史负债数据，帮助金融机构进行信贷决策。小微企业是传统征信"薄档案"群体，如果只使用传统负债类数据，必然会产生首次获贷难的问题，对没有贷款历史的小微企业，无法预估其还款意愿和能力。

在经济数字化程度加深过程中产生了大量替代性数据，能够对传统征信数据起到有益补充，帮助金融机构多维度了解小微企业的经营状况，为信贷决策提供替代性的依据，促进小微企业获得首次授信，产生初始的信贷记录和相应的还款记录，进而形成良性循环。替代性数据可分为支付类、政务类、商业类三类。其中，支付类数据主要来自金融机构和支付机构，包括企业账户日常的支付结算、转账流水记录等；政务类数据主要来自公共部门，包括税务、工商等各类行政和司法数据；商务类数据主要来自各类企业，特别是互联网的大数据。

为适应疫情防控的需要，金融机构更多地使用替代性数据解决小微企业首贷难问题，有力地支持了实体经济恢复发展。在获客方面，金融机构利用替代性数据推出客户"白名单"，实现系统化获客；在风控方面，金融机构以大数据为基础，运用机器学习算法训练风控模型，为客户画像，对欺诈识别、信用风险评估、贷后管理等应用场景提供有力支撑，通过综合分析征信数据和替代性数据，更全面地评估信用风险；在产品设计方面，商业银行推出了以税务类数据为基础的"银税贷"产品，涉税信息的真实度较高，对银行而言较为可信，可以帮助银行判断企业是否履行纳税义务和是否正常经营，可推算出企业的实际销售收入和实际利润，从而做出合理的信贷决策。

## 四、数字普惠金融能够成为小微企业可持续发展的长期动能

金融是实体经济的血液，数字普惠金融同样也是数字经济的血液。数字普惠金融与"六稳"工作中的稳就业、稳金融和"六保"任务中的保就业、保市场主体等直接相关。数字普惠金融通过技术创新支持实体经济恢复发展，可以在数字乡村、智慧城市建设等方面发挥重要作用，在"稳"和"保"的基础上，还能做到"进"，实现金融服务水平稳中有进，成为小微企业可持续发展的长期动能。

未来，金融机构在大数据、云计算等技术基本成熟的基础上，还可以进一步发挥人工智能、区块链、开放银行API等新技术的优势，构建"生态化、智能化、开放化"的数字普惠金融良好生态，实现各相关参与方良性互动、优势互补、合作共赢的生态格局，全方位赋能小微企业的可持续发展，同时要进一步完善数字普惠金融监管体系，加强数字普惠金融风险防范，守住不发生系统性金融风险的底线。

# 打造扶贫小额信贷"金字招牌"

中国银行保险监督管理委员会普惠金融部主任　李均锋

为认真贯彻落实习近平总书记关于金融扶贫的重要指示精神，2014年以来，银保监会、财政部、中国人民银行、国务院扶贫办等部门联合推出专门为贫困户量身定制的扶贫小额信贷，其政策要点是"5万元以下、3年期以内、免担保免抵押、基准利率放贷、财政贴息、县建风险补偿金"，精准用于建档立卡贫困户发展生产、持续增收，切实增强贫困户脱贫致富内生动力。扶贫小额信贷产品推出后，在有效解决贫困人群"贷款难、贷款贵"这一历史性、世界性难题方面发挥了重要作用，为我国金融扶贫探索取得了许多宝贵经验。

## 一、扶贫小额信贷取得良好成效

近年来，银保监会等部门先后印发了《关于创新发展扶贫小额信贷的指导意见》《关于促进扶贫小额信贷健康发展的通知》《关于进一步规范和完善扶贫小额信贷管理的通知》《关于积极应对新冠肺炎疫情影响切实做好扶贫小额信贷工作的通知》等政策文件，不断完善扶贫小额信贷支持政策；以乡镇为单位确定扶贫小额信贷主责任银行，实施名单制、精准化管理；实施差异化监管，提高扶贫小额信贷不良贷款容忍度，落实尽职免责机制，加大扶贫再贷款支持；不断完善财政贴息和风险补偿机制，加强基层银行机构与基层党组织"双基联动"，推动扶贫小额信贷持续健康发展，取得显著成效。

截至2020年第一季度末，全国扶贫小额信贷累计发放4443.5亿元，累计支持建档立卡贫困户1067.81万户次，超过全部建档立卡贫困户的三分之一；余额1795.25亿元，覆盖户数449.71万户；累计续贷金额402.85亿元，累计续贷户数96.71万户；累计展期金额98.77亿元，累计展期户数24.81万户。

## 二、扶贫小额信贷具有典型金融精准扶贫特征

扶贫小额信贷是一款典型的金融精准扶贫信贷产品，具有四个鲜明特点。一是精准性高。扶贫小额信贷遵循户借、户用、户还原则，准确投放给贫困户个人，用于发展生产、实现脱贫致富。二是可获得性强。贫困户不用向银行等金融机构提供抵押物或担保即可申请，贷款办理手续十分简便。三是成本低。银行机构按照基准利率放贷，大部分地区以财政资金进行全额贴息，贫困户只需偿还贷款本金。四是期限长。根据贫困户发展生产需要，合理确定贷款期限，最长可达3年。

扶贫小额信贷在政策措施、信贷模式、服务方式、信息共享四方面进行了创新实践。在政策措施上，通过财政贴息、风险补偿、扶贫小额信贷保险和拓宽贫困户参与扶贫特色优势产业建设渠道等方式和途径，合理压降综合成本，切实提高扶贫小额信贷综合收益。在信贷模式上，稳步推进"金融监管部门+地方政府+主办银行+特色保险+市场主体+贫困农户"等模式创新，切实增强工作合力，进而实现扶贫小额信贷目标和规模。在服务方式上，探索建立县、乡、村三级联动的扶贫小额信贷服务平台或金融服务站，为建档立卡贫困户提供信用评级、建立信用档案、贷款申报等金融服务。在信息共享上，推进扶贫信息网络系统与银行贷款管理系统对接，增强银行金融机构获客及了解贫困户信息的准确性和便利性。

## 三、扶贫小额信贷为金融扶贫探索提供了宝贵经验

银保监会作为金融监管部门，主要从监管引领和督促指导的角度入手，加强与地方党委政府、基层党组织、银行金融机构多方协同，主要从五个方面发力推动扶贫小额信贷有序投放。

一是充分发挥监管部门引领力。银保监会明确提出，对包括扶贫小额信贷在内的精准扶贫贷款，不良贷款率高于自身各项贷款不良率年度目标3个百分点（含）以内的，可不作为监管评级和银行内部考核评价扣分因素；不断完善精准扶贫贷款尽职免责制度，进一步明确免责问责标准，大力营造信贷人员"敢贷、愿贷、能贷"的良好环境。

二是充分发挥金融机构支持力。督促各国有大型银行、股份制银行、农村中小金融机构结合自身定位，持续把扶贫小额信贷作为贫困户贷款的重要产品，发挥主责任银行属地优势，指定专人负责，优化业务流程，提高金融服务质量。

三是充分发挥基层党组织保障力。近年来，各地不断优化县、乡、村三级金融服务网络，大力发挥村两委、驻村帮扶工作队等基层力量作用，扎实做好扶贫小额信贷政策宣传工作，协助做好贷前、贷中、贷后管理。

四是充分发挥各部门推动力。加强与财政部、国务院扶贫办等部门合作，推动各级地方财政和扶贫部门共同落实好财政贴息等支持政策，建立健全风险补偿机制。加强考核督促，将扶贫小额信贷质量、逾期贷款处置等情况纳入地方党委政府脱贫攻坚年度考核内容，定期通报工作进展情况。协同各级扶贫部门共同做好组织协调、政策宣传等工作。

五是充分发挥先进典型感召力。积极发挥典型引路作用，指导各地推广复制河南卢氏、甘肃盐池、湖南宜章、河南兰考等扶贫小额信贷成功模式。比如"河南卢氏"模式的县、乡、村三级金融服务网络模式得到广泛推广应用，取得积极成效。

## 四、努力化解新冠肺炎疫情带来的扶贫小额信贷困境

新冠肺炎疫情来得很突然，对金融监管部门和银行等金融机构是一场大战和大考，也给金融助力脱贫攻坚带来前所未有的严峻挑战和考验。一是扶贫小额信贷到期还款压力和风险比较大。新冠肺炎疫情对贫困户生产经营和扶贫车间、传统种养业、乡村旅游等冲击较大，导致部分贫困户收入减少，还款能力和还款意愿下降。二是扶贫小额信贷发放和催收工作业务办理受到一定影响。因疫情防控需要，信贷前现场评估调查工作难度大，简化业务流程有难度，而部分贫困户无法自主完成线上操作；同时，由于难以及时了解借款贫困户真实情况，部分到期贷款催收和办理展期、续贷工作受到影响。三是部分地方财政贴息、风险补偿政策落实不到位。财政贴息资金申请流程较长，部分财政贴息资金到位滞后；风险补偿政策落实难，有些地方政府风险补偿迟迟难以到位。

上述问题的存在，给扶贫小额信贷持续健康发展带来了一定的风险隐

患。银保监会对此高度重视，主要从五个方面来抓扶贫小额信贷风险防控。一是及时出台金融扶贫支持政策文件。明确要适当延长受疫情影响还款困难的贫困户扶贫小额信贷还款期限，简化业务流程手续，切实满足有效需求，对符合申贷、续贷、追加贷款等条件的，及时予以支持。二是督促银行机构认真做好贷款"三查"工作，切实把精准扶贫贷款"贷前调查、贷中审查、贷后检查"做深做细，准确掌握资金流向。三是积极发挥村两委、驻村帮扶工作队等基层力量作用，配合银行机构做好扶贫小额信贷政策宣传、贫困户信用评级、贷款申请评估、贷款使用监测指导、逾期贷款清收等工作。四是进一步加强对贫困户的产业帮扶和生产技术培训，加大银行机构支持消费扶贫力度，帮助贫困户销售农产品。五是建立完善风险补偿机制，由地方政府设立扶贫小额信贷风险补偿金，对最终无法偿还的贷款予以风险补偿。

从2020年第一季度情况看，全国扶贫小额信贷风险整体可控，不良贷款余额7.31亿元，不良贷款户数2.24万户，不良贷款率0.41%，远低于商业银行整体不良贷款率；已有3.55万笔贷款共12.16亿元获得风险补偿。

### 五、切实做好扶贫小额信贷与乡村振兴战略的衔接

2020年脱贫攻坚战收官后，银保监会坚持"四个聚焦"，做好与乡村振兴战略的衔接，进一步发挥扶贫小额信贷重要作用。

一是聚焦顶层设计，更加明确扶贫小额信贷政策和关键要素。近期，银保监会将与财政部、中国人民银行、国务院扶贫办联合印发通知，进一步完善扶贫小额信贷有关政策，明确提出脱贫攻坚期内签订的扶贫小额信贷合同（含续贷、展期合同）在合同期内各项政策保持不变；将返贫监测对象中具备产业发展条件和有劳动能力的边缘人口纳入扶贫小额信贷支持范围；对受疫情影响出现还款困难的贫困户扶贫小额信贷，在延长还款期限最长不超过6个月基础上，进一步延长到2021年3月31日。

二是聚焦政策落实，切实解决好扶贫小额信贷的新情况、新问题。指导各地进一步将相关政策保障和支持举措落到实处。要妥善解决扶贫小额信贷出现的新情况、新问题，指导督促银行机构针对贫困户实际情况，简化扶贫小额信贷业务办理流程，优化银行信息系统设置，进一步加强延期、展期、续贷业务管理。

三是聚焦经验推广，全面总结、广泛宣传金融精准扶贫经验做法和成功模式。认真梳理扶贫小额信贷助力精准扶贫的工作亮点、典型案例、经验做法，加大交流推广和新闻宣传力度，讲好扶贫小额信贷故事，充分展现金融扶贫成果。

四是聚焦长远发展，加大脱贫攻坚期后扶贫小额信贷与乡村振兴有效衔接长效机制研究力度。要进一步加强扶贫小额信贷发展长效机制研究，进一步优化扶贫小额信贷的额度、期限、投放主体等，进一步推动形成部门工作合力，切实让扶贫小额信贷更好地惠及贫困群众，服务好乡村振兴战略。

（本文经作者同意摘编自《中国银行保险报》专访）

# 推动金融科技时代金融消费权益保护高质量发展

中国人民银行金融消费权益保护局副局长　尹优平

金融科技是技术驱动的金融创新，旨在运用现代科技成果改造创新金融产品、经营模式和业务流程等，推动金融发展提质增效。近年来，随着人工智能、大数据、云计算、物联网等信息技术与金融业务深度融合，金融科技正在驱动金融服务业重构，革新传统金融行业，引领金融业务创新，在支付清算、财富规划、筹融资、智能投顾、数字货币、数字身份安全等领域取得快速发展。在此过程中，一系列金融科技类产品和服务如雨后春笋般涌现出来，在为消费者提供更多选择和极大便利的同时，也大大增加了信息泄露、信息欺诈的风险，给金融消费者权益保护和金融安全带来了新的挑战。目前，许多发达国家已经将消费者保护作为金融科技监管的基本原则之一，从技术应用、法律监管层面构建了基本的消费者权益保护体系。面对新技术、新业态的发展，如何完善规则、创新工具，提升金融消费者福祉，推动符合消费者利益的充分竞争和多重保护，值得我们金融从业者深入研究。

## 一、金融科技时代下消费者权益保护的新特点

作为金融业务与信息技术深度融合的产物，金融科技产品与服务具有高度的虚拟性。在金融行业，产品和服务具有虚拟性和不确定性特征，经营者、消费者、监管部门等市场主体行为高度依赖所获取的信息。而在信息获取与处理方面，借助大数据、人工智能等技术和互联网信息平台对传统金融业务流程进行变革、创新和重塑，金融科技具有高效便利的特征和元素。经金融科技改造后的金融业务以客户为中心，呈现出比传统模式更强的虚拟性特征。一方面，大多数金融科技产品或服务主要通过数字化方式来呈现，产

品交付与消费也主要通过线上完成,相应的交易场所和交易方式都是虚拟化的。另一方面,金融科技产品与服务交易结算很少表现为传统的面对面资金往来,主要通过诸如第三方支付平台等网络支付的方式来完成。

金融科技产品与服务交易高度虚拟化,进一步加剧了金融市场信息不对称问题。金融科技产品本身非常复杂,既涉及大量的信息科技知识,又涉及大量的金融专业知识。这意味着,较好地理解金融科技产品与服务需要严格的专业训练。但是,普通消费者几乎不可能具备这样的条件,存在信息科技素养与金融专业知识上的双重劣势。由于认知水平跟不上金融科技更新速度,普通消费者对金融科技产品与服务的了解往往局限于网上发布的产品描述,难以据此准确判断金融科技产品与服务的真实收益,无法对其潜在风险作出全面、客观的评估。与此同时,金融科技产品与服务的提供者可能会有目的地利用与消费者的信息不对称问题来推销业务,强调高收益却对风险避而不谈,由此导致交易主体双方信息不对称问题更趋严峻,严重威胁金融消费者的权益。

本质上,金融科技是利用新兴科学技术的工具价值实现金融行业的创新发展。在金融科技业务中,信息科技元素只起到技术工具、媒介和思维的作用。金融科技的发展和创新不会改变金融活动的本质,不会出现金融的科技化问题。也就是说,金融科技产品与服务本质上仍旧属于金融产品,其消费者拥有一般金融消费者该拥有的全部法定权利,不受金融科技发展的任何影响。不仅如此,考虑到金融科技产品与服务的虚拟性更强,面临的信息不对称问题更严重、更隐秘,相关领域的消费者保护应更加强调对消费者在知情权、隐私权、财产安全权、受教育权及公平交易权等方面的保护。

## 二、金融科技时代下金融消费者权益保护迎来新机遇

金融科技通过强化数据获取、归集、使用,生产了大量信息,对市场主体行为产生了积极影响,为金融普惠发展提供了机会,降低了消费者进入金融市场的门槛,提高了金融市场的运行效率。如果将区块链、人工智能、大数据等金融科技引入金融监管,应用于消费者权益保护等方面,就可为行政机构科学监管提供坚实的数据支撑,有助于解决金融科技创新驱动下出现的消费者权益保护困境。事实上,我国监管信息化建设目前已见成效,基本具

备运用监管科技保护消费者权益的条件。大数据、云计算等技术的日益成熟为监管科技提供了技术基础,各类人工智能算法的成功应用为监管科技提供了先进案例。与此同时,诸多基于科技而运营的金融基础设施陆续建成,进一步助推了监管科技应用。

第一,有助于解决金融机构与金融消费者之间的信息不对称问题。无论金融产品如何创新,其资金的来源和流向均需要进行会计记账,区块链技术可使记账信息更为及时和完整。如果将区块链的分布式记账技术引入整个金融市场,可以第一时间获取资金的来源和流向信息,获取穿透式的信息。资金无论是流向其他金融机构,还是流向实体经济,均可以得到实时监测。而且区块链技术具有去中心化、开放性、信息不可篡改等突破性优势,可协助监管当局核查金融机构披露信息的真伪,督促金融机构完善信息披露内容,实现消费者与金融机构之间的信息对称。

第二,有利于更好地识别风险。在获取资金流转的信息之后,资金的来源和流向是否合规、是否会造成较大的风险,均可以利用大数据进行进一步分析。此外,应用大数据技术还有助于进行风险评估,针对资金流入的领域以及流入量的大小可以定量识别投资风险,提高金融消费者的风险识别能力。

第三,有利于及时规避风险。机器学习技术使人工智能的分析和应对行为更加智能,可以从多个维度帮助监管部门判定资金的流向是否会产生风险,以及发生风险事件的概率有多大。一旦概率超过临界值,人工智能就会自行报警以提醒监管方,或者自动对相关金融机构采取措施,纠正其行为,降低金融风险。

第四,有利于数据安全保护。在网络安全设施方面,监管科技可以对金融机构信息系统如防火墙、入侵监测、数据加密等方面进行检查维护。对金融机构使用的第三方签名、电子认证等技术的潜在数据信息安全风险,监管科技也有能力构建严格的规范机制、加密机制和脱密机制并进行评估和防范。对监管体系的数据安全风险,同样可基于监管科技构建一套智能评估体系,对体系中各个数据孤岛的安全状况进行统一监测。

## 三、金融科技发展对金融消费者权益保护带来新挑战

信息质量良莠不齐加大了消费者识别难度，增加了识别成本，增强了金融机构信息垄断优势，从而使得金融素养低、风险意识薄弱的群体面临的交易风险不断上升。与此同时，金融科技打破了服务地域和空间限制，提高了风险传导速度，推动参与主体和业务交叉，致使风险复杂性上升，风险传导范围扩大，暴发系统性金融风险的可能性加大。随着金融科技创新的迅速发展，消费者权益保护面临新的困境。一是金融消费者财产安全风险系数加大；二是金融消费者知情权信息差异性加大；三是金融消费者个人信息安全脆弱性加大；四是金融风险识别的复杂度加深；五是金融消费者维权难度系数加大。这些风险和问题给金融消费者权益保护工作带来了新的挑战。

### 1. 对市场行为监管的挑战

消保职责划分、监管科技与金融科技发展不适应。分业监管看起来是各司其职、分工明确，实则与金融科技下金融业的混业经营、创新发展不相适应。随着科技与金融的融合，金融业务呈现交叉和跨区域发展趋势，导致监管边界日渐模糊。在出现跨行业、跨市场纠纷时，各监管机构既缺乏识别和规制的主动性，又缺乏识别和规制的能力。由于无法约束其他部门，监管协作机制实质上处于缺位状态，各监管机构无法迅速识别和应对市场风险，从而出现监管滞后的现象。

### 2. 对现行法律体系的挑战

相关领域的法律法规空白造成保护依据缺位。一是金融科技监管基础法律缺失。网络借贷、互联网保险、股权众筹虽已有相关监管政策，但都以具体的金融科技创新业务作为规制对象，缺乏对"金融科技"这一本体的基础监管。二是个人信息保护制度薄弱。金融科技发展促使个人金融信息流转环节增多，受不法分子违法违规操作、病毒侵入等影响，信息泄露风险不断增加。现行关于个人信息保护的制度散落在《网络安全法》《消费者权益保护法》中，且未有明确的对"个人信息"以及"个人信息权"的定义等内容。三是区块链、人工智能等金融科技的法律界定和监管缺失。

### 3. 对纠纷解决机制的挑战

解决途径有限，保护力度不足。一是官方纠纷解决途径不畅，维权成

本较高。金融科技创新业务具有交叉性和创造性，业务边界模糊，容易出现求告无门、维权被拒的情况，特别是增加了弱势消费群体维权难度和纠纷解决成本。二是金融消费纠纷机制（ADR）建设缺乏统一标准。金融机构内部处理机制不到位，ADR机制通过网络技术进行，相关材料真实性难以判定，且缺乏金融科技专业人才，严重影响了纠纷解决的成功率。三是纠纷认定缺少倾斜保护。金融科技发展加剧了信息不对称，金融消费者弱势地位更趋明显，举证难的问题更趋严重。如无必要的倾斜，金融消费者权益就得不到有效保护。

#### 4. 对金融教育工作的挑战

消费者金融素养提升跟不上金融科技创新发展的速度。一是消费者金融科技素养与金融风险不匹配；二是金融教育体系建设与时代发展不匹配；三是教育惠及面与金融普及程度不匹配。近年来，国外参与金融教育的消费者数量快速增加，尤其是农村居民、社区老人和在校学生等群体不断扩大，但是在国内，对金融消费者的教育目前还主要按照传统方式展开，有针对性地解决"数字鸿沟"问题的宣传教育严重不足。

### 四、运用监管科技推动金融消费者权益保护的新发展

SWOT分析结果显示，监管科技不仅有助于金融消费者权益保护，而且在当前互联网金融消费者权益保护领域还具有自身独特的优势。在国家层面上，政府对发展监管科技也持鼓励态度。但是，当前监管模式传统而僵化，监管法律法规相对滞后，规则和标准不统一，使监管科技无法有效应用于金融消费者权益保护。在金融科技时代，消费者权益保护应与时俱进，通过发展监管科技、丰富监管手段，平衡交易双方的信息和地位差异，提高风险警示的有效性。

#### 1. 坚持金融为民，健全金融消费者权益保护科技监管制度

一是完善金融消费者保护工作协调机制。建立金融科技监管大数据共享平台，打破各监管机构信息壁垒，理顺金融消费者保护协调工作。二是加快推行中国特色的监管沙盒制度。考虑到中国分业监管和地域发展不平衡的特点，监管沙盒制度可以分行业、分地域先行试点。三是大力发展监管科技。加强顶层设计，强化功能性监管和行为性监管，明确金融科技监管的范围，

落实金融科技穿透式监管措施,构建包括网络安全、算法风险以及金融消费者保护等全方位的监管体系。

**2. 坚持科技赋能,探索应用有效的监管科技手段**

坚持科技引领、需求驱动的原则,借鉴国外先进经验,丰富监管科技手段。一是应根据当前我国金融科技发展的特点,完善监管沙盒的制度设计,通过沙盒接口接入创新链,利用大数据、云计算、区块链、人工智能等技术支持监管创新。二是监管沙盒的制度设计应在实现应有的监管力度的基础上,最大限度地保障金融消费者的知情权、自由选择权、财产安全权、依法求偿权等各项权益。

**3. 坚持教育优先,从国家战略高度研究规划金融教育**

一是提倡数字教育,运用互联网、手机APP等新媒体方式,形成24小时全维度、全方位、多角度、多层次的"互联网+"宣传。二是确定符合国情的金融教育框架,制订分层推进、针对性强的金融教育规划,编写可推广的金融知识教材,将金融教育逐步纳入国民教育体系。三是增加对金融教育的资源投入,号召金融机构、行业协会、教育集团积极参与金融教育,开发金融教育产品,并给予作出重大贡献的个人和团体适当奖励。

**4. 坚持依法行政,推动完善金融科技监管法律体系**

在金融科技发展过程中,技术和场景日新月异,而相应的法规政策制定和出台需要较长时间。在此背景下,可遵照"软法先行、硬法托底"的原则,鼓励知名互联网企业牵头组织各利益相关方探索确立行业惯例、合规流程、网络安全标准、技术标准等,缔结监管科技行业的基本公约。以此为基础,及时出台金融科技监管法律规范,填补监管空白,将新兴金融科技业务纳入现有监管体系,在法定归责、司法裁量和严格制裁上设置底线,防范非法集资、金融诈骗等行为。

**5. 坚持问题导向,构建多元化金融纠纷解决机制**

一是结合现有的正规和非正规的ADR机制,探索实施区域性市场化的"一站式"纠纷解决平台试点,为建立标准统一的全国性ADR平台提供经验。二是提高金融消费者权益保护立法的层级,为跨领域纠纷、在线金融纠纷解决提供法律依据,在举证责任方面给予金融消费者倾斜保护。三是加强金融专业和金融科技专业人才队伍建设,培养一批金融纠纷领域的权威专家，并基于人工智能技术提出类似金融纠纷的最优解决方案。

新事物必然会带来新矛盾、新问题。只要坚持金融为民，守正创新，注重科技赋能，设立监管底线，就一定能够构建适应金融科技时代的金融消费者保护体系，从而达到改善金融生态、促进社会公平正义的最终目标。

# 中国普惠金融
# 创新发展情况综述

# 银行业践行普惠金融,助力脱贫攻坚成果综述

中国银行业协会

2020年受新冠肺炎疫情影响,全球经济面临衰退风险,不确定因素显著增加,错综复杂的经济形势给处在经济薄弱环节的中小微企业带来了严峻的考验。面对考验,银行业金融机构勇担社会责任,综合施策,为助力疫情防控和中小企业复工复产作出了突出贡献。

## 一、助力抗击疫情,银行业信贷投放"量增价降"

疫情以来,银行业金融机构积极响应党中央、国务院号召,主动作为,对受疫情影响的困难企业加大金融支持力度,千方百计帮助企业纾困,为统筹推进疫情防控和经济社会发展提供了有力的金融支持。据统计,2020年1~7月,银行业金融机构通过降低利率、减少收费、贷款延期还本付息等措施,已向市场主体让利8700多亿元;对2.46万亿元中小微企业和外贸企业贷款本息实施延期,提供3.66万亿元其他再融资支持;为疫情防控企业提供信贷支持突破4.87万亿元,捐款23.72亿元,捐赠物资超过1533万件。在一系列政策支持下,中小微企业融资效率不断提高、融资成本明显下降,市场发展信心日渐恢复。

### (一)小微企业信贷投放量明显增加

截至2020年7月末,全国小微企业贷款余额40.83万亿元,较年初增长10.62%。其中,单户授信总额1000万元及以下的普惠型小微企业贷款余额13.91万亿元,较年初增长19.2%,比各项贷款增速高10.43个百分点。其中,五家大型银行普惠型小微企业贷款增速为37.1%。贷款余额户数2397.16万

户，较年初增加285.23万户，阶段性实现增速和户数"两增"目标。

### （二）普惠型小微企业贷款平均利率持续下降

2020年1~7月，全国银行业新发放普惠型小微企业平均贷款利率为5.93%，较2019年全年平均利率水平下降0.77个百分点。其中，五家大型银行新发放普惠型小微企业贷款利率为4.25%，较好地体现了降成本的"头雁"作用。

### （三）金融科技赋能提升金融服务质效

银行机构积极发挥金融科技赋能创新作用，应用新技术探索融入新场景，为疫情防控和经济恢复发展贡献了科技力量。如建设银行利用金融科技手段为疫情防控产业链以及受疫情影响的普惠金融客户群提供定制信贷产品"云义贷"；平安银行利用大数据、云计算等新技术，开发了"新一贷""速微贷"等信用类产品，有效解决了普惠金融客户群融资中存在的财务信息不健全、缺乏有效抵质押物等难题；浙商银行落实"最多跑一次"要求，稳步开展不动产抵押登记线上办理试点，最大限度地降低线下接触频率。

## 二、助力脱贫攻坚，银行业金融扶贫取得实效

银行业金融机构自觉把助力脱贫攻坚的政治责任扛在肩上，克服新冠肺炎疫情影响，发挥金融扶贫主力军作用，全力推进脱贫攻坚各项工作。截至2020年6月末，银行业涉农贷款余额达到37.8万亿元，较年初增长8%，增速较上年同期提高2.7%。普惠型涉农贷款余额为7.2万亿元，较年初增长12.3%，超过银行业各项贷款平均增速4.1%。全国金融精准扶贫贷款余额4.2万亿元，较年初增加3100多亿元。全国334个深度贫困县各项贷款余额2.99万亿元，较年初增加3057亿元，增长超过11.7%，增速高于全国贷款增速3.7%。全国扶贫小额信贷累计发放4735.4亿元，累计支持建档立卡贫困户1137.4万户次，覆盖全国建档立卡贫困户的1/3以上。832个国家扶贫开发重点县农村基础金融服务覆盖率达99.6%，基本实现了贫困地区"乡乡有机构、村村有服务"的目标。

### （一）坚持和加强党的领导，全面落实扶贫政治责任

在监管部门的引领下，银行业金融机构从战略定位、组织架构、体制

机制、资源配置、模式创新等方面全力推进脱贫攻坚。大、中型商业银行相继设立普惠金融事业部，国家开发银行、中国农业发展银行专门设立了扶贫金融事业部，普遍成立由"一把手"任组长的扶贫工作领导小组，以专门机构、专门人员、专项资金、专门审批和专门考核"五专"体系，构建条线化管理和专业化经营机制，为金融支持脱贫攻坚提供了有力的组织保障。

**（二）发挥各类型金融机构优势，推动"输血"扶贫转为"造血"扶贫**

金融扶贫重视培育"造血"功能，促进贫困地区群众使用现代金融工具，增强信用意识，建设良好信用环境，改善了贫困地区的金融生态，有利于拔掉"穷根"，增强脱贫攻坚的内生动力。发挥政策性、开发性、商业性和合作性银行业金融机构各自投资、信贷优势和互补作用，吸引社会资金持续进入、实现良性循环，支持深度贫困地区、集中连片特困地区发展和扶贫搬迁，抗疫期间春耕春种和复工复产，把金融扶贫落到实处。

**（三）创新金融产品与服务模式，金融服务可得性与便利性显著提升**

一是因地制宜创新开发了多元化、特色化扶贫金融产品和服务平台。二是加大对新型农业经营主体支持力度，通过探索"两权"抵押贷款模式，缓解新型农村经营主体信用不足的融资难题，以金融手段盘活乡村中的"沉睡"资产。三是通过"双基联动"、"拎包银行"、"夜市银行"、"水上银行"、流动服务车等金融服务模式，解决了边远地区金融服务"最后一公里"和"最后一步路"问题，让老少边穷地区及弱势群体等均享受优质银行服务。

## 三、在"双循环"新发展格局下，多措并举，更好地服务实体经济

2020年是我国决胜脱贫攻坚和"十三五"规划收官之年。当前经济形势仍然复杂严峻，不稳定、不确定性因素仍然较大，党中央基于国内外形势作出了加快形成以国内大循环为主体、国内国际双循环相互促进的新发展格局的重大战略部署。在"双循环"新发展格局下，银行业金融机构要坚定信心、强化担当，继续加大金融支持实体经济力度。

### （一）提高政治站位，以实际行动提振企业发展信心

贯彻党中央、国务院部署，以做好"六稳"工作、落实"六保"任务为中心，提高政治意识和思想认识，加大支持实体经济力度，树立银行和企业是命运共同体的理念，加速落实国家重点支持的防疫抗疫、公共卫生服务、人工智能、健康养老等新兴产业和"三农"等重点领域的金融支持，精准滴灌受疫情冲击大的行业和中小微企业两大薄弱环节，帮助中小微企业渡过难关，推动金融机构与企业共生共荣，提升服务水平，切实做到市场主体实际融资成本下降，贷款难度下降。

### （二）借助金融科技赋能，持续提升服务的便捷性和高效性

一是加快服务智能化、促进业务场景化步伐。运用人工智能、大数据等手段准确刻画客户画像，识别分析客户需求和风险等级。辅之以人脸、声纹等生物识别技术，形成"能听会说、能看会学、能感知会反馈"的智能化服务体系。二是推动银行服务深度嵌入到多维度高频次的场景中。从满足客户最基础的"存、贷、汇、投"需求，到远程虚拟场景服务、再延伸到生态圈，全方位紧密陪伴客户，增强客户黏性，形成敏捷银行服务体系。三是不断优化服务渠道。发挥数字化优势，优化丰富"非接触服务渠道"的同时，推广线上线下相结合，为广大客户提供更近、更亲、更快、更优的金融服务。

### （三）坚持科学统筹，着力抓好常态化疫情防控和脱贫攻坚

加强对贫困地区和贫困群众疫情防控的金融服务，广泛开展消费扶贫，优先支持扶贫龙头企业、扶贫车间、重点扶贫项目等复产达产。进一步聚焦"三区三州"等深度贫困地区，通过产业扶贫提高脱贫质量，防止返贫。

### （四）加强分析研究，提前谋划脱贫攻坚期后的金融支持政策

研究将相对贫困人口纳入支持范围，探索建立解决相对贫困的长效机制。要优化完善金融扶贫政策，在脱贫攻坚战中形成解决相对贫困的长效机制，努力解决农户融资难、融资贵问题，支持农业农村现代化发展，促进脱贫攻坚与乡村振兴有机衔接。

# 我国"三农"领域普惠保险创新与发展情况

中国保险行业协会

近年来,我国保险业积极贯彻国家战略,响应党中央、国务院相关决策部署,坚持服务和保障社会民生,推动落实《推进普惠金融发展规划(2016—2020年)》的战略部署,围绕提高保险服务覆盖率、保险服务可得性、保险服务满意度等方面,探索普惠金融服务新模式,创新普惠金融产品体系,持续推进数字普惠,加强普惠保险创新,促进普惠保险发展。

## 一、我国保险业普惠金融创新与发展基本情况

我国保险业以普惠保险助力脱贫攻坚、产品创新、数字普惠和可持续发展为方向,在农业保险、保险扶贫、小额人身保险、支农融资和融资性信用保证保险等业务板块和领域,重点为"三农"、小微企业、贫困人群等提供服务。一是保险服务覆盖率进一步提升,持续加大对农村保险服务网点的资金、人力和技术投入,"三农"保险服务持续深化。二是保险服务可得性进一步增强,保险产品和服务创新成效明显,进一步促进"三农"保险服务,持续提高小微企业风险保障水平,促进地方特色产业发展,加强了小额人身保险推广,为民营经济健康良性发展保驾护航。三是保险服务可持续性进一步加强,科技应用和保险服务加速融合,数字普惠能力显著提升,行业规范化程度进一步提高。四是保险业助力国家脱贫攻坚战略和提高社会民生保障能力,通过保险创新扶贫产品和模式,加强对"三农"、贫困人群、临贫易贫人员、低收入群体等特殊群体的风险保障。

## 二、我国保险业在"三农"领域的普惠金融创新与发展情况

保险业积极建立健全农业保险经营管理体制机制,主动参与各地政策

性农业保险工作,持续扩大农业保险服务全国覆盖面,不断开发农业保险产品、提高风险保障水平,大力发展"三农"保险业务,不断增强农业保险服务水平和服务能力,同时积极创新支农惠农方式,推动支农支小融资业务,为农业保险服务农业现代化和保险业助推脱贫攻坚工作,积极推动乡村振兴。

### (一)农业保险服务覆盖率明显提高,服务能力进一步提升

2019年,全国有27家保险公司198个省级分公司经营政策性农业保险业务,农村基础保险服务覆盖到全国3.07万个乡镇,覆盖率超过95%,有近40万个基层服务网点、50万基层工作人员分布在广大农村土地上,为亿万农户和农业生产经营组织提供保险服务,为实现乡乡有机构、村村有服务,乡镇一级基本实现保险服务全覆盖迈进坚实一步。例如,中国人民财产保险股份有限公司(以下简称人保财险)已在乡镇建立"三农"营销服务部7629个,"三农"保险服务站2.69万个,在行政村建立"三农"保险服务点31万个,此外,还组建了一支39万人的农村保险基层服务队伍,每年投入近亿元购置"三农"保险服务车,累计配置服务车5500辆。

### (二)农业保险承保覆盖面显著扩大,"三农"产品日益多元丰富

保险业积极构建"中央政策性险种为主导,地方政策性险种、商业型险种和创新型险种为补充"的立体式农险产品体系,推动农业保险由保成本向保收入,由保自然风险向保市场风险的转变,特别是价格保险、收入保险等新型险种快速发展,为农民增收提供保障。2019年,农业保险保费资金为672.48亿元,市场规模稳居亚洲第一,承保的农作物品种超过270类,在农林牧渔各个农业生产领域均有产品服务覆盖。2019年在500个县开展农作物大灾保险试点,在6个省开办完全成本和收入保险试点。在20个省开展地方优势特色农产品保险以奖代补试点。同时,不断探索延伸服务广度和深度,结合农业生产者的经营管理痛点和风险管理空白点,为农户提供各类农业生产性服务;面向新型农业经营主体和现代农业新业态,开办专属农险产品和农业产业链全流程保险,实现了承保对象从单一农作物向产业链上下游延伸。

### （三）农业保险保障作用不断提高，金融服务满意度日益提升

2019年，农业保险为1.91亿户（次）农户提供风险保障3.81万亿元，同比增长9.85%，向4918.25万户次农户支付赔款560.20亿元，同比增长32.76%，承保和理赔户次均居全球第一。农业保险在帮助受灾地区恢复重建、保障农民财产安全等方面，发挥着越来越重要的作用。

### （四）加快推进农险规范化发展和数字化转型，可持续发展能力进一步提升

在银保监会的指导下，保险业协会研究制定主要农作物、主要牲畜、重要"菜篮子"品种等行业示范条款，不断加强农业保险规范化工作。2019年，保险业协会发布《水稻制（繁）种保险行业示范条款》《小麦制（繁）种保险行业示范条款》《玉米制（繁）种保险行业示范条款》三大粮食作物制种保险行业示范条款。

同时，保险业高度重视科技在农业保险领域的推广和应用，提高保险服务的便捷性和高效性，不断增强服务能力。不少保险公司在农险经营管理中广泛应用卫星遥感、无人机、移动查勘、人工智能、水下探测技术等，打造"天空地"一体化服务体系，例如，耕地图斑的建立实现地块信息与承保/理赔信息的精确匹配，通过推进农险数字化和智能化发展，提升了服务效率，增强了农民获得感。新冠肺炎疫情发生以来，部分地区充分利用互联网、卫星遥感、远程视频等科技手段，优化或取消现场工作环节，持续满足承保需求，及时足额优先支付赔款，助力疫情防控，促进春耕复耕。

### （五）对"三农"、小微、民营等普惠金融重点客户群的融资需求支持力度和服务能力不断提升

保险业在积极发挥农业保险保障作用的同时，支农融资业务直接支持"三农"，服务国家脱贫攻坚与乡村振兴战略，截至2020年7月末，人保财险支农融资业务已覆盖全国224个地市（区）、222个贫困县，累计服务"三农"客户超过8000户（次），通过融资带动超过43.9万户贫困户增产增收，支持个体农业种养户占全部客户的90%以上，累计放款超过68亿元。同时保险业重点为缺乏抵押和担保的新型农业经营主体、小微企业、急需资金的小型

创业公司提供低成本融资，有效缓解此类企业"融资难、融资贵"的问题。

**（六）针对特殊群体的人身保险产品不断创新，满足农村等各类人群的保障需要**

保险业深入践行服务最广大人民群众的普惠性目标，小额人身保险覆盖寿险、意外险、健康险等多种产品类型，提供疾病身故、意外身故、意外伤残、医疗费用等多种风险保障，帮助贫困群体摆脱因病致贫、因病返贫的恶性循环。例如，中国人寿作为全国首批开展农村小额保险业务的保险公司，2016年至2019年底，已累计承保超过4亿人，提供近13万亿元保额保障，理赔人次达341.89万，支付理赔金额72.59亿元。此外，针对特定人群，保险业开发了丰富的专属产品线，全方位满足人民群众的保险保障需求，例如，针对农民群体，有"农村小额""被征地农民""农村干部"等系列产品；针对老年人，有"夕阳红""夕阳保""银龄安康"等系列产品。

**（七）保险扶贫产品和模式不断创新，助推实现脱贫攻坚战略**

保险业积极响应党中央打赢脱贫攻坚战的号召，持续推进保险扶贫工作，创立"保险+扶贫"模式，通过"保险+产业""保险+健康""保险+民生""保险+信贷""保险+融资"等多样化举措，推出"防贫保""扶贫保""特惠保"等扶贫保险产品，精准对接脱贫攻坚多元化保险需求，助脱贫、防返贫，确保如期实现全面小康。例如太保产险"防贫保"重点关注处于贫困边缘的农村低收入户和人均收入不高不稳的脱贫户两类临贫易贫人群，聚焦因病、因灾、因学三大致贫返贫因素，通过政保联办建立"群体参保、基金管理、社会经办、阳光操作"的保险防贫新模式，截至2020年9月初，"防贫保"覆盖26个省561个县区，参保人数超过1亿人，累计提供保险保障8万亿元。

在农业保险助力脱贫攻坚领域，保险业从保灾害、保价格、保收入、保脱贫等角度，积极发展与脱贫产业配套的特色农险，开发各类特色产业扶贫保险产品，为贫困农户搭建起抵御自然灾害及疫病的保护伞。在打赢脱贫攻坚战的决胜阶段，针对"三区三州"等深度贫困地区的特点，保险业开发了特色保险产品和扶贫专项产品，如牛、羊等养殖业保险和草原保险产品，支持地处牧区的农业产业发展。截至2019年，保险业累计开发报备扶贫专属农险产品425个，着力提高贫困地区农险保障水平，扩大农业保险覆盖面。2016—2019年，农业保险累计为9840万户次建档立卡贫困户，为不稳定脱贫户提供风险保障9121亿元，累计为3031万受灾农户支付赔款230.38亿元，有力防范因灾致贫、因灾返贫。

## 三、我国保险业加强"三农"领域普惠金融创新与发展的有关思考

目前除了政策性农业保险，对于财政补贴较少的商业性农业保险以及涉农保险，普遍接受程度仍较低，农业保险保障能力仍显不足，保险业开展普惠金融业务配套政策尚不完备，因此，仍要根据客观发展实际，加强相关各方力量，共同助力"三农"领域普惠保险的创新与发展。一是农业保险需要提高保障能力，扩大承保覆盖面，拓展风险责任范围。建议进一步以"扩面、增品、提标"为重点，完善农业保险政策，为国家粮食安全和农业生产提供更加充足的风险保障。二是建议完善农业保险资金拨付，提高农业保险财政补贴资金的使用效率。同时，建议进一步扩宽农业保险保费财政补贴范围，完善"大宗农产品+地方优势特色品种"保费补贴品种体系。三是建议加大对涉农险财税政策支持，促进扩大"三农"保险类型的覆盖面。同时，考虑制定针对"三农"、低收入人群、残疾人等特殊群体推出的特定险种税收优惠政策。四是推动保险业在普惠金融领域的数据平台建设，完善信用信息体系。建议搭建保险业"三农"大数据平台，将保险公司与农户、农业企业、银行、担保公司、农业科技公司等"三农"关联机构的信用信息、经营情况等数据，形成一个农业全产业链信息共享平台，助力农户及农业企业以更低的成本、更易的方式获取信贷资金扩大农业生产，以更高保障的农业保险增强风险抵御能力。

# 聚焦主业谋新篇

中国融资担保业协会

当前,世界经济增长持续放缓,仍处在国际金融危机后的深度调整期,"大变局"成为时代发展的关键词。同时我国也处在转变发展方式、优化经济结构、转换增长动力的攻关期,结构性、体制性、周期性问题相互交织,"三期叠加"影响持续深化,经济下行压力加大。而2020年伊始,新冠肺炎疫情席卷全球,严重冲击各国经济社会发展。我国面临的内外部不确定性因素急剧增加,经济发展特别是小微企业、"三农"等重点领域面临更为严峻的考验。融资担保行业坚定党和国家的战略定力,认真贯彻落实党中央、国务院决策部署,以扶小助微、支持"三农"领域发展为己任,践行国家普惠金融战略,服务经济社会发展大局,在银保监会、财政部等相关部门的大力支持下,充分发挥逆周期调节作用,坚持以供给侧结构性改革为主线,扎实做好"六稳"工作,落实"六保"任务,推动经济社会持续健康发展,助力精准脱贫,防控金融风险。融资担保行业于变局中开新局,聚焦主业谋新篇。

《国务院关于促进融资担保行业加快发展的意见》(国发〔2015〕43号)指出:对于服务小微企业和"三农"等普惠领域、关系经济社会发展大局的融资担保业务,尊重其准公共产品属性。2018年,国家融资担保基金公司的成立,标志着我国完成了政府性融资担保体系的顶层设计。融资担保行业开启了聚焦主业、做精做强、规范有序、科学布局、健康可持续发展的新篇章。伴随着政府性融资担保体系运行及业务落地的不断深入,行业发展环境持续优化,实力不断增强,围绕扩面、分险、降费的工作主线,在着力有效缓解小微企业和"三农"融资难、融资贵问题,服务社会经济薄弱领域,扎实推进银担合作,运用金融科技赋能业务发展等方面不断取得突破,成效显著。

## 一、"减量增质"强能力

为了进一步贯彻落实国发〔2015〕43号及《关于有效发挥政府性融资担保基金作用切实支持小微企业和"三农"发展的指导意见》（国办发〔2019〕6号）等文件精神，财政部门、银保监会及各级政府在事关帮助行业规范有序健康可持续发展的资本补充机制、改善行业小、散、弱局面等问题开展积极探索，出台一系列政策措施优化改善行业发展环境。近年来，行业整体机构数量持续下降，资本实力、业务规模持续显著增长，"量减质增"态势稳步确立。截至2019年末，融资担保机构全行业实收资本达到11745亿元，同比增长3.33%。从行业净资产规模来看，整体保持稳定增长态势。融资担保行业净资产总额12628.88亿元，比上年增加458.87亿元，同比增长3.8%，增速同比上升0.3%。融资担保行业总体在保余额37304亿元，较上年增加5086亿元，同比上升15.8%。融资担保业务积极扩张，在保余额27017亿元，较上年同期增加4021亿元，上升17.5%。行业融资担保业务放大倍数2.14倍，较上年同期上升13.2%。再担保业务规模大幅上升，2019年末在保余额5599亿元，同比上升23.7%。截至2019年末，全行业支持小微企业和"三农"的融资担保业务占在保余额超过50%。其中，小微企业融资担保在保余额11776亿元，同比增长6.6%，小微企业业务占总体融资担保在保余额的43.6%，占比同比上升2.1%；涉农融资担保在保余额3870亿元，同比增长24.9%，涉农融资担保占比14.3%，占比同比上升2.7%。

## 二、体系建设显实效

国家融资担保基金有限责任公司（以下简称国家融资担保基金）、国家农业信贷担保联盟有限责任公司成立以来，政府性融资担保体系建设不断提速，通过业务、股权双纽带将风险分担、银担合作等机制不断做实做细。完善了再担保业务机制，统一了管理要求和服务标准，扩大了小微企业、"三农"业务占比。以国家融资担保基金为例，成立短短两年多的时间，体系成员已超过900家，业务覆盖地区包括24个省（区、市）和4个计划单列市，累计完成再担保合作业务规模2867.76亿元、户数182446户。2019年，完成支小支农再担保合作业务规模2385.05亿元，占同期合作业务总规模的96.52%，24家合作机构支小支农业务规模占比超过80%。其中，单户500万元及以下业务规模1254.48亿元，占同期合作业务总规模的50.77%。业务快速上量扩面的同时，有效降低担保费率。在备案业务中，原保机构年平均担保费率为1.19%。对单笔100万元以下的小微企业、"三农"再担保合作业务实行免收再担保费政策，引导合作机构将平均担保费率降低到1.2%，有效降低企业平均综合融资成本。在银担合作方面，借鉴国内外实践经验，于近期创新推出了银担"总对总"批量担保业务模式，建立代偿备付金机制，调动各方合作积极性；设置担保代偿上限，在有效控制合作业务总体风险的基础上，放大政策性担保贷款业务规模，建立银担合作新机制。此外，还通过政府性融资担保体系业务报送系统上线运行、组织印发《政府性融资再担保机构操作指引》、举办政府性融资担保业务培训班、赴各地开展业务政策宣讲培训、组织行业优秀产品评选、推出针对小微、扶贫专项业务产品等形式，提升融资担保机构的管理水平和抗风险能力，助力政府性融资担保机构规范健康发展。

### 三、因地制宜促发展

融资担保行业立足自身定位，以政策性业务为主体，着力支持经济社会重点领域和薄弱环节，满足小微企业和"三农"发展多样化的融资需求。处于发展初期的小微企业具有融资成本高、风险较高、可持续性弱等特点，各地融资担保机构结合属地经济发展特点有针对性地研发了一系列专项产品，推动融资担保与经营性产业深度融合，发挥支持基层经济的"毛细血管"作用。2020年入选案例集锦的10家机构案例分别从金融战"疫"、助力精准脱贫、创新服务优势产业等方面展现了融资担保行业服务普惠金融领域所做的积极尝试。助力抗击疫情案例通过金融财政组合拳，持续发力扩大业务量，降费让利，同时借助科技手段，提升服务质效等方式积极发挥逆周期调节作用，助力企业复工复产；助力脱贫攻坚案例通过因地制宜、高度灵活的定制化合作形式，有效提升信用担保对"三农"主体融资的覆盖；产品创新案例通过深耕属地产业研究，创新担保方式，整合产业链优势资源，支持优势产业发展；可持续发展案例通过总量控制、细化风控手段，以金融科技破解信用穿透难题，促进业务健康可持续发展。

## 四、金融科技添动能

数据要素作为关键的生产力资源,近年来受到高度关注,其对促进经济社会发展的重要意义和深刻影响被广泛认知和认同。在中共中央、国务院印发的《关于构建更加完善的要素市场化配置体制机制的意见》中明确提出加快培育数据要素市场的意见。在此基础上,大数据、区块链、物联网、人工智能等信息技术也将逐渐成为影响社会发展变革的重要生产力。信息技术在数据密集型的金融行业正加速突破应用,全面渗透诸多细分领域,悄然改变着金融生态格局,重塑整个金融业态。融资担保作为融资业务的重要参与者,也正成为这一时代变革中的受益者。以往由于服务群体具有小而分散、信息失真、信用缺失等突出问题,业务规模化、风险可控化与成本低廉化形成的不可能三角成为融资担保行业发展裹足不前的制约因素。而大数据、云计算、区块链、人工智能等新一代信息技术所具备的范围广、效率高、维度多等特点,与融资担保面临的不可能三角问题高度契合。因此,融资担保机构高度重视信息技术与传统业务的融合发展,纷纷抓住这一变革机遇,在精准营销、智能评审、流程优化、智能风控等方面开展诸多有益尝试。行业头部机构在数字获客、产品设计、风控模型开发及优化等方面已有所斩获并不断推陈出新。通过在融资担保业务场景中引入用大数据、云计算、人工智能等新技术,行业数字鸿沟大幅缩减,业务信息的深度和广度极大丰富,业务场景中的信息不对称问题显著改善,行业获客能力增强、业务流程优化、风控能力提升,实现了服务的提质增效、收益与风险的平衡。同时也为帮助融资担保行业更好地聚焦小微、"三农"客户群,发挥好破解其融资难、融资贵问题的重要作用增添新动能。

## 五、健康发展谋新篇

2020年的《政府工作报告》中强调要"大幅拓展政府性融资担保覆盖面并明显降低费率。为保市场主体,一定要让中小微企业贷款可获得性明显提高,一定要让综合融资成本明显下降"。在2020年6月,财政部出台了《政府性融资担保、再担保机构绩效评价指引》(以下简称《指引》),聚焦解决了政府性融资担保机构正向激励不足、过度强调盈利性考核等问题。《指引》的出台是对党中央、国务院决策部署的具体细化贯彻,与《国务院办公厅关于有效发挥政府性融资担保基金作用切实支持小微企业和"三农"发展的指导意见》等政策文件精神一脉相承,突出引导各地政府性融资担保机构要专注支小支农主业保本微利运行的政策导向,兼顾健康可持续发展的经营目标,降低社会融资成本,促进普惠金融发展。未来,在现有的国家—省级—市县三级融资担保体系下,融资担保机构尤其是政府性融资担保机构将进一步认真贯彻执行中央文件精神,按照回归本源工作要求,不断提高小微、"三农"业务比重,更好地服务实体经济。

融资担保行业要按照信用中介的内在要求,经营好信用、管理好风险、承担好责任,提升实力和信誉,做精风险管理,稳固行业健康可持续发展的根基。一是加强行业自律建设,提高合规意识,审慎经营;二是加强风控研究,特别是风控模型的研发和手段的创新;三是加强自身能力建设,下沉到户,充分了解市场、了解客户,形成独特核心竞争力;四是要加强公司治理,优化治理结构,完善治理机制和相关制度建设。与此同时,要持续关注全球疫情变化情况及对融资担保行业的影响,做好压力测试、摸清风险底数、制订应急预案,根据情况变化及时评估、调整、补充相关政策措施。在充分估计困难、风险和不确定性的基础上,继续按照中央既定的基本方针和政策,把握好抗击疫情、恢复经济和防控风险之间的关系,稳妥推进各项风险化解任务。

随着统一社会信用代码制度改革完成、全国信用信息共享平台和"信用中国"网站持续建设、联合奖惩机制覆盖领域扩大、信用法制建设持续推进,社会信用体系建设领域的重要政策举措相继出台实施,社会信用体系正逐步成为推动社会政治、经济、金融等各领域发展的重要利器。融资担保行业作为信用服务的提供者,更要成为信用体系建设的重要力量。融资担保行业要植根培育信用文化的沃土,守正创新,探索创新信用担保手段,致力于服务信用弱势群体,在信用价值挖掘、价格发现方面为促进社会信用体系建设,深化信用资源与金融服务融合发展,推动金融业走向信用文化贡献智慧与力量。

未来,融资担保行业将依托大数据、云计算、区块链、人工智能等新技术,不断创新服务,优化流程,整合传统服务资源,联动线上线下优势,更敏锐、更灵活、更高效地响应客户需求和社会需求。通过信息数据精深化处理、模型化应用，更大程度上发挥信息的乘数效应，完善优化小微企业授信的审批和风控模式；通过信息赋能，提高信贷的响应、审批、发放效率；通过规模化处理极大地降低融资担保业务运营成本；通过提高信息运用水平，赋能行业发展，缓解小微企业融资难、融资贵、融资慢问题。

开 篇

# 小额贷款公司在发展中践行普惠金融

中国小额贷款公司协会

自2005年开展小额贷款公司（以下简称小贷公司）试点工作以来，小贷公司发展已有十余年。整个行业经历了试行初期的平稳起步，经历了与我国经济同步高速增长的迅猛扩张，也经历了我国经济进入新常态以来的顽强发展。小贷行业经历的三个发展形态虽有不同的表现和特色，但都从本质上彰显了小贷行业作为新兴金融的生命力和普惠性，即作为草根金融扶持"三农""小微"、满足弱势群体金融需求的覆盖率、可得性和渗透度。

## 一、小贷行业的发展情况

根据中国人民银行公布的最新数据，截至2020年6月30日，全国小贷公司共有7333家，较上年同期减少464家，降幅约6%；从业人数76240人，较上年同期减少8543人，降幅约10%；实收资本8034.65亿元，较上年同期减少200.62亿元，降幅约2.4%；贷款余额8841.25亿元，较上年同期减少399.56亿元，降幅约4.3%。

从近十年的机构数量变化趋势来看，2015年小贷公司数量达到顶峰，与2010年的2614家相比，5年内增加了2.4倍。2014年行业机构数量增速明显放缓，2016年往后，机构数量逐年减少。从实收资本和放贷规模的变化趋势来看，两项指标从2014年开始基本维持在一定区间内震荡。2014年至2019年，年均实收资本达8284.5亿元，贷款余额的年均水平达9427.2亿元。而行业从业人数在此期间的下降趋势更为明显。可以看出，2014年至2020年6月，整个小贷行业由最初的爆发式增长阶段进入了优胜劣汰、平缓发展阶段。如图1、图2、图3所示。

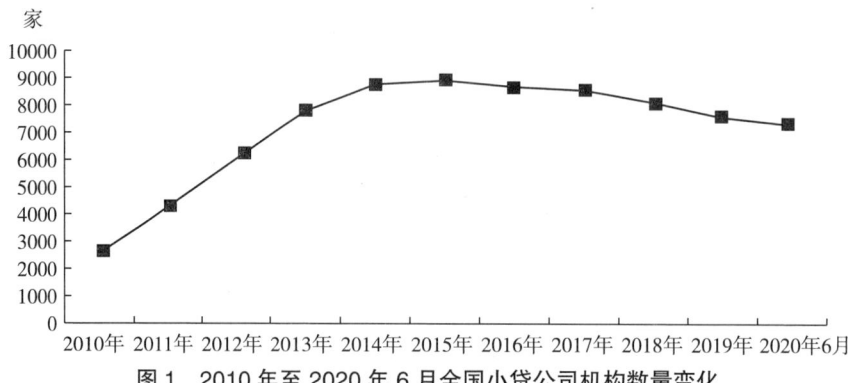

图 1　2010 年至 2020 年 6 月全国小贷公司机构数量变化

（数据来源：中国人民银行）

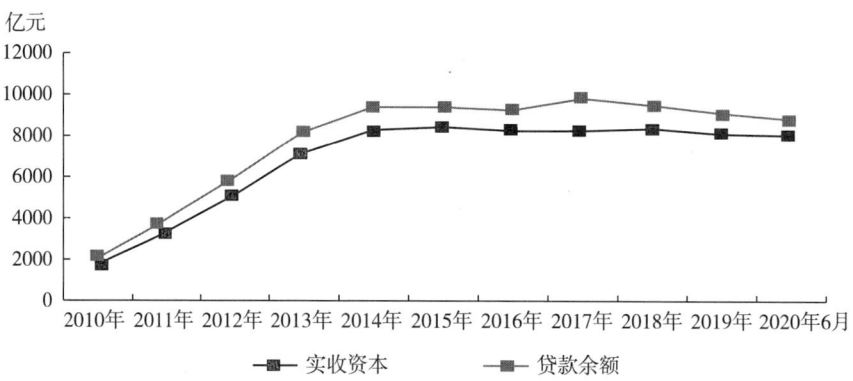

图 2　2010 年至 2020 年 6 月全国小贷公司实收资本和贷款余额变化

（数据来源：中国人民银行）

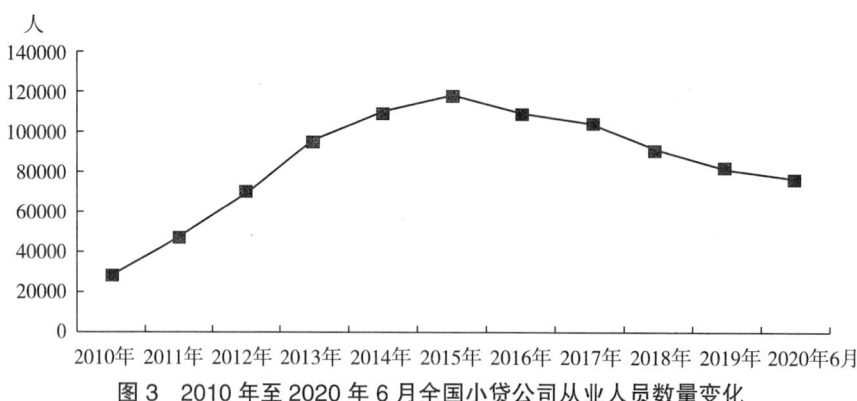

图 3　2010 年至 2020 年 6 月全国小贷公司从业人员数量变化

（数据来源：中国人民银行）

## 二、行业立法与监管情况

### （一）建章立制工作稳步推进

根据全国金融工作会议精神和有关文件，目前小贷行业由银保监会负责制定经营规则和监管规则，由省（区、市）人民政府及地方金融监督管理局负责监管和风险处置。2008年5月，原银监会与人民银行联合印发《关于小额贷款公司试点的指导意见》（以下简称《指导意见》，银监发〔2008〕23号）。《指导意见》是小贷行业在全国层面现有法律法规中层级最高的一项规范性文件。但是，由于其出台时间较早，部分内容已经过时，加之法律层级较低，许多地方政府制定的监管政策也已突破《指导意见》规定，所以小贷行业目前亟须进一步完善相关法律和监管体系。

作为上位法，《非存款类放贷组织条例》（以下简称《条例》）的制定工作已被列入《国务院立法工作计划》多年。据了解，目前有关部门正在向各方面征求修改意见，推进《条例》尽快出台。为了进一步明确小贷行业部分经营规则和监管规则，防止监管套利，促进规范监管，2020年9月，银保监会办公厅印发《关于加强小额贷款公司监督管理的通知》（以下简称《通知》，银保监办发〔2020〕86号），对小贷公司的业务范围、对外融资比例、贷款金额、贷款用途、经营区域、贷款利率等方面进行具体规定。在政策衔接方面，《通知》规定，与前期有关规定不一致的，以《通知》为准。这大大缓解了行业监管政策欠缺的局面，也为地方政府部门提供了监管思路。

### （二）清理整顿互联网金融市场乱象

随着互联网金融的不断发展，部分小贷公司开始利用互联网技术开展网络小额贷款业务。2015年，人民银行等十部门联合发布《关于促进互联网金融健康发展的指导意见》（银发〔2015〕221号），对"网络小额贷款"作出明确定义，即指互联网企业通过其控制的小贷公司，利用互联网向客户提供的小额贷款。

但是，由于存在资质审批不严、越权审批、高利放贷、暴力催收、非法经营等问题，此类业务潜藏较大金融风险和社会风险隐患。2017年，互金整治办、网贷整治办开始对小贷公司开展网络小额贷款业务进行专项整治，先后印发了《关于立即暂停批设网络小额贷款公司的通知》（整治办函〔2017〕138号）、《关于规范整顿"现金贷"业务的通知》（整治办函〔2017〕141号）、《关于印发小额贷款公司网络小额贷款业务风险专项整治实施方案的通知》（网贷整治办函〔2017〕56号）等文件，要求各级小贷公司监管部门暂停批设网络小额贷款公司，禁止新批小贷公司跨省（区、市）开展小额贷款业务；要求对开展网络小额贷款业务的小贷公司进行限期整改，对网络小额贷款经营资质进行重新审查，对小贷公司的资金来源、综合实际利率、贷款管理和催收行为、贷款范围、业务合作等方面进行排查和整改。

2019年11月，为推动化解网络借贷信息中介机构风险，保护出借人的合法权益，维护社会稳定，互金整治办、网贷整治办印发《关于网络借贷信息中介机构转型为小额贷款公司试点的指导意见》（整治办函〔2019〕83号），引导部分符合条件的网贷机构转型为小贷公司。文件中对转型为全国经营的小贷公司开展网络小额贷款业务制定了明确、细致的规定，要求小贷公司具备充足的注册资本、坚持"只贷不存"和"小额分散"的原则、强化股权管理等。

### （三）行业税收优惠政策延长

近年来，小贷公司承担的综合税负逐年增加，纳税主体定位混乱，普惠金融业务也未能得到与金融机构同等的税收政策支持。整个行业在税收优惠政策方面仍存在许多诉求。中国小额贷款公司协会积极组织调研，广泛收集行业内外意见，及时与有关部门进行沟通协调与汇报。2017年，财政部、国家税务总局联合印发《关于小额贷款公司有关税收政策的通知》（财税〔2017〕48号），在小贷公司取得的农户小额贷款利息收入等方面给予税收优惠，鼓励、引导小贷公司在"三农"、小微企业等方面发挥积极作用，更好地服务实体经济发展。2020年，财政部、国家税务总局联合发布《关于延续实施普惠金融有关税收优惠政策的公告》，将上述优惠政策的实施期限延长至2023年12月31日。

### （四）民间借贷司法新规出台引发热议

2020年8月，最高人民法院出台了《关于修改〈关于审理民间借贷案件适用法律若干问题的规定〉的决定》(法释〔2020〕6号,以下简称民间借贷司法新规)。民间借贷司法新规的制定是以现阶段中央部门开展的清理整顿金融市场乱象、防范化解金融市场重大风险为背景的,其进一步明确了"民间借贷"的定义,有利于社会和广大投资者更好地区分非法集资和民间借贷、更准确地判断放贷机构的合法性。在实际操作层面,新规的出台也能够统一各级法院对于有关案件的审判标准,提高案件处置效率。

无论从市场竞争还是从普惠金融发展的角度来看,降低小微企业融资成本是大势所趋。新规将民间借贷利率的司法保护上限设定为LPR的4倍(15.4%),迎合了这样的发展趋势。当然,这一规定也使得小贷公司、消费金融公司、信用卡中心等机构成为社会舆论及道德谴责的焦点,对小贷公司股东的投资意愿和经营者的盈利信心等造成了较大冲击。尽管当下新规对小贷公司的负面影响还没有立刻显现在统计数据上,但不少小贷公司表示,在业务拓展方面已经感受到了明显制约,对于产品利率的确定显得进退两难。

新规出台之后,中国小额贷款公司协会向全体会员单位发起了行动倡议,呼吁小贷公司让利小微企业、提升服务质效、创新信贷产品,减费让利支持实体经济。2020年9月,中国小额贷款公司协会组织全行业开展贷款利率定价大讨论活动,号召各会员单位与地方金融监管部门、行业协会、专家学者和一线从业人员等一起参与,对小贷公司如何顺应贷款市场利率不断下行的趋势、如何让利小微企业、为市场主体减负、小贷公司利率定价事宜范围等问题展开研究讨论。目前,协会已经陆续收到各方发来的研究成果和观点。下一步,协会将讨论成果进行汇总整理,并向有关部门及时反馈。

### 三、小贷公司的未来发展前景

新冠肺炎疫情期间实体经济面临受挫趋势,大部分小贷公司在自身盈利状况、市场需求、资金流动性等方面都受到了不良影响。随着民间借贷司法新规的出台,2021年1月1日《民法典》的正式实施,小贷公司的生存环境将更加严峻。如何在严监管下实现高质量、可持续发展,这是小贷公司需要真正思考的。

## （一）提振信心，行业未来可期

小贷这个"行当"自古就有，也将长期存在，小贷公司应基于此保持充分的自信。虽然，目前酝酿多年的《条例》还未出台，许多声音认为小贷公司存在法律地位不明确、发展方向不清楚等问题，但是，行业的发展导向依然明确。在价值实现上，试点小贷公司的初衷之一，就是引入民间资本，为资本市场尤其是银行等金融机构无法覆盖的资本市场寻找供求平衡。行业多年的发展经验遵循了这样的初衷，小贷公司能够弥补金融市场以及正规金融服务的不足，它的存在具有重要的现实意义和价值。在机构定位上，2017年全国金融工作会议明列由地方金融监管机构监管的机构中，小贷公司排名第一，属于持牌机构。在监管取向上，银保监会认可小贷公司是普惠金融的组成部分和有效补充。而且，市场也表明，愿意付高一些利息从小贷公司获得贷款的客户一直都有。因此，只要小贷公司定下心来，规规矩矩、踏踏实实地做好自己，挣"辛苦钱"不成问题，完全可以实现长期经营。

## （二）依法经营，回归从业本源

小贷公司要对自身所处的市场有客观的认识，其既不具备银行在资金价格和额度上的优势，也没有消费金融公司等互联网金融机构控制"长尾"客户风险的大数据风控技术。但是，小贷公司信息渠道广、风控手段多，不仅放款快，而且抵押担保形式灵活。从市场竞争的客观结果来看，小贷公司必须、也只能服务那些没有合格抵押物、急需用钱、被其他机构排斥的客户。服务好这部分客户，发挥好市场补充作用，不仅是普惠金融的需要，也是小贷公司的主要竞争优势，更是小贷公司应该坚守的本分，是机构长久经营的基石。所以，小贷公司的股东要有产业投资者的耐心，要明白"赚快钱"不如"细水长流"的道理，也要认识到小贷公司做的普惠金融是在依法合规前提下，以谋取正当利润为目的的客观经营结果。要把握好普惠金融宣传的度，更要心存敬畏，守住监管的红线和法律的底线。一不违规经营，在符合监管要求的前提下遵循市场规则经营；二不触碰法律底线，远离暴力催收、非法集资、高利贷等违法行为；三不过多涉足消费金融，避免因信用、信息滥用产生衍生风险。对于小贷公司来讲，练好内功，内外兼修，做好自己分内之事，才是公司生存和可持续的根本。

### （三）数字赋能，合理运用科技手段

随着互联网普及、数字科技进步和具有场景的大数据技术运用，金融科技成为潮流。虽然蚂蚁金服、京东数科等大型科技金融服务机构已借助技术优势表现出了良好的发展空间，但就多数传统小贷公司而言，受单体规模制约，很难依靠自身力量，开发、引进、利用好金融科技。中国小额贷款公司协会将统筹行业资源，协调相关部门，帮助有意愿、有需求的小贷公司，与行业先进金融科技公司对接，引入先进、成熟、可复制的数字技术，提升小贷公司的服务触达能力和信息利用能力，帮助小贷公司充分享受到金融科技的红利。不过，面对金融科技，小贷公司在顺应潮流、充分肯定其积极作用的同时，还应保持清醒、理性的认识，既不能轻视，也不能"神化"，防范消费者权益保护、贷款人身份识别、欺诈防范等方面的潜在风险和挑战。

# 财务公司行业普惠金融综述

中国财务公司协会

实体经济是金融发展之源,金融又是实体经济发展引擎,尤其是在经济下行压力加大时期,中小微企业融资难、融资贵问题更为突出,金融的作用更加凸显。发展普惠金融是金融全面深化改革的重要内容,是体现金融更好地服务实体经济的重要路径,也是全面建成小康社会的关键环节。长期以来,小微企业、个体工商户等金融客户群体获取金融服务不平衡、不充分且融资成本高,是亟待通过深耕普惠金融来解决的社会难点痛点问题。

"为保市场主体,一定要让中小微企业贷款可获得性明显提高,一定要让综合融资成本明显下降。"在2020年的《政府工作报告》中,对于普惠金融依旧着墨颇多。发展普惠金融早已上升为国家战略。在各相关机构的积极引导下,为小微企业、"三农"、弱势群体服务的普惠金融产品日益丰富,服务模式持续改进,服务渠道不断下沉。

近年来,财务公司也积极响应发展普惠金融的战略方针,通过内部金融资源的高效配置以及外部金融资源的低成本获取,从成员单位和产业链条上中小企业的实际需求出发,为其发展提供了资金支持和资源保障。

## 一、数看普惠

保证充足的流动性是小微企业的"生命线",为小微企业发放贷款是财务公司践行普惠金融,帮助小微企业缓解融资困境的一个最为主要且直接的方式。财务公司能够利用集团内资金使用上的时间差和地域差来协调资金周转,有效调剂资金余缺、盘活存量资金,在满足企业资金需求的同时,提高集团资金使用效率。

截至2019年12月末,全国共设立财务公司法人机构258家,财务公司行业覆盖的产业众多，涵盖了农林牧渔、机械制造、民生消费等。因所处产业不同，如汽车、零售等行业的财务公司，其面对的产业链上下游小微企业众多，财务公司在服务相关主业发展的过程中，注重对小微企业进行资金倾斜，坚持小微信贷总量增长，实现了小微企业金融服务向高质量发展。

财务公司服务的小微企业主要涉及的行业包括电力、热力、燃气及水的生产和供应业，批发和零售业、制造业、交通运输业、仓储和邮政业、租赁和商务服务业以及房地产业等。截至2019年末，上述行业的贷款余额均超过100亿元，服务的小微企业客户数达65437家；小微企业境内贷款余额为3374.55亿元，当年累计发生额高达5124.06亿元。其中，农林牧渔行业有14家财务公司共服务5391家成员单位，各项贷款余额达877.61亿元。民生消费行业有11家财务公司共服务成员单位2163家，各项贷款余额达416.30亿元。

民营企业财务公司所服务的企业数量多、涵盖面广，其贷款规模也相对较高。行业内共有48家民营背景的财务公司，涉及包括民生消费、机械制造、电子电器等14个行业。截至2019年末，共服务成员单位11988家，各项贷款余额达3928亿元。

与其他金融同业不同的是，财务公司是服务于企业集团内部的金融机构，客户结构相对单一。然而，随着供给侧结构性改革的深化，企业"三去一降一补"向高质量发展转型的进程明显加快。在经济等外部环境风云变幻之时，其经营稳定性受到冲击，这对财务公司的资金管理能力也提出了更高的要求。发展普惠金融业务一方面有助于财务公司改善对企业集团单一客户的依存度。因普惠金融涉及的产业链客户群虽属于集团产业链配套行业，但地域分布和所有制形式各有不同，对于财务公司改善客户结构非常有利。而大中型企业也是由小微企业成长而来，发展普惠金融能够为财务公司培养大中型客户打下基础。另一方面，普惠金融具有小额、分散的特点，单笔业务金额小，业务客户群分散，信贷需求各异，不易积聚风险进而引发系统性风险，有助于财务公司分散经营风险。

## 二、"链"动普惠

产业链金融被认为是普惠金融的代表性金融服务。产业链金融是金融机构以产业链的核心企业为依托，针对产业链的各个环节，设计个性化、标准化的金融服务产品,为整个产业链上的企业提供综合解决方案的一种服务模式。其显著作用在于依托产业链上的核心企业,通过为产业链上的中小微企业提供个性化金融服务以激发整个产业活力,从而形成和谐的产业生态圈。

财务公司所在企业集团很多已形成完整、成熟的产业链,与上下游企业之间形成紧密的产品供求和业务合作关系,其成员单位基本都是产业链上的核心企业。

财务公司作为企业集团内部金融机构,开展产业链金融业务具有先天的优势,尤其是在获取产业链交易数据信息以及与核心企业的协同等方面。一方面,财务公司与实体产业关系密切,更容易了解客户资金需求特点,能够做到充分挖掘客户。另一方面,财务公司所属集团往往是产业链上的核心企业,借助集团的信息优势和对整个产业链的把控,财务公司能够更好地进行风险控制。

只有将优势转化为生产力才是有价值的优势。多年来,财务公司也在不断思考和探索如何立足集团主业,扩大金融服务辐射范围,提高金融服务普惠度,疏通资金流入实体经济不畅的"中梗阻",缓解产业链核心企业的上下游中小企业融资难题。目前,财务公司可开展的产业链金融业务分为下游业务和上游业务。多年实践表明,财务公司产业链金融业务在降低上下游企业融资成本,缓解中小微企业融资困难、节约集团财务费用、提高产业链整体竞争力和财务公司服务效率、风控水平等方面成效显著。

财务公司产业链下游金融业务主要包括消费信贷、买方信贷和融资租赁三项业务,旨在帮助成员企业加快产品销售,快速回笼资金,解决客户购买力临时性不足、融资难问题。这三项业务起步较早、发展成熟、行业集中。这三项业务均属于《企业集团财务公司管理办法》(以下简称《办法》)里规定的业务范围。根据最新监管要求,监管评级为二级及以上的财务公司,经批准可开展成员单位产品的消费信贷、成员单位产品的买方信贷、成员单位产品的融资租赁。

截至2019年12月31日,财务公司全行业共有43家财务公司开展消费信贷、买方信贷和融资租赁业务,累计发生金额4040.50亿元。其中,消费信贷业务累计办理融资1385.42亿元,买方信贷和融资租赁业务分别累计发生2299.07亿元和356.01亿元。

与下游业务不同，财务公司的产业链上游金融业务即俗称的延伸产业链金融业务由于突破了《办法》中对于财务公司服务对象的规定，监管机构和行业经过了长时间的研究和探索，才得以实现政策上的突破。2014年，5家企业集团财务公司首次获批试点开展延伸产业链金融业务。经过两年多的试点，2016年末，银监会下发《关于进一步扩大企业集团财务公司延伸产业链金融服务试点的通知》，进一步放开该业务，该业务的审批也改为备案制。根据最新监管要求，监管评级为一级的财务公司可备案开展延伸产业链金融业务。

这项业务对财务公司颇具吸引力。通知颁布后，符合条件的财务公司纷纷申请业务试点。截至2019年12月31日，财务公司全行业共有59家开展延伸产业链金融业务，涉及中小微企业7334家，累计办理各类供应链金融业务1450.46亿元，较上年增长10.05%，其中，票据贴现业务累计办理1279.23亿元，应收账款保理业务累计办理171.23亿元。

财务公司通过开展"一头在外"的票据贴现业务和应收账款保理业务，很大程度上提高了集团上游配套企业的融资可得性，帮助上游供应商盘活存量资产、缓解融资压力，帮助成员企业润滑供应链管理，保障配套产品供应质和量，降低综合采购成本。据不完全统计，财务公司坚持立足集团、服务产业的初衷，着眼于降低产业链成本、提高产品竞争力的考量，在供应链金融产品定价上采取保本微利策略，给予上游供应商的产品利率较同期市场融资成本下降30%以上，有力地降低了上游中小微企业的财务费用。

### 三、数字普惠

在信息化时代，普惠金融的发展已上升到更高层次，数字普惠金融是大势所趋。近几年，财务公司行业的数字化、信息化能力有了质的提升，从简单地应用互联网、大数据、云计算等技术手段，发展为全方位地构建信息科技发展体系。目前，很多财务公司在互联网、云计算、人工智能、大数据等技术方面已在系统建设、风控管理、信贷审批等环节展开应用。如江铃财务公司通过金融数据的采集、整合、挖掘及分析，多维度、多角度为普惠金融客户进行画像，实现了集约化管理，审批效率提升了80%以上；电建财务公司上线了智能业务机器人，业务自动化程度达到了84.4%。

在发展普惠金融的过程中，财务公司也从产业链金融业务入手，通过获取可靠的产业链上企业间贸易背景、应收应付账款等信息，借助大数据、云计算、人工智能等新兴技术，创新普惠金融服务模式，提升获客批量化、画像精准化、审批自动化、风控智能化、服务综合化的"五化"能力，通过信用转换和交易增信，来实现对产业链条上下游小微企业的精准融资。协会的调查结果显示，为支持产业链金融业务的开展，仅2019年，全行业就有252个涉及渠道类的信息系统建设，占总体建设项目的29.2%。

从信贷模式看，财务公司对小微企业的贷款以信用贷款为主。财务公司为提高信贷审批效率，节约服务成本，同时也考虑到小微企业缺乏抵押担保物这一问题，弱化了抵押担保，积极运用金融科技，依托大数据来进行授信。财务公司根据产业链的特点，依托信息化支撑，密切关注核心企业及其上下游情况，把握小微企业的账款逾期率、违约情况、商业纠纷等，从日常经营中获取有价值的信息和数据，洞察企业信用水平，以此确定授信规模，进而根据企业生产周期，确定小微企业的贷款期限、还款方式。数据显示，小微企业的信用贷款占小微企业境内贷款的比例达到了61.41%。此外，为降低小微企业融资成本，财务公司也在动态调整内部资金转移价格，合理管控小微企业内部筹资成本，不额外增加融资附加费用，禁止存贷挂钩、惜贷搭售等行为。基于审慎的信贷策略和自身良好的风险管理和处置能力，财务公司小微企业的不良贷款率仅为0.18%。

截至2019年末，财务公司行业共有53家公司应用了至少一项新技术，占比为23.45%，其中排名前三位的分别是云计算、大数据和人工智能。共有65家公司在未来两年有更新核心系统的计划，占比达28.76%。

整体而言，围绕信息化建设，大多数财务公司会根据业务发展情况进行创新规划，落脚点在于完善系统功能，提高业务处理效率，满足成员企业需求。但从目前整体来看，虽然全行业信息化程度有了质的提高，但数字化创新和应用能力仍有待提升，未来，数字普惠金融在财务公司行业的实践值得进一步关注。

# 案例篇

# 第一章
# 中国普惠金融助力抗击疫情案例

# 小微企业高效、全面、实惠"复工贷"精准助力

中国农业银行股份有限公司

新冠肺炎疫情发生以来,农业银行坚决贯彻落实习近平总书记重要讲话精神,按照党中央、国务院对统筹推进疫情防控与社会经济发展工作的要求部署,出台支持政策,优化创新产品,整合各类资源,为小微企业复工复产、渡过难关提供了专项金融支持与服务。为更加便捷有效服务小微企业客户,农业银行推出了支持小微企业复工复产专项融资产品组合贷款——"复工贷"。

## 一、疫情期间迅速投产上线

疫情发生以来,农业银行坚决贯彻落实中央对统筹推进疫情防控与经济社会发展工作的要求部署,出台支持政策,优化创新产品,整合各类资源,为小微企业复工复产、渡过难关提供了专项金融支持与服务。迅速推出支持小微企业复工复产专项融资产品组合贷款"复工贷",整合优质信贷产品与各项疫情防控支持政策,全力做好小微企业复工复产信贷支持保障工作。截至2020年6月20日,"复工贷"产品组合累计向小微企业发放贷款2579.76亿元,累计服务小微企业法人贷款客户18.05万户。

## 二、持续提供延期还本付息助力保就业

支持小微企业客户申请新贷款、增量授信、无还本续贷、宽限期、展期等,满足小微企业受疫情影响出现的各类融资需求。在同业中首家推出"宽限期+展期+续贷"延期还本付息服务,个性化解决小微企业受疫情影响出现的还款困难问题。2020年"两会"后,按照党中央、国务院部署与监管部门

要求，迅速研究落实延长展期至2021年3月31日的具体办法，在提供延期还本付息的同时要求小微企业承诺稳定就业岗位，全力保障小微企业渡过难关、复产达产。截至6月15日，农业银行通过"复工贷"产品组合为小微企业法人客户提供延期还本付息贷款超过170亿元，客户数量超过9000户。

### 三、科技支撑产品服务能力突出

"复工贷"产品组合线上、线下均可办理，小微企业可通过农行官方网站、企业掌银、企业网银、合作平台等多渠道办理，有效解决疫情期间现场办理业务存在的困难。"复工贷"依托农行近年来数字化转型成果，在疫情期间敏捷研发投产上线，其中"续捷e贷"提供了线上办理续贷业务渠道，极大地便利了小微企业客户。

### 四、线上宣传推广有效拓宽覆盖

疫情期间，为广泛宣传"复工贷"的产品特色与政策优势，通过H5、官方网站、直播、录播、线上沙龙等多种形式开展宣传推广。同时，借力农业银行"普惠e站"与多家政府平台、三方平台的合作渠道，为小微企业客户提供方便快捷的"复工贷"办理入口，切实提升了产品覆盖面与小微企业贷款可获得性。

### 五、客户办理安全便捷

客户可通过农业银行网上银行、手机银行及线下渠道申请办理"复工贷"。根据疫情防控需要，可通过线上模式进行贷款申办核查，以线上贷后管理模式暂时替代贷后现场检查，对短期内无法办理抵（质）押登记的客户，暂以信用方式发放贷款，最大限度地保障客户办贷安全。对线下业务推行"最多补充一次+限时办结"机制，疫情期间，普惠型小微企业贷款由有权审批人直接审批。

# 精准支持　纾困稳企
# 打出普惠金融抗疫组合拳

中国建设银行股份有限公司

新冠肺炎疫情发生以来，建设银行深入贯彻党中央、国务院决策部署，全力落实监管要求，针对受疫情冲击较大的小微企业等客户群，加大普惠金融服务力度，支持小微企业疫情防控和复工复产。一系列组合拳之下，建行普惠金融交出了一份抗疫助企的"硬核"答卷，截至2020年6月末，已为小微企业累计投放贷款10260多亿元。

## 一、快速响应，专项政策跑出普惠抗疫加速度

受疫情影响，2020年初大部分行业的生产和需求骤降，小微企业经营面临前所未有的严峻挑战。建行践行国有大行责任担当，快速部署，积极行动，第一时间发布支持疫情防控的普惠金融"四专八举措"，推出复工助企计划，针对小微企业在特殊时期面临的主要困难，精准把脉，重点施策。对于遇到暂时性还款困难的普惠型小微企业，调整付息频率，将贷款还款期延期半年，免收罚息，并提供征信保护措施；对于生产经营受到影响、存在流动性困难的企业，开辟绿色通道，创新产品服务，扩大信贷投放；对于收入骤减、负担较重的企业，实施利率优惠，减免服务收费，让企业轻装上阵；对于担忧新冠病毒传染风险的企业主，推出"惠贷款　送保障"小微企业主保险权益赠送活动，特别赠送合作保险公司的"新型冠状病毒感染"家庭意外险，疏解企业主心理压力。

## 二、"义"不容辞，专属产品彰显大行担当

中央吹响疫情防控集结号后，建行立刻组建横跨多部门的研发团队，在

"五化三一"建行模式的基础上，运用大数据、互联网等技术，创新审批机制，于2020年2月中旬推出"云义贷"专属服务。为满足客户在特殊时期的资金需求，给予符合条件的客户最高500万元的抗疫客户专享信用额度，一方面为存量客户提供临时信用额度，另一方面对新增客户进行名单制快速审批，迅速授予额度。客户可通过"建行惠懂你"APP、手机银行、网上银行等各类电子渠道办理，全部线上操作。"云义贷"为医疗等新冠肺炎疫情防控全产业链，以及受疫情影响的小微企业开启了一条融资绿色通道。截至5月末，"云义贷"授信金额超过1100亿元，贷款余额超过800亿元，贷款客户数超过10万户，受到了社会各界的广泛认可。

### 三、"企业氧舱"，专门机制助企业复工复产

为全力帮扶受疫情冲击产生暂时性困难的企业恢复正常经营，建行本着应帮尽扶的原则，提出了"企业氧舱"金融服务方案，入舱企业可享受政府政策与金融资源的集中帮扶。信贷服务方面，全额保障信贷资源，提供最优惠的贷款价格，加大服务收费减免力度，优化再融资等业务条件，采取差别化审批政策，提供创新产品支持。此外，企业还可享受多类非金融服务，包括资源撮合、供应链金融服务等平台，打通企业信息流、资金流、物流，助力企业经营恢复长期稳定。截至6月初，"企业氧舱"已在湖北、深圳、广东、福建四省市累计落地28家，实现政府、企业、银行三方互惠共赢。

### 四、精准支持，助力坚决打赢湖北保卫战

聚焦湖北地区的实际困难和具体问题，建行精准发力，制定了针对性强、更加灵活有效的纾困稳企措施，加大信贷资源倾斜力度，足额保障普惠金融领域贷款增长需要；多措并举降低区域小微企业融资成本，下调普惠小微贷款利率、增加信用贷款、减免收费；开辟普惠金融服务绿色通道，坚持"优先受理、优先审批"的原则；进一步加大手续费减免力度；大力推进"企业氧舱"建设，已与湖北省内25个地方政府和部门签订合作协议，共计对接小微企业13655户。

小微企业是经济运行的"毛细血管"，是经济发展的生力军、就业的主渠道。小微企业能否正常经营，不仅关系到经济发展的质量与速度，更关系

到社会的稳定。未来，建行将继续加大普惠金融纾困稳企力度，大力推进信贷投放和业务创新，进一步提升"建行惠懂你"APP等服务产品的覆盖面、贷款可得性及满意度，争取为更多小微企业复工复产、全面建成小康社会作出新的贡献。

# 用心服务  科技赋能
# 助力小微企业抗击疫情

中国民生银行股份有限公司

### 一、用心服务、科技赋能，助力小微企业抗击疫情

2020年，一个特别的年份，突如其来的疫情，给小微商户带来了严重冲击，面对特殊形势，民生银行秉承"为民而生、与民共生"的"初心"，制定特殊政策、提升特别服务，快速开展客户关怀活动、全面实施优抚政策，提速线上产品服务升级，应续尽续、应延尽延、应免尽免、能让尽让，与万千小微商户同舟共济、共克时艰。

### 二、关怀客户，传递民生温情温度

大年初七，民生银行快速启动全行小微客户关怀活动，通过多种线上形式，了解小微企业主、家庭、员工的生活与生产经营情况、各方面的困难和需求。在短短一个月的时间内，民生银行完成30万小微客户的一对一回访，有针对性地提供信贷支持、利息减免、保险保障等金融服务，并联系、赠送抗疫物资等，解决小微企业经营、生活各方面的困难，为小微客户树立信心，积极传递正能量。民生银行与合作保险公司一起，为全行小微贷款客户免费赠送每人最高10万元保险保额，客户无须申办，即刻生效。复工复产初期，定制了面向小微企业员工、家庭的专属团险产品"企福宝"，投入千万元开展赠送，为小微企业解除复产经营后顾之忧。

### 三、升级服务，全力满足信贷需求

民生银行快速推动线上重要产品优化与服务功能提升，包括：提高"云

快贷"抵押成数、扩大"纳税网乐贷"开办城市；简化贷款办理手续、提高信贷办理效率，为有需要的客户主动提高授信额度，为贷款到期客户提前做好续贷授信安排；紧急开通多项远程作业、远程服务功能，解决特殊时期面签、面谈、面查问题；打通小微贷款全流程线上办理，安全发放每笔贷款；在全国各地分行开通线上自助贷款申请、自助签约、自助提款、自助还款、自助转期（无还本续贷）等纯线上、全自助功能，快速推出"银行业务家里办""7×24小时全天候普惠服务"中小企业专属服务平台等线上产品及服务指南，使小微客户足不出户就能获得高效便捷的金融服务。

2月14日，民生银行海口分行为封闭在小区内的D先生启用视频面签模式办理了延期还款，解决了D先生所经营的餐厅无法经营、没有现金来源的燃眉之急。L先生的贷款春节后就要到期，但回家过年的他因被隔离而不能返程，民生银行成都分行主动提供无还本续贷，并由L先生通过手机完成自助办理……"零接触""如亲临"的服务案例，疫情期间几乎每天都在民生各地分行发生，灵活应对疫情的金融解决方案得到客户的高度赞扬。

### 四、减费降价，助力小微解困减负

对受疫情影响经营困难的小微客户，民生银行采取下调贷款利率、延期还款、贷款展期等扶持措施，支持客户开展生产经营自救；对影响严重已造成贷款逾期的，通过利罚息减免、征信保护等救助措施，全力将不良影响降到最低。通过主动调整贷款利率、赠送小微红包抵扣利息以及利、罚息减免优惠、移动支付交易手续费减免等优惠，让利客户、为小微商户减轻经营负担。2020年上半年，民生银行为十几万户小微客户下调了贷款利率，赠送小微红包抵扣利息以及减免利息、减免罚息、减免账户管理及交易手续费数亿元，民生银行小微贷款的利率比去年显著下降、服务小微客户数量快速增加，体现了其在危难之际的社会责任担当。

### 五、助力发展，提升小微免疫力

民生银行在为经营困难的小微商户提供信贷等金融服务的同时深刻认识到，提高小微企业主的经营管理能力和抗风险能力才是发展的根本之道。为此，民生银行邀请了阿里商学院MBA讲师等互联网大咖，免费向小微客户讲解直播营销平台带货、社群新零售团购，挖掘体验经济宝藏，为小微商户设计电商运营模式，开展系列"轻量化经营"线上培训。与此同时，民生银行把提升小微商户"免疫力计划"打造成了系统化的全行行动，一以贯之，持续开展，与小微商户共同成长、共建未来。

中国民生银行以初心服务实体经济，以真情牵挂小微客户，以科技赋能抗击疫情，全力以赴助力小微企业复工复产，保住小微企业生命力、提高发展免疫力，与小微商户相互连接、彼此支撑、携手同行，共创无限希望与未来。

# 抗疫情　保民生　金融助力春耕备耕

武汉农村商业银行股份有限公司

## 一、背景

2020年，新冠肺炎疫情给各行各业和居民生活带来了不同程度的影响，尤其是给农林牧渔业造成了巨大压力。为帮助中小微企业纾困解难，确保农牧业不失时机地开展春季农业生产，中央要求各地要尽快落实金融扶持政策，帮助企业全面复工复产。武汉农村商业银行微小企业信贷服务中心（以下简称微贷中心）积极响应农村商业银行总行全力支持疫情保供、复工复产、春耕春种、脱贫攻坚以及"金融特别行"活动的号召，积极通过线上线下等多种金融助力方式帮助中小微企业渡过难关。

## 二、举措和亮点

针对重点关注的农村地区的基础金融服务需求，微贷中心加大了涉农贷款投放力度，快速拿出贷款利率优惠政策，精简优化服务流程，并组建专业客户经理团队实地走访和了解村民们春耕备耕的困难，精准驰援，保障农副产品生产和春耕备耕农资供应信贷资金需求。

### （一）量身定制贷款产品

农村地区的种养殖农户一般是以家庭为单位，资金需求小、时间要求急，且大多缺少抵押物和符合银行条件的担保人。为此，微贷中心针对信用情况较好的农户群体，在支农再贷款的基础上特别推出"微小农易贷"等纯信用贷款产品，破解农户"担保难"的问题。

### (二)优化贷款审批流程

为了打赢春耕备耕时间战,进一步减轻疫情对农户的影响,微贷中心及时对贷款流程进行全面梳理和优化,设计和启用最新的贷款上会审批表格,重点采用移动Pad,实时调查、实时上传的审批模式,真正实现当天下户、当天上传审批资料、3天以内放款的速度目标,及时为农户们的农耕提供资金保障。

### (三)减费让利降成本

自疫情发生以来,微贷中心积极通过实施利率优惠政策,将利率定价从LPR+278BP调整至LPR+50BP,贷款利率基本维持在4.35%,减轻农户春耕备耕资金负担,解决"融资贵"难题。

## 三、典型案例

武汉市新洲区澳华鱼饲料经销商程某一直为新洲100多位鱼户提供鱼饲料,是新洲地区最大的鱼饲料供应商。在疫情期间,程某一直无条件地挨家挨户为鱼户送饲料,保障他们的生产不受影响,然而因为疫情原因一直没有回款,进货资金短缺成了他的一大难题。微贷中心和澳华农牧有限公司一直都是战略合作伙伴关系,在了解到客户的经营困难后,3月25日,微贷中心营销管理二部客户经理在做好安全防护的前提下,冒着大雨来到客户的经营场所,现场调查客户生意经营状况,并当场将资料上传至后台审批(特殊时期,微贷中心开辟了线上审批通道)。通过云贷款审批,不到1小时,100万元贷款通过的审批结果就出来了。客户经理当即开启人脸识别系统,当场与客户签下借款合同。第二天,客户程先生激动地打电话表示:"澳华农牧有限公司已经收到农商行微贷中心发放的用作进货资金的贷款了,我们的鱼饲料有着落啦,我代表广大的鱼户们谢谢你们!"一笔纯信用、无抵押的贷款,在特殊时期,不到2天就完成了贷款发放,及时解决了客户的燃眉之急,同时也保障了鱼户们的饲料供给。

## 四、成果与反响

为重点支持脱贫攻坚、春耕备耕、养猪等禽畜养殖业复工复产,微贷中心积极以区域、乡镇为单位，组织客户经理通过电话、微信及实地走访等方式，对武汉周边地区进行摸排，甚至远赴襄阳、宜昌调查摸底了解农户们的金融需求。自2020年3月以来，微贷中心客户经理"点对点、一对一"精准走访农户500余户，与村民进行多方交流，对于有融资需求的，当场进行调查，对于暂时没有需求的，为其提供其他金融咨询与服务，建立起良好的业务往来关系。2020年3月至6月，微贷中心已经发放涉农贷款286笔，贷款金额4598万元，以专业优质的金融服务给艰难中的农牧种养殖业注入了信心和力量，真正诠释了微贷中心"服务小微、服务'三农'、振兴地方实地经济"的目标宗旨。

# 从一线到"后方"
# 阳光财险多措并举抗疫助复业

阳光财产保险股份有限公司

疫情发生后，阳光保险集团（以下简称阳光财险）迅速明确了"全力支持国家抗疫行动，千方百计保证客户服务，不惜代价保护员工安全"三大核心任务，充分发挥保险主业、综合医院、机构网络等优势，全力以赴抗击疫情。在集团的统一安排部署下，阳光财险围绕保险保障本源发力，不仅为全国医务人员赠险，更开发了适应疫情形势的新产品；不仅免费扩展保险责任，更简化理赔流程，加快保险赔付。随着企业的复工复产，阳光财险积极响应党和国家的号召，持续增加应对服务举措，多措并举，全方位支持疫情防控与企业复工复产，保障客户利益和确保客户与员工的安全。

## 一、全面升级保险保障，打造复工复产企业"定制款"

疫情之下，中小微企业扎堆的服务业"受创"最重，复工复产复市复商难度最大。数据显示，截至2018年，国内私营企业和个体经济的就业人数为3.74亿人，占全国就业总人数的比重为48.2%。作为社稷民生的基石，中小微企业的存亡关系到每一个普通人的幸福安康。赖以生存的企业岌岌可危，企业主们心急如焚。

2020年2月15日，阳光财险中小微企业专属保险产品——升级版"老板安心"保险产品火速上线。针对疫情之下中小微企业雇员的染疫风险，"老板安心"险在原有保障基础上，升级扩展承保因感染新冠肺炎及法定传染病导致的身故责任，为每家企业提供单人赔偿限额10万元、累计赔偿限额100万元的新冠肺炎及法定传染病责任。产品覆盖13个受疫情影响重、恢复难度大的行业——餐饮、美发、娱乐、中介、健身、住宿、商超、家政服务、教育培训、汽车美容、汽车修理、足疗洗浴、短期活动/赛事。"老板安心"险一上市，立即受到中小微企业主的关注，截至2020年6月，在全国31个省（区、市）累计承保了4634家企业，提供风险保障超过112亿元。

除迅速上线"老板安心"险之外，结合中小微企业需要和员工保险负担能力，公司在团体意外伤害保险保障的基础上，扩展提供新冠肺炎身故及全残保障，新冠肺炎身故及全残保险金额最高可达20万元。公司还推出了高性价比的"团体关爱保员工保险计划"专项保险产品，在团体意外伤害保险保障基础上扩展提供新冠肺炎身故及全残保障。针对企业因疫情管控导致的产品损失、雇员隔离费用损失等问题，推出了"公共卫生突发事件复工专属保险"。针对中小微企业资金链薄弱、面对停业、营业中断等抗风险能力弱的问题，推出"复工保"，提供对企业停业损失、营业中断损失的风险保障。

同时，积极响应各级政府号召，参与并落实针对中小微企业的复工复产政策。公司参加了海南、宁夏（自治区）以及台州、温州、无锡、贵阳、重庆垫江、长春绿园区等市县（区）的疫情防控复工复产综合保险共保体，承保份额最高的达到50%。积极落实各地机动车停驶政策，为湖北19.18万辆机动车以及其他省份5783辆营运车延长保险期限，涉及保额1672.85亿元。为切实发挥风险管理职能，公司推出了安全生产责任险"保险+服务"十项举措，具体包括免费扩展传染病责任、免费延长保险期限、暂缓缴纳保费、预防费用可优先用于疫情防控工作、阳光融和医院战疫专家免费提供在线疫情诊断处置以及多项系统性培训及在线咨询服务等，全面助力企业快速复工复产。

## 二、升级全智能科技线上服务，提升"疫时"保险服务效率

疫情给客户服务带来了巨大挑战，而科技赋能、线上服务则成为此次应对"疫情大考"的利器。早在2016年公司就启动了"凤凰工程"科技赋能项目，围绕客户和客户接触点打造了一系列平台工具，如直接面向客户的官网、官微、车生活APP、一键赔APP和小程序、"阳光信赖"通道等，以及赋能理赔服务人员的E赔工具、服务销售人员的全能保APP等，可以支持客户"7×24"小时通过线上进行保险咨询、保险购买、保单查询、保单批改、线上报案、一键理赔、一键救援、理赔进度查询、违章查询等。疫情发生后，

公司第一时间开辟了承保理赔绿色通道,加班加点完成线上服务升级,通过车生活、一键赔、全能保等平台工具,支持无接触式核保核赔,有效保障了客户权益。据统计,疫情期间有70%以上的车险理赔案件通过"一键赔"线上完成,有超过90%以上的车险保单通过"车生活"和"全能保"线上投保。为缓解中小微企业的资金压力,公司还实行"先赔后定"预付理赔模式,责任成立即可先行预付赔款。

# 积极发挥逆周期调节作用 助力企业复工复产

国家融资担保基金有限责任公司

## 一、业务背景

按照党中央、国务院决策部署和财政部等部门有关文件要求,国家融资担保基金(以下简称基金)第一时间采取行动,把打赢疫情防控阻击战作为当前重大政治任务,充分发挥政府性融资担保体系优势和政策功能作用,及时推出各项有针对性的服务措施,切实保障各项政策真正惠及疫情防控重点保障企业以及广大"双创主体"、小微企业和"三农"等易受疫情影响的实体经济领域,发挥了政府性融资担保机构做好"六稳""六保"工作的积极作用。

## 二、具体做法

新冠肺炎疫情发生以来,基金科学制定业务政策,为恢复经济社会发展积极发挥逆周期调节作用。

### (一)发挥龙头作用,领导政府性融资担保机构抗疫攻坚

2020年2月3日,基金发出《关于做好政府性融资担保工作,支持打赢疫情防控阻击战的倡议书》,从提高政治站位、强化示范引领、强化担当作为三个方面,呼吁全国各合作机构把打赢疫情防控阻击战作为当前重大政治任务,全力做好疫情防控和小微企业融资担保服务。同时,印发《政府性融资担保体系快速行动全力支持防控抗击疫情》工作简报,为行业提供抗击疫情经验交流和做法借鉴。

## （二）及时出台政策，落实降费让利服务支小支农

2020年2月11日，基金印发《关于充分发挥政府性融资担保作用，支持疫情防控和相关企业发展的通知》（国融担〔2020〕7号），通过降低再担保收费标准、提高担保代偿和再担保代偿补偿效率、做好在保企业的续保融资担保服务等措施，切实降低小微企业、"三农"客户综合融资成本。2020年4月14日，印发《关于调整国家融资担保基金再担保收费政策的函》（国融担函〔2020〕19号），即对单户融资金额100万元及以下的合作业务免收再担保费，对单户融资金额100万元以上的合作业务减半收取再担保费，带头引导合作机构降费让利，体现了政府性融资担保机构的责任担当。

## （三）做好政策衔接，督促合作机构提高代偿补偿效率

基金积极引导和支持各省级再担保合作机构按月向政府性融资担保机构支付代偿补偿资金工作，严格履行基金再担保分险责任，充分发挥好再担保的稳定器作用。一是做好中央担保代偿补偿政策衔接。通过做好中央中小企业信用担保代偿补偿专项资金后续管理工作，全力支持试点省（市）运用该项担保政策助力企业复工复产，降低疫情负面冲击影响。二是提高代偿补偿效率，加大对基层担保机构流动性支持。2020年5月26日，印发《关于做好再担保代偿补偿工作的函》（国融担函〔2020〕29号），通过调整担保代偿补偿申报周期、简化审核流程、缩短审核时间等措施，进一步督促和协同各融资担保再担保合作机构按月做好再担保代偿补偿工作。

## （四）履行使命责任，加快推进股权投资和银担"总对总"批量担保合作业务

贯彻落实财政部下发的《关于充分发挥政府性融资担保作用，为小微企业和"三农"主体融资增信的通知》（财金〔2020〕19号）文件精神。一方面，基金扎实做好股权投资各项准备工作；另一方面，研究制订了银担"总对总"批量担保业务合作方案，进一步调动银行与担保机构合作的积极性。2020年4月，该业务方案即获董事会审议通过，目前已完成和7家银行总行、23个省（区、市）和3个计划单列市合作机构的合同签署。

## 三、取得的成效

新冠肺炎疫情发生后，基金引导政府性融资担保机构全力支持疫情防控工作，帮助企业复工复产，取得了明显成效。2020年第一季度，新增再担保合作业务规模630.9亿元（不含上年结转），同比增长33.4%。其中支小支农业务规模占比98.1%，较上年同期提升1.5个百分点；"抗疫融资"再担保业务规模96.24亿元，户数2614户，户均规模368.17万元。备案业务平均综合融资成本6.53%，较上年同期下降0.59个百分点。同时，基金减免新增合作业务再担保费2805万元，13个省（区、市）合作业务平均担保费率降至1%以下，有效发挥政府性融资担保逆周期调节作用，肩负起做好"六稳"工作、落实"六保"任务的使命担当。

# 信易佳电子保函助力招投标企业实时云复工

*中国投融资担保股份有限公司*

## 一、案例背景

2020年初,来势汹汹的新冠肺炎疫情让春节长假后复产复工的繁忙景象不再,多数企业难以按时复工。但同时,作为当前我国公共资源交易最为集中的场所之一,全国各地公共资源交易中心迎来大批的招投标企业。以往,申请投标项目的企业要到现场办理业务,但这种现场办公模式给2020年的疫情防控带来严峻挑战。

在这个特殊时期,中国投融资担保股份有限公司(以下简称中投保)旗下"信易佳"电子保函业务平台,紧盯客户需求,为广大招投标客户提供7×24小时在线服务,在有效阻断疫情传播的同时,有效保证客户业务的正常开展,助力企业实时"云复工"。

## 二、产品介绍

作为中国融资担保业协会会长单位和骨干央企国家开发投资集团有限公司成员企业,中投保秉承"互联网+金融"理念,创设并自主研发了"信易佳"电子保函服务平台。该平台采用SaaS和高可用部署模式,依托数据风控、智能决策、实时预警等技术手段,致力于构建基于互联网"开放、兼容"的电子保函业务生态系统。

"信易佳"于2017年5月上线,主要聚焦招标采购场景,服务于政府采购、国企采购领域的招投标企业;以电子保函替代现金保证金,具有全流程线上办理、7×24小时秒开电子保函的业务优势,不仅提高了全流程电子交易的效率,也有助于缓解投标企业资金压力,切实为中小微企业减负。

## 三、具体做法

### （一）智能风险大数据筛查——有效防控申请人信用风险

借助第三方征信系统的大数据资源，获取企业资信情况等信息；在企业申请环节，通过大数据进行关键字匹配、信息交叉验证、风险建模等，对投标方主体业绩及资信、违约概率等进行分析，并对信誉不良企业进行提前筛除。

### （二）大数据分析围标串标技术——智能识别围标串标行为

运用大数据技术，通过核验投标人缴费账户等相关信息，及时掌握围标串标线索，有效解决弄虚作假、暗箱操作、串通投标等招标投标领域的突出问题，提高招采透明度。

### （三）全面监控的运维体系——提升用户体验

强化"以业务为中心、以平台用户需求和满意度为目标"的运维理念，建立全面监控的运维体系，在有效防范安全风险和道德风险的同时，为用户提供更加优质的体验和更加安全的运维效果。

该产品的核心优势主要有：（1）操作便捷。企业登录信易佳电子保函平台系统即可开展在线申请保函、缴纳费用、开具电子发票等操作，全部操作流程不超过1分钟，让投标人"足不出户"轻松办理。（2）秒级开立。采用纯信用模式，企业无须办理开户、抵押或缴纳保证金等手续，实现全自动审核保函申请，保证7×24小时在线"秒开"电子保函。（3）省钱省力。企业只需提交一份信用保证的担保保函，一次缴纳数额为保证金额1%左右的费用即可参与投标，从根本上解除了企业参与交易的资金负担，为市场释放大量占用资金。（4）信用管理。通过与第三方信用信息共享平台对接，结合平台历史交易数据进行汇聚分析，构建诚信系统模型，对失信用户进行黑名单处理，建立诚信保障体系。（5）安全稳定。系统具备高可用性和高安全性，对于突发性问题，通过制订应急预案与配套值班体系，确保及时响应并解决客户问题。目前"信易佳"已取得七项国家软件著作权。（6）专业保障。拥有专业的技术团队支持保险，主要成员均具有10年以上的从业经验，并有约20

人的优秀客服团队为电子保函业务的平稳运行保驾护航。

### 四、取得的成效

中投保自2018年7月4日在大连开具全国首笔电子投标保函以来,已与北京市、广东省、山东省等20多个地区的公共资源交易中心,以及国投集团、招商局等多家央企电子采购平台、第三方招采平台完成系统对接并运行良好。截至2020年8月底,已累计服务中小微企业超过4000家,办理电子保函16000余笔,累计为投标企业节约投标保证金占用近33亿元。中投保荣获2019(第四届)全国公共资源交易改革峰会"电子保函优秀担保机构"奖,2019年度全国公共资源交易"十佳电子保函服务机构"奖。

# 发挥政策性担保作用
# 助力"战疫情 保春耕"

山东省农业发展信贷担保有限责任公司

## 一、研发背景

新冠肺炎疫情暴发后,山东地区很多农业经营主体生产经营遇到困难,急需解决融资难题。面对严峻形势,山东省农业发展信贷担保有限责任公司(以下简称山东农担或公司)坚持政府性融资担保职能定位,及时召开党委会分析形势、研究对策。公司制定并印发《关于"战疫情 保春耕"做好农担服务工作的通知》,面向农业经营主体推出13项便民惠农政策,大力推进一系列专项产品,在春耕作业、稳产保供、复产复工工作中发挥了积极作用。

## 二、产品介绍

面对新冠肺炎疫情严峻挑战,山东农担大力推进"农耕贷"、生猪稳产保供及现代畜牧业强省建设专项、"强村贷"、"鲁担巾帼贷"、冷链物流产融平台等一系列产品落实落地。通过实施政担合作、银担互信、资料容缺、便捷续保、保费减半等13项便民惠农措施,结合大数据预审系统,数科平台和产融平台,助力涉农经营主体稳产保供,复工复产,全力战疫情、保春耕。同时,通过有序分工,细化标准,权责明晰,增强银担互信,实现错位管理,扩大金融机构合作,进而形成竞争支农的"鲇鱼效应"。通过多管齐下,促使担保业务显著上量,贷款利率显著下降。

## 三、具体做法

### （一）政担合作，丰富产品

一是大力推进大数据产品"农耕贷"的落实落地。借助省财政地力保护补贴信息，用时10天完成了对种粮大户筛选，形成白名单客户1.2万户，并与地方政府、合作银行协同完成需求摸底，获取有效客户3000家，意向融资金额8.5亿元。二是与山东省畜牧局联合印发《政银担合作支持生猪稳产保供及现代畜牧业强省建设若干政策措施》，在县乡层面建立"部门推荐、农担审查、银行放款"的工作机制。三是会同省委组织部推出"强村贷"产品，专门支持村级党组织领办的合作社。县级组织部门、农业农村部门按照"强村贷"规定的准入条件建立项目库，由合作银行尽调审批，山东农担审查审批后放款。四是会同省妇联和人民银行济南分行推出了"鲁担巾帼贷"产品，县级妇联负责宣传、推荐客户，帮助农村妇女创业就业。五是冷链物流产融平台。通过依托在潍坊西搭建的移动冷链设施中当天产生的存货金融级数据，会同山东省农行制订专项金融服务方案，获得总体授信额度2亿元。

### （二）银担协同，错位管理

山东农担与合作银行签署《银担互信合作协议》，实现对担保项目的错位管理。一是明确分工。山东农担主要负责获客，然后合作银行按要求进行尽职调查，山东农担随即按内部规定进行担保审批。二是细化标准。征信审查、环评、土地占用等全部明确审查标准，交由合作银行审查，山东农担不再重复审查。三是压实责任。对于需要代偿的项目，经核实合作银行未按约定履职尽责的，山东农担免责。

### （三）多措并举，惠农便农

一是实行保费减半。对疫情期间新增的担保业务，山东农担实行担保费减半收取，粮食种植、扶贫按照0.5%收取，其他政策性业务按照0.75%收取。二是简化续保手续。对于疫情期间到期的续保项目，凡生产经营正常或向好、反担保措施未弱化、担保额度未增加的，在客户提供信用承诺书后，原则上山东农担予以续保；对因疫情影响暂时还款有困难的，公司通过协调贷款银行采取展期、无还本续贷的方式给予解决。三是实行资料容缺。疫情期间，在不影响风险评估判断的前提下，公司对部分项目资料欠缺的项目，可先审批放款，疫情结束后再补齐手续。

（四）数据驱动，风控转型

一是启用预审系统。山东农担积极开发预审系统，受理的所有项目，必须通过系统筛查后才能进入审查审批程序，先行排除问题项目，实现风控前置。二是线上采集信息。公司通过农口部门、行业协会、农资代理商等建立的涉农主体微信群，宣传担保政策，利用"惠农云"小程序高效获取申保人信息、受理申请等基础信息，多维采集，综合评估，为强化风控提供有力保障。三是构建产融平台。为破解城乡冷链"最先一公里"难题，公司成立鲁担城乡冷链产融公司，搭建产融平台，以面向农业经营主体提供的冷链服务为抓手，建立涉农供应链数据自动生成机制，实时获取真实可信的经营信息。

## 四、取得的主要成效

截至2020年6月底，山东农担新增担保贷款3.2万户、金额143.68亿元，在保规模达到4.97万户、184.95亿元。其中，"农耕贷"产品已实现放款2817户，金额9.45亿元；生猪养殖经营主体专项产品提供担保贷款累计1246户，金额6.46亿元；"强村贷"产品累计支持合作社232家，发放贷款1.51亿元，对接和储备客户1833家，金额11.3亿元；"鲁担巾帼贷"产品累计发放816笔，发放金额4.21亿元；冷链物流产融平台已为供应链客户实现放款1200万元。公司担保业务覆盖全省所有农业县（市、区），其中，规模超过3亿元的县（市、区）达到12个，超亿元的达到70个，经营主体的综合融资成本为5.8%，考虑财政贴息贴费因素，可以低至1.175%，远低于农村市场平均利率水平。公司代偿率仅为0.17%，低于全国农担业务平均代偿率1.7%。山东农担通过积极发挥政府性担保机构功能，为所在地区的春耕作业、稳产保供、复产复工工作发挥了积极作用，贡献了智慧与力量。

# 助力实体经济复工复产
# 为小微企业纾困解难

*佛山市南海友诚小额贷款有限公司*

## 一、研发背景

2020年春节假期一结束,友诚贷款便着手对存量客户进行了全面的排查,提前掌握了因受疫情影响、流动资金出现困难的客户和行业情况,并为他们量身定制了相应的解决方案。

## 二、具体做法

### (一)啤酒经销商詹小姐

詹小姐与其配偶自2007年起经营啤酒经销生意,是珠江啤酒在南海某镇的区域代理,主要向区域内的小型超市、杂货店、酒楼等供应啤酒。往年春节期间,酒楼饭店生意火爆,詹小姐的公司都会在年前备好货,准备迎接消费高峰。但2020年受疫情影响,春节假期延长,下游的商家基本没有开门营业,整个2月,詹小姐的啤酒销售受到严重冲击,收入锐减,导致现金流紧张,无法按时还款。

经了解和沟通,詹小姐还款出现逾期,不是主观上有意为之,自身经营也没有出现实质性问题,而是出现了短期周转问题,需要时间调配资金。掌握情况后,公司主动为客户豁免逾期利息,支持客户渡过难关,并持续留意客户的经营情况。

4月,在未结清欠款的前提下,客户申请增加贷款额度。客户表示5~10月是啤酒销售的传统旺季,希望抓住时机,加大进货量,为销售旺季的到来做好准备。经过调查,客户的啤酒销量有所回升,虽然3~4月销售额较2019年同期下降50%,但随着国内新冠肺炎疫情防控形势持续向好,各大饭店、酒楼及小超市陆续营业,酒水消费后劲十足。考虑到该客户2010年便成为公司的客户,9年多来还款记录良好,经营理念和财务情况稳健、信用记录良好,整体风险可控。公司加急处理了该笔贷款申请,并发放了5万元贷款,解决了客户的燃眉之急。自2010年开始,友诚贷款已累计向詹小姐发放贷款达108万元,及时解决了企业流动资金短缺问题,助其发展壮大。

### (二)药店经营者吴先生

受疫情影响,经营南海某药店的吴先生也面临资金难题。吴先生原来从事药品批发工作,2014年决定拿出积蓄创业,在市场里面开了一家药店。由于周边小区林立,客流量较好,平时生意不错,是一家人的主要收入来源。春节期间,药店生意通常较差,但持续时间不长,对全年的收入影响不大。但2020年由于疫情关系,客流下滑持续,2~3月整体营业额下降了50%。虽然部分品类药品销量有所增加,但到4月,客流量还没有恢复到疫情前的水平。为增加流动资金,吴先生向公司申请贷款,考虑到吴先生的经营情况、市场环境和趋势,经过快速特殊审批,吴先生最终获得了3万元的放款,解决了现金流的困境。

## 三、取得的成效

友诚贷款利用各种资源,对与疫情防控有关的业务提供优质、高效、快捷的金融服务,对从事工程建筑、批发零售、住宿餐饮、物流运输、文化旅游等受疫情影响较大的企业,主动了解客户遇到的困难及资金安排,通过下调贷款利率、延期收取利息、减免逾期利息、接受客户延期还款申请等方式,帮助受疫情影响的企业降低融资成本,其中,利率下调幅度最高达20%,为138户借款人减少约568万元的利息支出。

# 齐心战"疫"携手共进
# 助力湖北企业渡过难关

中油财务有限责任公司

## 一、案例背景

新冠肺炎疫情暴发以来,湖北省武汉市作为疫情重灾区迅速制定一系列防控措施,第一时间阻断病毒扩散渠道,全力保障人民群众的健康安全。位于武汉的湖北中油丰泰能源有限责任公司(以下简称中油丰泰)积极响应号召,陆续关停了三座运营效益较好的加油站,另外两座加气站也需要凭借通行证进出才能提供加气服务。随着时间的推移,中油丰泰资金流转受到巨大影响、收入回款几近停止,2020年第一季度销售业绩严重下降、亏损幅度增大。尽管如此,为充分保障公司员工在疫情期间的正常生活,中油丰泰仍然为全体员工提供了疫情补助,因此承受了运营成本增加和资金情况紧张的巨大压力。

## 二、案例过程

中油财务有限责任公司(以下简称公司)作为中国石油集团(以下简称集团)的"内部银行"和司库管理平台,始终秉承"主动服务、主动保障、主动担当"的服务理念,致力于为成员企业提供优质高效的金融服务。2020年3月初,公司开展了紧张有序的信贷客户排查,逐家对客户第一季度生产经营及利息支付情况进行深入了解,其中就包括与公司长期合作的中油丰泰。在中油丰泰一筹莫展时,多年的服务经验帮助公司迅速研判、准确掌握了企业面临的严峻形势——成品油及天然气销售企业由于规模较小、市场抵御风险能力不足,在疫情期间需求减少且短期内未见明显好转的情况下,收入及回款会出现较大幅度下降,极端情况甚至将无法按期归还贷款。

按照《关于加强银行业保险业金融服务配合做好新型冠状病毒感染的肺炎疫情防控工作的通知》(银保监办发〔2020〕10号)精神鼓励通过适当下调贷款利率等方式,支持相关企业战胜疫情灾害影响,以及《银保监会、人民银行、发展改革委、工业和信息化部、财政部关于对中小微企业贷款实施临时性延期还本付息的通知》(银保监发〔2020〕6号)中"对于2020年1月25日至6月30日中小微企业需支付的贷款利息,银行业金融机构应根据企业延期付息申请,结合其受疫情影响的实际情况,给予企业一定期限的延期付息安排"的相关要求,公司迅速作出反应,为中油丰泰提供了利息延期支付及贷款利率调低等帮扶措施,做好特殊时期成员企业金融服务保障工作。一是主动让利,在原贷款利率基础上下调70个基点,为企业节约财务费用32.31万元;二是将季度结息改为2020年12月21日调息结束时一次性付清,有效缓解企业因经营情况恶化而面临的资金困局。

### 三、取得的成效

"双重礼包"送出后,中油丰泰赢得了可贵的"喘息之机",立即将有限的资金投入疫情防控和复工复产中。为感谢公司在其危急时刻担当尽责共克时艰、积极助力复工复产的暖心举措,中油丰泰发来了诚挚的感谢之词。

面对疫情防控与生产经营的"大考",公司深入响应党中央及集团党组号召,以"上下一盘棋"的思路举措,积极与集团总部、专业公司和地区公司协调沟通,加强对成员企业资金情况的梳理排查,在自身落实疫情防控要求的同时,开辟金融服务绿色通道、做好受困企业金融服务、强化疫情防控金融支持,为全民战疫的决胜作出中油财务贡献!

# 送上普惠金融"及时雨"
# 当好疫情防控和助力复工复产"急先锋"

中国邮政储蓄银行股份有限公司

面对突如其来的新冠肺炎疫情,如何防疫抗疫和复工复产,是全社会关注的重点。中国邮政储蓄银行认真贯彻落实党中央、国务院决策部署和监管部门要求,积极履行国有大行责任担当,在做好疫情防控的同时,充分发挥普惠金融服务优势,精准支持抗疫企业,发挥优势助力春耕春种,多措并举服务中小微企业、个体工商户,积极支持实体经济复工复产,大力加强线上服务力度,各项金融服务持续加码。

## 一、全力支持抗击疫情,积极服务实体经济

疫情发生后,邮储银行第一时间加强对抗疫企业的金融支持,积极落实专项再贷款政策,精准对接抗疫企业,加大贷款支持力度,优化授信审批流程,加强利率优惠支持,及时"输血"抗疫企业,支援复工复产和增产增供,坚决助力打赢疫情防控阻击战。数据显示,截至2020年第一季度末,邮储银行向疫情防控相关企业提供授信支持超过1500亿元,发放贷款超过500亿元。

邮储银行还免收向湖北等地区防疫专用账户捐款或汇划防疫专用款项的手续费;开通湖北地区远程服务绿色通道;持续提升医院、慈善类机构的便民支付能力;全行捐款捐物,支持抗击疫情。

疫情之下,邮储银行坚持金融服务不断档,精准对接实体经济金融服务需求,为复工复产注入了金融"活水"。数据显示,截至2020年第一季度末,邮储银行涉农贷款余额1.31万亿元,较上年末增长452亿元;第一季度发放普惠型小微企业贷款超千亿元,贷款余额7091亿元,较上年末净增559亿

元；第一季度投放消费贷款2399亿元，同比增长55%。

在保障基础金融服务上，邮储银行加大线上金融服务力度，引导客户优先使用网上银行、手机银行等电子渠道办理金融业务，满足客户足不出户的金融服务需求。开发推出"居家客服"，为客户高效答疑解难。与此同时，邮储银行切实做好网点金融服务，强化网点门前、厅内、柜面"三道防线"的防护措施，全力保障网点金融服务。据统计，2020年第一季度，邮储银行代发养老金1.82亿笔，代发金额2300多亿元。

## 二、科技赋能线上金融，零售转型深入推进

作为"年轻"的国有大行，邮储银行坚持科技兴行战略，坚定推进转型升级，强化科技支撑保障。2019年以来，邮储银行启动了一系列重大改革措施，特别是加大金融科技领域投入及科技人才引进力度，把每年营业收入的3%左右投入科技领域，2019年邮储银行总行科技队伍人数实现翻番。

在科技的支撑保障下，邮储银行快速推进线上化，搭建线上获客活客新平台，全面推进"端到端"客户旅程优化，"线上获客、线上活客、快速授信、线上放款"的发展模式正在全面形成。深入推进线上线下融合，第一季度推出客户经理"云工作室"，通过客户经理的个性化配置针对性地进行线上产品推介、热门活动展示以及部分业务办理，将线上场景生态与线下地推优势相结合，已在超过6万名客户经理中推广，同时正在全力推进网点系统化转型。推进金融生态圈建设，加强供应链金融服务，做好企业网上银行、银企直联和开放式缴费平台等电子渠道的服务保障，积极引导小微企业使用"邮易链"平台进行在线资金融通，不断丰富"无接触"服务渠道。

以科技为驱动力，邮储银行全力推动零售升级、加强线上金融服务的成效不断凸显。数据显示，2020年第一季度，邮储银行发放非房消费贷款1336亿元，线上放款率达97%；发放线上化小微贷款产品1391亿元，余额2782亿元，较上年末增长36%；发放个人小额贷款1987亿元、249万笔，发放笔数同比增长277%，其中线上放款226万笔，线上放款率达91%；手机银行交易金额达2.64万亿元，同比增长69.53%，手机银行月活跃客户数（MAU）较2019年同期增长20.99%。此外，邮储银行自建场景"邮储食堂"实名用户规模突破2500万。

# "同舟共济吉银+"金融服务案例

## 吉林银行股份有限公司

新冠肺炎疫情暴发以来,吉林银行积极创新金融服务,针对受疫情影响严重的餐饮、娱乐、酒店住宿、居民服务、批发零售类等企业复工复产的资金需求,结合疫情期间企业生产经营的实际情况,推出了"同舟共济吉银+"系列信贷服务。该金融服务方案降低了准入门槛,在保证原有额度无还本续贷、延缓利息归还的同时,给予年度流动资金量10%~20%的复工复产专项信用贷款额度,并且不追加抵押物、不追加担保,不增加成本负担,满足企业在困难期的生产经营需求。

综合来看,"同舟共济吉银+"最大的优点就是能够结合企业流动资金量直接匹配信用贷款,具备"多、快、活、省"的优势,很好地契合了小微企业的需求。

"多"是指增加信用贷款额度。本着"应贷尽贷、应贷快贷"的原则,主动对接受疫情影响企业,主动增加企业信用贷款,为小微企业输送资金"活水",满足企业生产经营需求。

"快"是指加快办理速度。秉持"特事特办、快事快办"的原则,吉林银行建立了"总分支"三级快速响应机制,强化行内全方位联动,开辟"绿色通道",特别是针对受疫情影响企业信贷需求实施"一事一议",加大对分行的授权,简化流程,提高效率,以最快的速度帮助企业渡过疫情困难期。

"活"是指放宽业务标准。在疫情期间,吉林银行对各基础产品的审批标准均作了修订,最大限度地为企业降低门槛,并组织人员对受疫情影响的客户进行非现场摸排,建立疫情影响业务名单,指定管理责任人,全面掌握问题原因、了解影响程度。对于暂时无力偿还贷款利息或本息的企业,通过调整还款方式、展期、增加授信、罚息减免等方式进行扶持。

"省"是指降低企业融资成本。包括：给予企业普惠贷款利率；由吉林银行承担金融服务过程中所产生的抵押登记、押品评估、抵押物财产保险及合同公证等相关费用，减轻企业负担。

为了推广这些惠企政策，吉林银行发起了"百名行长进万企""复工与振兴 吉银普惠2020"等一系列营销活动，主动走进政府、平台、商会、企业，提高小微企业对政策和产品的知悉度。

"同舟共济吉银+"信贷服务贴合实际，满足了小微企业在疫情期间的多重需求，从资金、成本等多个方面为小微企业复工复产提供助力，深受广大小微企业好评。以下为汽车和餐饮两个领域的情况。

汽车产业领域。汽车是吉林省的支柱产业，也是吉林银行重点支持复工复产的重要行业。吉林银行以汽车生产企业为核心，围绕上下游开展金融服务，助力吉林省汽车产业稳步发展。长春合心机械制造有限公司是汽车产业上游零部件制造企业，吉林银行运用"同舟共济吉银+"信贷方案，在不追加抵押物、不追加担保的前提下，为其提供500万元信用贷款，确保企业具有充足的流动资金复工复产。在吉林银行的支持下，该企业积极践行社会责任，调整经营思路，迅速组织人员针对口罩制造设备开展研发，并在短时间内投入生产，顺利在第一季度实现逆势增长，实现了"人员不裁、工资不降、福利不减"的保就业目标，保障了企业300多人的就业稳定。

餐饮领域。吉林银行主动作为，冲锋在前，争当疫情防控"排头兵"，保障民生"米袋子"，与小微企业同舟共济，共渡疫情难关。吉林省面对面餐饮管理有限公司是吉林省内知名餐饮企业，2015年已成功申报市级非物质文化遗产，旗下直营店25家。2020年受疫情影响，该企业营业收入锐减，日常周转备用金、员工工资等出现缺口。吉林银行即时进行实地考察，走访旗下门店，运用"同舟共济吉银+"信贷方案，仅用两个工作日，就为企业通过"接续贷"方式发放1000万元"支小再贷款"，为企业节约资金成本3万元。

类似这样的案例还有很多，每天都在这片黑土地上发生着，企业得到了资金支持，员工就业得到了保障，党和政府的方针得到了贯彻。

# 基于电力大数据的企业金融信贷服务

重庆农村商业银行股份有限公司

## 一、背景

2020年2月底,重庆地区新型冠状病毒肺炎疫情逐步得到控制,众多受到疫情影响的中小微企业陆续开始复工复产,而受前期疫情冲击的影响,企业复工复产的流动资金需求大幅上升。在疫情防控形势依旧严峻的大背景下,银行原有的上门开展授信调查的模式存在一定的实施难度。如何打破常规,在有效防控信贷风险的同时,及时足额地向企业提供信贷支持成为银行面临的一个极为紧迫的重要课题。

## 二、举措与亮点

为及时予以企业信贷资金支持,有序推动复工复产,疫情期间,重庆农村商业银行在与国家电网重庆市电力公司战略合作的基础上进一步深化合作。双方深度挖掘电力销售大数据,创新性地将电力大数据运用于具体客户的授信调查之中,实现了调查人员不到企业生产场地也能全面准确掌握企业生产状况的新突破。

这一创新授信调查模式具有以下三大特点:

一是银电合力,精准对接复工企业融资需求。重庆农商行基于与国网重庆市电力公司的战略合作关系,构建了"电力大数据+金融"的合作模式,形成了完整的电力金融服务体系,助力企业实现高质量发展。在疫情期间,重庆农商行与国网重庆电力进一步加强合作,以国网重庆市电力公司提供的售电数据为参考,及时主动对接复工复产企业的融资需求,第一时间给予融资支持,助力企业复工复产、正常运营。截至2020年4月末,重庆农商行通过售电数据对接企业200余家,为60余家企业新增授信超过50亿元。

二是数据增信,有效破解企业融资难融资贵。长期以来,缺乏足值抵质押担保物一直是广大中小微企业的融资"痛点",而降低对质押担保的依赖成为金融机构授信创新的重要方向之一。重庆农商行通过对国网重庆电力提供的企业售电延续性、售电走势、电费收缴情况等电力大数据进行综合分析,同时充分结合工商、税务、公积金等外部数据源开展客户分析,以数据为抓手,持续融合内外部数据,构建科学严密的风险模型,有力提升了辅助风险决策的能力,减少了银企之间的信息不对称,为银行向优质客户提供低门槛、低成本的信贷支持提供了有力支撑,有效地解决了中小微企业融资难、融资贵问题。在疫情最为严重的2月,重庆农商行通过电力数据增信向10余户制造业客户提供弱担保授信超过11亿元,向20余家企业提供低成本授信超过16亿元,为客户节约融资成本约2000万元。

三是数据赋能,全面提升各类企业获贷效率。基于重庆农商行与国网重庆电力的深入合作,通过建立电力数据分析模型,对区域、行业等电力大数据进行长周期、多维度、综合性分析,实现批量化制订有针对性的风险管控、额度测算等授信方案,大大提升信贷审批效率和企业获贷率。一方面,重庆农商行通过电力大数据对行业整体复工用工水平进行宏观把握,主动调整行业整体授信方案;另一方面,借助电力数据准确捕捉单个企业复工复产情况,及时跟进企业融资需求,在贷前、贷中、贷后全面推进数字化信贷审批,助推行内信息科技应用,精准识别客户,提高服务效率,有效发挥金融科技赋能中小微企业复工复产的作用。

## 三、典型案例

重庆恒都食品开发有限公司(以下简称重庆恒都食品)是受益于电力大数据金融服务支持的典型案例。重庆恒都食品是重庆市的农业龙头企业,已建成涵盖肉牛养殖、屠宰及精深加工、冷链运输、科技研发及市场营销于一体的肉牛全产业链条,被列为重庆市民生保供重点企业。新冠肺炎疫情突发以来,肉制品市场需求日益增大,对肉制品生产加工企业提出了巨大考验。该企业积极响应号召,第一时间复工复产,全力确保市场供应。然而,受疫情影响,重庆恒都食品的资金周转出现困难,急需银行信贷资金支持。重庆农商行利用电力大数据对企业开工情况进行综合分析,仅用1天时间就以极为优惠的贷款执行利率为企业成功发放1000万元信用贷款,及时保障企业复工复产。

# 助力机器人中小企业在战"疫"中大显身手

渣打银行（中国）有限公司

## 一、特殊背景

或许我们都没有想到，机器人和人类共存的时代，会因为一场突如其来的疫情而提前到来。

这是2020年的"机器人总动员"。

消毒、测温、送餐……在战"疫"过程中，一批机器人纷纷"上岗"包办了许多"无接触服务"，成为助力疫情防控和复工复产的重要一环。

——此前，在武汉科技会展中心方舱医院收治区，机器人Aker 24小时待命，使用者只需在屏幕上按一下床位号，Aker便可并将所需物品送达指定位置。

——在浙江嘉兴市新型冠状病毒集中隔离留观点，机器人Amy成为非常时期的"送餐员"，不但能避免人员交叉感染，还可减轻工作人员的餐食配送负担。

——随着部分酒店复工，机器人小甲承担起一些烦琐、重复的工作，包括为入住客人提供送物、送客需品、领路等无接触服务。

——在学子们宅家上网课之际，机器人Alice已经在教育平台复工上岗，提前为开学做准备。Alice可协助教师开展教学活动，激发学生的学习兴趣，并为课堂注入新的活力。

据了解，Aker、Amy、小甲、Alice都是由苏州一家中小型科创企业——苏州穿山甲机器人股份有限公司（以下简称为穿山甲）自主研发制造的机器人。除了这几位"朋友"，穿山甲还为全国各地多家相关机构提供消毒机器人、测温机器人，投入一线的疫情防控工作之中，成为特殊时期的"实力担当"。

## 二、服务机器人发展特点

不仅是机器人，无人机、远程办公等新兴领域近年来也获得广泛关注。疫情之下的未来经济展望，并非只有坏消息，许多具有科技特色的企业正迎来新一轮发展机遇。AI服务机器人市场原本处于初期阶段，疫情让该行业赢得直观认可，并迎来高速发展机遇。

中国电子学会发布的《中国机器人产业发展报告（2019年）》报告显示，2019年中国服务机器人市场规模达22亿美元。据预计，到2021年，随着新兴应用场景机器人的快速发展，中国服务机器人市场规模有望接近40亿美元；而在疫情刺激下，最终实际数字可能远远高于上述预测。

## 三、中小企业典型特征

渣打银行中小企业金融部总经理庄澔表示："中国经济的韧性和在制造业的能力与规模，没有任何一个其他国家或地区可以取代。疫情之下，无人化、数字化、智能化已是行业共识，这对产业革新长期而言是利好。可以预见，'高科技+服务'将成为一批中小企业发展的新风向。"

目前，就地域分布来看，我国机器人行业主要集中于东部沿海省份。据2019年12月公布的《长三角区域机器人产业链地图》，长三角区域机器人产能占全国的50%以上。

总部位于昆山的穿山甲是服务机器人行业的领军科技企业，目前为中国300个城市提供商用服务，并已出口50个国家和地区，服务于全球3000多家客户。然而，这个范例的B面或许更具普遍性——曾经的穿山甲，和众多中小微一样，面临融资难、营运成本高、资金周转紧张的难题。

## 四、银企协作样本

穿山甲总经理宋育刚表示："很幸运，我们在企业发展过程中，遇到了一个真正愿意支持中小企的合作伙伴。在业务发展的关键阶段，渣打银行成为我们的第一家贷款银行，帮助我们茁壮成长，让我们研发的机器人能在抗击疫情的关键时刻发挥一点作用，共同战'疫'！"

作为科技型企业，穿山甲是轻资产公司，在多数银行普遍更愿意接受资产抵押类贷款的行情下，其贷款渠道较为狭窄。此前，穿山甲向渣打银行苏州分行说明了自己的融资痛点，并成功获得该行提供的特色产品——中小企业无抵押贷款。

"科技型中小企业往往就是这样，不仅需要研发投入和沉淀，更可能伴随长期看不到曙光的状态，但一旦拐点到来，往往就是爆发式的增长。"渣打中国中小企业金融部总经理庄澔介绍，"针对此类中小企业的融资需求，金融机构需要在风控技术和信贷评估方面，既做到审慎判断，又要敢为当先，才能协同资源对接，真正助力中小企业更好地投入前瞻性的研发工作。"

# "医疗专项信贷基金+政府融资担保"贷款

汇丰银行（中国）有限公司

## 一、研发背景

为响应国家普惠金融的号召，着力缓解小微企业融资难融资贵，汇丰中国于2019年中旬推出了面向小微企业的专属融资方案——汇享·保易贷，在外资银行中率先落地新型政银担保合作机制，成为首家与上海市中小微企业政策性融资担保基金开展合作的外资银行，积极践行普惠金融，把金融"活水"引入小微企业。

与此同时，为顺应中国经济创新加速和转型升级的大趋势，汇丰中国在既有的对公业务架构中新成立了医疗健康新经济行业组，设立专项信贷基金，以更专业和深刻的行业认知为出发点，致力于提供满足医疗行业科创企业快速发展的综合金融服务，为科创医疗类小微企业提供发展新动能。

2020年初，面对突如其来的新冠肺炎疫情，汇丰中国在第一时间推出多项金融举措支持小微企业，创造性地发挥汇丰中国医疗专项信贷基金优势，结合上海市中小微企业政策性融资担保基金担保，通过"专项基金+政府担保"，打造科创医疗型小微企业融资新模式，同时设立专人审批快速通道，定向增援战疫企业，驰援抗疫防疫一线企业融资需求。

## 二、产品介绍

汇丰中国"医疗专项信贷基金+政府融资担保"贷款服务方案针对注册在上海市的科创医疗类小微企业，为其提供最高人民币1000万元的信用贷款和普惠金融优惠利率。对于符合贷款贴息条件的企业，推荐其享受贴息政策。上海市中小微企业政策性融资担保基金为其融资提供担保，担保覆盖不足部分，汇丰中国医疗信贷专项基金覆盖相应资金敞口。通过合作和统筹安排，既能分担风险，又能更有效解决小微企业融资难、融资贵的痛点。

## 三、具体做法

### （一）政银园区，多方合作的服务模式

在过往与北京和深圳国有担保公司合作的基础上，2019年汇丰中国进一步开拓了与上海市中小微企业政策性融资担保基金的合作，成为首家与上海市政府担保基金合作的外资银行。疫情暴发后，汇丰中国与担保基金保持积极沟通，强化信息共享和政策协同，快速响应政府对抗疫企业的金融支持要求。与此同时，汇丰中国积极对接相关园区、孵化器、行业协会、商会和区级主体等，定向增援战疫企业，为医疗行业的新经济小微企业提供融资服务。

### （二）高度定制行业特色的授信方案

针对医疗健康行业的重科创、轻资产的属性（前期重研发且研发周期长，后期产品批准上市后技术壁垒高、护城河宽但商业化需要时间等特点），汇丰中国设立了专门面向医疗健康行业科创企业的信贷基金。该信贷基金以信用授信的方式，一企一策，定向支持在医疗大健康行业各细分赛道上具备创新能力、创新产品/管线，具有优良市场前景的小微科创企业。

申请批复流程上，汇丰中国依靠医疗行业组对中国医疗健康行业的深入研究，一改传统商业银行容易陷入的对小微企业授信审批重当期盈利、重财报、重资产、重抵押的惯常思路，在对企业的尽职调查中加入前瞻性因素，考量企业的核心产品/管线研发进度、产品/服务上市后的市场前景和竞争格局，创始人及核心管理团队的行业履历，结合行业组在行业里的专家资源访谈（特别是专业医疗行业投资人/投资机构）等做出综合评判，设立专人审批。疫情期间开辟绿色快速通道，与政府联动，引入政府担保，有效弥补了科创类医疗小微企业资产不足或尚处于亏损阶段、缺乏有形抵押物的信用短板，有效缓解信贷风险，满足其融资需求。

### （三）综合平台，生命周期的全面覆盖

汇丰中国医疗行业组还充分发挥汇丰银行作为综合金融平台的优势，为医疗小微企业提供从企业"走出去"所需的财务顾问服务到零售银行等全方位的金融服务，帮助医疗科创企业解决在不同发展阶段所产生的金融服务需求，让医疗小微企业专注做好自己的核心业务，助力企业不断成长和追梦。

## 四、取得的成效

汇丰中国创新应用针对科创类医疗企业设立的专项信贷基金，引入上海市中小微企业政策性融资担保基金，为医疗型小微企业提供增信支持。通过专属信贷方案设计提高了医疗小微客户覆盖面，提高了融资可得性，降低了客户的融资成本，有效地解决了尚在投入阶段但具有良好潜力的科创类医疗小微企业的融资难、融资贵问题，缓释信贷风险，一改外资银行给外界只做"高大上"客户的印象，形成了具有汇丰特色的普惠金融服务模式，大大提高了医疗类小微企业金融服务的可得性和便捷性，在疫情期间有效支持了抗疫医疗小微企业融资需求，得到了良好的市场反馈及客户好评。

今后，汇丰中国将继续加强与政府及相关担保增信机构的积极联动，探索信息社会下更有效的融资模式，加强信息沟通，深入创新地践行普惠金融，高效落实对小微企业的信贷支持，为"六稳六保"作出应有的贡献。

# 平安一线医护人员、赴湖北媒体人抗击疫情专项保障

中国平安财产保险股份有限公司

## 一、研发背景

新冠肺炎疫情发生以来，各地防控形势严峻。全国医护工作者们自愿请战，心系群众安危，无惧风险，迎难而上，战斗在抗击疫情最前线。在众多"最美逆行者"当中，不少媒体人奔赴湖北一线，拿起手中的纸笔、话筒和镜头向全国人民传递最新、最真实的疫情一线情况，为打赢这场"战争"凝聚信心和力量。而他们自身及其家属被病毒感染的风险时刻牵动着广大人民的心。为更好地保障身处疫情一线的工作人员及其家属，中国平安财产保险股份有限公司（以下简称平安产险）联合中国人口福利基金会、中国宋庆龄基金会、人民日报媒体公益专项基金为奋战在疫情防控一线的医护、疾控和科研人员、赴湖北一线的媒体工作者及其家属提供专属疫情保险。

## 二、产品介绍

### （一）"一线医护工作人员疫情专项保障计划"

产品为一线医护工作人员提供每人最高50万元的救助金，并承担防止感染蔓延所发生的转移安置费用。若医护和疾控人员确诊感染后，共同生活的家庭成员（包括父母、配偶、子女）确诊受其感染致残、身故，平安产险也将提供最高50万元的救助补偿金。保险的生效时间为2020年1月24日零时，保险责任会向前追溯30天。保险期限为一年。该保障方案包含全国范围内参与、处理新型冠状病毒肺炎治疗及护理工作的医护、疾控、科研人员。

## （二）"抗击疫情一线媒体人保障计划"

产品以"保险+补助"的方式，为奋战在一线的媒体工作者提供保障。若媒体工作者因公感染新型冠状病毒肺炎致残、身故，平安产险将为每人提供最高50万元的救助金，并承担防止感染蔓延所发生的转移安置费用；如媒体工作者因公感染并使得其家庭成员受其感染导致致残、身故，平安产险也将提供最高50万元的救助补偿金；"媒体人保障计划"还将为一线媒体工作者提供定向补助。若媒体工作者因公感染新型冠状病毒肺炎，一经确诊，人民日报媒体公益专项基金即提供每人5万元的补助金。

## 三、具体做法

2020年1月24日凌晨，中国平安宣布与中国人口福利基金会合作，发起"一线医护工作人员疫情专项保障计划"。3月26日，中国平安联合中国人口福利基金会宣布，将所有参与国际疫情防控工作的医疗团队成员纳入保障项目。1月26日，中国宋庆龄基金会、人民日报媒体公益专项基金联合平安发起"抗击疫情一线媒体人保障计划"，由平安产险提供后续服务。

### （一）为确保各级相关政府部门以及保障对象充分知晓相关保障，获得及时帮助，中国平安联动内外，多渠道发布专属保障告知

1. 官方微信公众号推送、微博置顶等内部媒体矩阵联动，第一时间发布官方新闻，并联合《人民日报》《21财经》等权威主流媒体转载，通过多形式、多渠道向社会公众充分告知相关保障内容。

2. 联合中国人口福利基金会发布告知函，充分告知保障责任、保障对象以及相关保险服务流程。

3. 就社会各界关注的人员保障范围、保障额度、理赔流程等制定服务指引，并向社会公开，确保服务落实。

4. 多地政府部门、媒体均进行转载；公司受地方卫健部门邀请，参与支援武汉的医护人员出征大会，报告保障内容，激励医护。

### （二）为确保服务落实，中国平安内部成立专项工作小组，确保应赔尽赔

1. 开通"95511"专属咨询服务热线，针对社会各界关心问题制作手册。

针对医护工作者及其家属、政府工作人员、媒体工作者等关心的人员保障范围、理赔处理流程等问题，均耐心解答、及时回复。

2. 中国平安和平安产险分别成立董事长挂帅，产品、理赔、办公室等多部门高效联动的专项工作小组。平安产险全国42家机构分别成立"一把手"为组长的服务工作小组，积极响应各地政府需求，践行社会责任。江苏、深圳、浙江、宁夏等当地机构响应地方需要，通过提高保障限额、增加津贴等方式表达慰问；云南、东莞、甘肃、四川等当地机构通过捐款及捐赠物资、应急设备等方式支持当地卫生部门疫情防控工作。同时，中国平安还积极发挥网点优势，为基层工作者们送去保障与慰问。

3. 开通专属理赔报案通道，贯彻应赔尽赔原则，快速落实理赔服务工作。

### 四、取得的成效

截至2020年6月17日，平安产险已完成赠险理赔案件28起，累计赔付金额1275万元，赔案仍然陆续处理中。赠险获得相关政府部门认可，收到国家卫健委的书面感谢信，黑龙江、广东、天津等当地机构收到当地卫健委感谢信。在抗击疫情的过程中，平安产险逐渐探索形成了以科技为引领，以服务为驱动的"公益+保险+科技+服务"的金融抗疫模式，完成了一次速度快、覆盖范围广、服务程度深的社会公益实践，为多个受疫情影响的群体提供保险保障和极致保险服务，同时为险企探索出了一条践行社会公益的新路径。

# "再担抗疫贷"支持企业成功战胜疫情

湖北省融资再担保集团有限公司

## 一、研发背景

新冠肺炎疫情暴发以来，湖北省作为本次疫情的重灾区，受疫情冲击最为严重，省内中小微企业急需融资担保支持。为认真贯彻落实党中央、国务院的相关政策以及加强对湖北省和武汉市经济社会发展和民生保障的政策支持要求，进一步发挥政府性融资担保体系作用，有效助力中小微企业渡过难关，湖北省融资再担保集团有限公司（以下简称湖北省再担保集团）推出了"再担抗疫贷"产品。

## 二、产品介绍

"再担抗疫贷"指在新冠肺炎疫情期间实施的一项"急事急办、特事特办"专项融资再担保产品。该产品由合作银行向列入国家、省、市县各级政府各类疫情防控重点保障名单内企业及疫情防控相关企业发放流动资金贷款，由湖北省再担保集团、政府性融资担保机构、放款银行、业务发生地政府提供融资担保并按照责任比例分险，有效解决了疫情防控企业因疫情防控产生的紧急融资需求，支持企业复工复产、扩大产能、共抗疫情。

## 三、具体做法

### （一）支持名单企业

湖北省再担保集团全面支持国家级、省级各类疫情防控重点保障名单（包括疫情防控重点保障企业名单，疫情防控医药储备保供企业名单，重点医用物品、重点生活物资企业名单等名单）企业，支持属于市县级（含）政府疫情防控指挥部公布和调度的医疗、生活、物流等疫情防控物资保障供应主体，以及其他能够提供相关证明材料或正在向相关部门备案的企业。湖北省再担保集团协调督促合作担保机构全面对接名单内企业融资需求，实现了疫情防控企业主动联系覆盖面100%、对有担保融资需求的企业支持面100%。

### （二）降低融资成本

湖北省再担保集团协调合作银行给予企业优惠利率，约定放款利率不得超过LPR上浮50个基点，同时与政府性融资担保公司共同发挥政策职能，免收担保费、再担保费。还采用"4321"分险模式，由湖北省再担保集团、政府性融资担保机构、银行和业务发生地政府按照4：3：2：1的比例承担风险责任，进一步降低各方承担的风险责任。该产品下企业综合融资成本平均为4.2%，大幅低于同期其他产品的融资综合成本。

### （三）扩大支持范围

湖北省再担保集团对该产品项下合作授信额度单列管理，以支持担保机构对名单内企业融资担保的额度需求，阶段性允许"三农"和战略性新兴主体突破单户1000万元担保限额，最高单户可担保3000万元。同时降低反担保要求，对小微企业500万元以下融资实行纯信用担保，500万元以上融资降低反担保措施。

### （四）提升服务效率

开辟企业融资绿色通道，采取简化企业申报材料和审批流程、线上调查审查等方式，将业务办理时间压缩到最短，对申请备案项目一个工作日内完成备案工作，并协调合作担保机构及银行加快落实放款进度，提升担保效率，满足企业应急融资需要。

## 四、案例特色

### （一）立足小微，做实普惠金融

发展普惠金融是一项重要的社会责任，而做好小微金融服务，是发展普惠金融的关键一环。"再担抗疫贷"业务推动了普惠金融与抗疫纾困政策深度融合，免收担保费、再担保费，进一步减费让利，不断拓展抗击疫情服务的广度和深度。

### （二）精准对接，滴灌防控保障

短、频、急是小微企业的融资需求特点，方便、快捷、实惠的融资服务是小微企业对金融服务的普遍期望。"再担抗疫贷"业务全面精准对接各级政府疫情防控名单企业，施行"一户一策""一事一议"制度，全方位满足不同行业、不同类型、不同体量的企业差异化、多样化融资需求，加强贷款投向引导，积极支持企业复工复产。

### （三）高效服务，提升产品成效

湖北省再担保集团克服疫情冲击种种困难，始终把企业获得感放在首位，将企业能够快速、便捷地获得信贷资金作为检验担保服务的唯一标准，主动实行24小时无差异线上办公，开通专项审批绿色通道，全面协调政府性担保机构及银行的审批放款进度，提升服务成效。

## 五、取得的成绩

在突如其来的疫情冲击之下，小微企业的生存环境急剧恶化，实体经济发展和稳就业、稳增长面临前所未有的挑战。湖北省再担保集团"再担抗疫贷"专项产品推出后，使得政府性融资担保机构为中小微企业融资提供了更为及时、便捷、有针对性的增信工具，为银行贷款提供了风险保障，通过政策引导降低了融资成本，进一步凸显了政府性融资担保体系政策性、非营利性定位，为支持疫情防控和疫后重振提供了有力保障。截至2020年8月底，"再担抗疫贷"已实现落地业务共143笔，金额7.7亿元，减免小微企业融资成本1155万元。

在党中央、国务院及省委省政府的坚强领导下，湖北保卫战、武汉保卫战取得决定性成果，当前，湖北已转入常态化疫情防控阶段。湖北省再担保集团将进一步发挥支小支农政策性功能，全力以赴投入疫后的重振工作，将小微金融服务进一步落到实处、推向深入，做到服务小微企业发展有速度、有温度、有深度。

# 充分发挥担保职能　助力企业抗疫复产

哈尔滨市企业信用融资担保服务中心

## 一、研发背景

2020年初以来，新冠疫情给经济发展和市场主体的正常经营带来巨大的负面影响。特别是众多中小微、"三农"、民营企业面临生产收入下滑、现金流中断，但仍需支付房租、工资、利息等费用，同时还可能导致订单合同违约等困难，企业面临极大的资金压力。面对特殊时期的种种难题，哈尔滨市企业信用融资担保服务中心迅速行动，充分发挥政府性融资担保机构职能，对涉及保障城市运转、疫情防控、群众基本生活及重要国计民生的相关企业开辟绿色通道，做到应保尽保，全力支持，帮助企业渡过疫情难关，共同为防疫阻击战作出贡献。

## 二、产品介绍

为解决中小微企业疫情时期资金困难，哈尔滨市企业信用融资担保服务中心迅速对接客户需求，协调联手合作银行，创新开展业务，设计了"抗疫保""复工保""稳企保"及"转贷保"系列产品。为受疫情影响的中小微企业客户提供全方位高效率的金融支持，助力疫情防控、复工复产、稳企稳岗。同时开辟绿色通道，特事特办，纾难解困，提供快速、高效的融资担保服务，帮助企业快速获得银行贷款，让企业活下去。

## 三、具体做法

### （一）"抗疫保"，支持疫情防控物资重点保障企业

对国家、省、市确定的口罩、防护服、隔离服、酒精生产、消杀产品、

电子测温仪六类疫情防控物资重点保障企业实行"免调研、免担保费、免抵押"三免政策。制定八项优惠措施：一是保障存量项目融资服务平稳过渡；二是加大对疫情防控和复工复产企业的支持力度；三是全面实施普惠降费让利措施；四是建立完善业务"容缺"受理机制；五是切实提高融资担保服务效率；六是全面实行信息化网络办公；七是开启24小时业务咨询服务；八是积极探索开展创新业务。通过远程担保、容缺制、周转金、降费率等方式，合理延期展期，通过帮助企业把按月还息、到期还本，调整为按季还息、到期还本等一系列方法，大幅降低企业还本付息压力，形成"组合拳"效应，并协调在哈合作银行，不抽贷、不断贷、不压贷，支持哈尔滨市中小微企业战胜疫情灾害的不良影响，为疫情防控提供快速、高效的金融服务。该产品总计为73户企业提供融资37笔，放款金额6.2亿元。其中，对生产"N95"口罩、双黄连颗粒、头孢类药物等企业还实现了1个工作日资金到位的高效服务，帮助企业渡过疫情难关，共同为防疫阻击战作出贡献。

### （二）"复工保"，支持受疫情影响较大的复工复产企业

"复工保"产品通过双降方式助力受疫情影响的企业特别是小微企业复工复产。该产品统一执行1%以下担保费率，同时降低反担保要求。对批发零售、住宿餐饮、物流运输、文体娱乐、旅游等重点行业小微企业、纳入政府生活保障的"菜篮子""米袋子"以及肉、蛋、奶等供应的"三农"企业，担保费率在原有标准基础上下降50%，且展期业务免担保费。目前，该产品已为属地能源、燃气、电站、食品供应、公共交通等行业企业提供了至少5亿元的担保贷款，在帮助企业的同时也保障了群众基本生活。

### （三）"稳企保"，支持稳企稳岗基金担保贷款工作

2020年3月初，黑龙江省设立了百亿中小企业稳企稳岗基金，建立政府、银行、担保7∶2∶1的风险分担机制。4月，哈尔滨市设立稳企稳岗基金，增加10%的风险补偿，将政、银、担分担比例调整为7∶1∶2。哈尔滨市企业信用融资担保服务中心积极与省市两级工信、金融、财政部门，以及合作银行、区县政府对接，对列入稳企稳岗"白名单"企业实行"见贷即保"，担保费率降至0.5%，免抵押纯信用反担保，并且实现了当日受理、免予审批、

直接出具担保函，对部分企业还实现了当日放款，为客户提供了"快捷贷、迅速保、低费率"的优质金融服务。2020年前三个季度该产品已支持稳企稳岗名单内企业2000余户、担保额80余亿元。

### （四）"转贷保"，支持疫情期企业转贷难题

针对疫情期间企业停工停产和复工复产阶段流动资金紧张、资金周转困难等突出问题，哈尔滨市企业信用融资担保服务中心积极开展"应急周转金"业务，减半收取周转金手续费，费率仅为日万分之一点五，同时，将使用期限由原来的30天延长至60天，极大地缓解了企业贷款周转的燃眉之急。2020年前三个季度，哈尔滨市企业信用融资担保服务中心共完成周转金业务300余笔，金额30余亿元。该周转金业务类产品受到黑龙江省财政厅、黑龙江省工信厅高度认可。

## 四、工作成效

通过"政银担协企"对接，哈尔滨市企业信用融资担保服务中心以创新业务品种，降低融资成本为手段，促进属地营商环境持续优化。聚焦黑龙江省"百千万工程"、黑龙江省"百大项目"、工业强省规划、"市十百千"、"4+4"现代产业体系等重点项目，2020年前三个季度累计完成审批融资担保业务近4000笔，金额150余亿元，减免担保费、手续费共计6000余万元。同时，经测算，帮助复工复产企业可保住至少5万个常年用工岗位。哈尔滨市企业信用融资担保服务中心聚焦主业，主动作为，为打赢疫情防控阻击战作出了积极努力和应有贡献。

# 以精准金融服务为抓手
# 助力中小微企业复工复产

内蒙古惠商互联网小额贷款有限公司

## 一、研发背景

2020年初,一场突如其来的新冠肺炎疫情,让抗风险能力本就较差的中小微企业经营难上加难,与伊利集团等核心企业合作的上下游中小微企业也不例外。一是受疫情防控要求,广大消费者居家隔离,商品滞销,全国范围内的线下门店几乎全部关闭,库存积压变质情况严重,过期的食品只能销毁,经销商们苦不堪言,日常经营的流动资金紧绷甚至断裂;二是受消费端需求大幅减少的影响,供应商的订单需求量也随之急剧减少,被迫减产,原材料积压,企业的收入大幅下降;三是受到交通管控、物流不畅等因素影响,牧场生产所需的饲草料供应以及原料奶运输受阻,成本大幅上涨,牧场日常经营状况堪忧。

面对经营环境持续恶化的现状,惠商互联网小额贷款公司(以下简称惠商小贷)主动作为,勇担社会责任,于2020年2月6日发布《关于下发疫情期间中小微企业金融扶持政策的通知》,为乳业产业链上下游中小微企业提供增加授信、延期还款、降低利率、简化手续等多项金融帮扶举措,切实从根本上解决中小微企业面临的现金流紧张的问题,与中小微企业共克时艰,保障民生食品的生产供应。

## 二、具体做法

### (一)出台多项金融扶持政策,切实惠及中小微企业

首先是延长还款期限,缓解中小微企业流动性压力。针对部分中小微企

业资金紧张、短期内无法偿还到期借款的情况，惠商小贷给予一定期限的宽限期，宽限期内无须偿还借款或只还利息。上述延长还款期限的方案，均不视同贷款逾期，不产生罚息。

其次是降低利率，减轻中小微企业财务负担。为降低中小微企业的融资综合成本，减少其财务支出，各档利率实际下降年化1%左右。

最后是化繁为简、放宽提款条件，为中小微企业及时输血，确保在第一时间向中小微企业提供信贷支持。对于新准入的中小微企业，如部分基础资料暂时无法提供，惠商小贷可优先审批融资额度并放款，待额度批复后一定时间内补齐即可；对于额度到期客户，额度有效期自动顺延3个月。

### （二）运用金融科技手段，降低疫情防控风险

惠商小贷充分发挥信息化融资平台——"伊路通系统"优势，打通了内外部系统间数据交互壁垒。首先，"伊路通系统"对外与工商系统、裁判文书网、征信系统，对内与财务系统、经营管理系统等相关系统对接，保证了数据的互联互通、准确一致。其次，引入第三方实名认证服务，在线验证借款人及保证人的身份信息真实性。最后，通过电子签章服务，线上签署融资合同。客户全程无须见面，极大地提升了客户融资体验。

至此，融资业务实现了从融资发起、业务受理、授信审批、合同签署、借款发放的全流程线上办理，避免了人员接触造成的疫情传播，为打赢疫情防控攻坚战提供了有力保障。

## 三、取得的成效

惠商小贷积极响应国家、内蒙古自治区党委、政府的有关政策要求，在保证自身复工复产的前提下，主动作为，借助互联网小贷的牌照优势，解决乳业产业链上下游中小微企业的资金压力，既稳定了供应链、保障了关系民生的食品供应，又有效防范了疫情风险。截至5月底，惠商小贷当年累计为1409户中小微企业提供融资服务，累计放款3058笔，放款金额近20亿元，平均贷款利率6%，信贷资金全部流向实体经济，帮助中小微企业平稳渡过疫情难关。

# "责无旁贷"助力汽车产业链打赢抗疫攻坚战

北京汽车集团财务有限公司

## 一、研发背景

突发的疫情导致北京汽车集团财务公司（以下简称北汽财务）的服务对象在公司营运、业务成交、资金周转等方面承载巨大压力。经销商方面，客流量和成交量严重下滑，疫情带来的不可控风险导致其资金压力增大；汽车生产和研发企业方面，企业的日常运营和资金运转都受到冲击；出租车公司、驾校、网约车客户方面，因出行受阻，导致客户成本增加，收益明显下降，资金流动性受到挑战；终端汽车消费者方面，延迟开工导致消费者生活来源减少，严重影响消费者的还款能力。

## 二、产品介绍

北汽财务利用业务系统数据，结合疫情对不同地区和客户群的影响进行分析判断，迅速出台"责无旁贷"系列举措，为汽车产业链企业，尤其是中小微汽车经销商、汽车终端消费者等普惠群体纾解困难。

## 三、具体做法

### （一）竭诚"贷"鄂——针对汽车终端消费者的抗疫金融举措

1. 针对湖北地区客户、其他受疫情影响的客户和参加疫情防控工作人员，北汽财务推出"还款宽限期"政策，客户可线上申请贷款延期，经审核通过后，可为满足条件的客户提供最长31个自然日的宽限期，宽限期内还款可免罚息、客户征信将不计逾期。目前，北汽财务已为9771位消费者办理还款宽限期。

2. 针对疫情期间被暂时性收入降低、出行限制而压抑的购车需求，北汽财务推出"宽鑫贷"金融产品，通过"90天零月供，贷款周期内零利率"的产品设计满足疫情期间消费者的购车需求，目前已帮助232位汽车终端消费者办理"宽鑫贷"产品，发放贷款1200余万元。

**（二）赤诚相"贷"——针对中小微汽车经销商的抗疫金融举措**

受突发疫情的影响，全国各地延迟开工，同时由于疫情限制人员流动，预计客流和成交量严重下滑，这将对汽车经销商汽车销售和营运产生巨大影响。为化解经销商由于疫情带来的不可控风险，北汽财务为中小微汽车经销商制定专项抗疫金融政策。

1. 对经销商业务授信方面，主动为中小微汽车经销商延长授信期限，给予授信到期经销商最长3个月的授信延长期。同时，为其开通信贷审批绿色通道，针对湖北等重点疫区的经销商授信需求，实行特事特办、急事急办，快速审批，及时响应中小微企业的金融需求。

2. 经销商金融产品方面，针对受疫情影响出现还款困难的中小微经销商，北汽财务给予库存融资业务最长不超过6个月的延期还款政策，中小微经销商库存融资贷款利率下浮近10%，同时设置开工推迟期间的还款宽限期及提供征信保护。

3. 对经销商信贷支持方面，北汽财务为湖北等重点疫情区域内经销商加大了信贷投放力度，设立专项信贷额度支持经销商复工复产。

**（三）"贷"时而动——针对网约车、驾校、出租车客户的抗疫金融举措**

受到疫情影响，人员出行受限，车辆退租增加，导致企业运营成本增加，收益明显下降，为网约车、驾校、出租车客户带来了运营难题和资金流困难。北汽财务对此类客户给予不长于3个月的还款宽限期，宽限期内不报逾期征信、免收利息、罚息，并提供低利率的贷款支持，为客户的全面复工全力提供金融保障。

### （四）严阵以"贷"——针对汽车生产和研发企业的抗疫金融举措

北汽财务在疫情期间设立40亿元专项信贷额度，通过发放短期流动资金贷款、办理银行承兑汇票承兑和贴现等方式，支持汽车生产和研发企业缓解资金周转压力，保障企业在疫情期间资金需求。同时，北汽财务还协调外部金融机构，提供104亿元信贷额度，支持产业链上下游企业经营平稳恢复，全力维护汽车产业共同体稳固。

## 四、金融科技应用

举措制定方面，北汽财务通过大数据、业务申请系统、影像系统、贷后管理系统、大数据风险控制管理模型等信息化数据的应用，结合疫情对不同地区和客户群的影响进行大数据智能分析判断，精准制定纾困举措。举措实施方面，积极优化原有流程，全力推进业务办理线上化，通过业务系统、微信公众号、APP等线上服务途径为客户营造无接触的安全便捷服务环境。

## 五、取得的成效

目前，北汽财务累计为汽车产业链企业放款近180亿元，为数家汽车生产和研发企业，数家出租车公司、驾校、网约车客户，547家经销商和9771个消费者纾困。其中，协调外部机构为产业链企业放款60亿元，用于恢复经营；为汽车生产和研发企业放款40亿元，用于缓解资金周转压力；为汽车经销商累计放款79.15亿元，用于支持企业复工复产，扶持经销商企业发展。通过"责无旁贷"系列举措的制定和实施，北汽财务实现了普惠金融方面"普"的大覆盖面和"惠"的优惠力度，为汽车产业链群体提供高效有力的金融援助。

# 征信赋能小微企业信贷解决方案

深圳微众信用科技股份有限公司

## 一、研发背景

为深入贯彻《中华人民共和国中小企业促进法》，认真落实国务院《促进大数据发展行动纲要》《"十三五"国家信息化发展规划》系列部署，结合《国家税务总局 中国银行业监督管理委员会关于进一步推动"银税互动"工作的通知》《中国银保监会关于进一步加强金融服务民营企业有关工作的通知》，深圳微众信用科技股份有限公司（以下简称微众信科）积极响应国家政策要求，创新推出征信赋能小微企业信贷解决方案（以下简称本方案），通过重塑小微企业信贷模式，缓解中小微企业融资难、融资贵、融资慢问题。

## 二、产品介绍

本方案旨在通过信用科技重塑银行传统小微企业信贷模式，助力中小微企业融资。方案通过将信贷流程自动化、风控模型精准化、服务内容模块化等技术手段，为以银行为主的金融机构提供大数据征信和智能风控服务，精准覆盖产品和流程设计、贷前获客、贷中审批决策及贷后风险监控全流程，全面提升金融机构整体获客能力、风险防控能力。

## 三、具体做法

### （一）贷前获客：准入筛选

微众信科采用特定模型算法，结合金融机构个性化筛选条件，对目标区域的海量企业进行分析、计算与筛选，帮助金融机构精准定位企业客户群体，降低获客成本，提高营销效率。准入规则由微众信科提供经验参考，银行机构可根据自身风险要求调整规则。

**（二）贷中审批：大数据征信服务**

微众信科通过对企业涉税数据、工商数据、司法数据、黑灰名单等多维度数据的深度挖掘、分析，提取出121类、2800多项适合金融场景的数据指标，为金融机构提供全方位的企业征信服务，实时在线辅助银行决策审批系统。具体服务包括：

1. 数据整合：为银行提供以企业涉税数据为核心的全方位数据整合服务，帮助银行实现大数据分析评价。

2. 审批决策引擎设计：建立以数据驱动的审批策略，采用规则加模型的审批方式，实现银行融资审批全流程的线上化、自动化、批量化和智能化。

3. 贷款审批模型建设：基于微众信科掌握的大量违约样本，通过大数据筛选、挖掘和大数据分析技术，找出违约因子，构建数据驱动的企业评级模型。

**（三）贷后风控：实时风险预警**

微众信科凭借丰富的贷后风控经验和模型开发技术，为银行建设贷后监控预警模型，通过设置经营状况、纳税行为和上下游信息等关键指标，建立评分模型，为银行输出企业贷后风险等级，将传统的客户经理自下而上的贷后管理模式变为新型自上而下的模式，有效提升贷后管理效率和质量，同时规避道德风险。

综上所述，本方案能够以线上化、互联网化、智能化的信贷模式从贷前、贷中、贷后解决银行的获客问题、资信评估问题和风险监控问题，一是让银行找到符合要求的小微企业；二是正确评估企业的资产水平和信用能力；三是帮助银行持续跟踪、防范放款之后的动态风险；四是帮助银行建立线上化、自动化、批量化、智能化的审批流程，让银行具备服务更多小微企业的能力。

## 四、取得的成效

本方案通过企业大数据征信实现对小微企业经营画像的精准刻画及风控

识别，有效拓展传统银行业务无法触达的长尾客户群，提高小微贷款的可及率和可得性。据合作银行反馈统计，2017—2018年，合作银行产品申贷企业中超过95%为小型微型企业，平均获贷率约15%，且超过81%的获贷企业为首次获得银行信用贷款。

本方案由征信系统自动获取、清洗和整理数据及分析计算结果，秒级与金融机构业务系统实施数据交互；并运用大数据分析技术构建在线决策引擎，实现在线自动审批，大大缩短了贷款审批时间，提高了贷款申请与审批效率，也极大地降低了银行审核成本（相比人工）。目前合作的纯线上产品，企业从提交申请到审批通过平均用时不超过30分钟；部分产品到从申贷到获得资金不超过5分钟。

据统计，2017年至2020年第二季度末，微众信科基于本方案已累计服务超过220家银行，涵盖国有大型商业银行、股份制商业银行、城市商业银行、农村商业银行以及民营银行；为合作银行创新推出超过180款小微信贷产品，其中160款为纯信用贷款；累计为738.6万户小微企业出具征信报告约1876.8万份；并协助71.2万户企业从合作银行获得贷款授信额度超过3574亿元。

# 无接触式闪电融资
# 金融科技助力小微企业复工复产

山东深度网络科技有限公司

## 一、研发背景

据国家统计局公布的数据，截至2019年底，实体企业应收账款规模达17.4万亿元，85%以上中小企业面临融资困境，疫情下，经营更是艰难。2016年，央行224号文开启了电子票据时代，八部委发布指导意见，要求提升中小微企业使用商业汇票融资效率。伴随国务院开展央企"清欠"行动、人行标准化票据、票据交易所供应链票据推出，商业汇票作为企业应收账款票据化利器，支付与融资功能越发凸显，票据市场迎来新机遇。

然而小微企业采购开票难、持票贴现难、票据融资信息不对称、效率低、风险大、应收账款压力大问题普遍存在，在此背景下，首家票据领域金融科技平台深度票据网诞生。

## 二、产品介绍

平台通过金融科技，解决企业与企业、企业与金融机构之间票据信息不对称，以推动供应链发展为基础，解决小微企业供应链中票据融资难、融资贵问题。

### （一）票据快融平台

任何有票据融资需求的企业都可以一键发布票据到平台，对接全国2000多家投资机构和4万家企业，信息和价格透明，平台提供银行级的票款见证服务，10分钟内即可完成融资。

## （二）票据秒贴平台

对接十多家商业银行，通过金融科技将传统银行柜台搬到线上，企业足不出户，多家比价，跨行贴现，线上10秒放款。

## （三）商票板平台

在央行推行商业信用信息披露、《长三角地区电子商业承兑汇票推广应用工作方案》出台背景下，平台按照《关于规范发展商业承兑汇票业务助推产业链融资》指导意见要求，围绕核心企业开展供应链金融服务，帮助核心企业发展商业信用，推动应收账款票据化，为链属中小微企业提供无抵押、无担保的线上商票融资服务，自建商业信用模型和信息披露系统，对接大型银行、券商等，推动电子商票货币化发展，区域商票模式全国领先。

## （四）应收账款数字化平台

围绕核心企业、通过区块链技术实现应收账款数字化场景应用，实现票据可支付、可融资、可拆分、可追溯、可发行。

## （五）金融科技开放平台

为金融监管、金融机构、企业、B2B平台、供应链平台等机构提供票据支付与融资解决方案，输出科技产品，快速赋能中小微。

## 三、具体做法

平台深知小微企业资金链条紧、抗风险能力弱，早一分钟获得融资支持，就能早一天战胜疫情影响，于2020年1月31日起，平台开始开展普惠金融服务。

一是第一时间启动远程平台服务，所有团队居家线上处理企业订单，帮助企业足不出户完成无接触式闪电融资。

二是继续免除一切服务费用，引入全国资金方，为疫情影响的企业开启"7×24"小时应急服务通道。

三是联合金融机构，提供高达100BP贴现利率优惠，10万元票据省1000元。

四是针对区域商票试点企业和供应商，实施线上融资应急保障，5分钟内100%融资，24小时不限额。

五是开设深度益课堂线上培训，涵盖政策、风控、业务等，累计辐射15万人次。

## 四、取得的成效

山东省内某经营食品添加剂的微型企业，受疫情影响，采购和运输成本激增，流动资金捉襟见肘，线下网点没办法开放，短期内很难获得金融机构信贷支持。在朋友推荐下，企业将持有的一个月期限商业汇票发布到平台，没想到短短几分钟就收到10多家资方报价，在工作人员指导下，用时4分2秒完成订单，1.2万多元现金到账，仅仅支付了100元融资成本。企业负责人表示："实在是没有办法了，急用钱，一个月都不能等，1万多块钱虽不多，却是我们的救命钱。"

为尽快复工复产,企业面临严峻的资金周转压力,融资需求迫切、频次高、金额零散,平台借助科技力量,不分金额大小、期限长短,融资时效都是一样的,企业无须任何抵押和担保,"一张票据+一台电脑"就够了。

2020年2~5月疫情期间,平台累计服务4万多家企业,中小企业占比超90%,票据成交量超1400亿元,盘活企业1000多亿元应收账款,完成80万笔融资,单笔票面金额低至180元,节约供应链中小企业财务成本5亿元,平均每分钟就有500万元的票据在平台完成融资,受到地方政府和监管的批示和认可。

> 专家点评

# 战疫情　保民生　促复工

## ——普惠金融主体合力战疫情

*中国融资担保业协会党委委员、副会长　陈琳*

这次新冠肺炎疫情，是新中国成立以来我国遭遇的传播速度最快、感染范围最广、防控难度最大的公共卫生事件。面对此次疫情大考，包括银行、保险、融资担保、小贷公司、财务公司等在内的普惠金融市场主体，战疫情、保民生、促复工，多措并举、综合施策，与社会各界合力打好疫情防控阻击战、经营发展保卫战。

为贯彻落实党中央、国务院关于新冠肺炎疫情防控工作的决策部署，各普惠金融市场主体采取"加减乘除"四种方式，加强对疫情防控地区和单位的支持，确保日常工作正常开展，全力协助做好疫情防控工作。

一是特事特办，多种金融服务供给做"加法"。疫情期间，各机构迅速启动防疫应急政策，对于涉及疫情的授信审批项目，通过开通绿色审批通道，按照特事特办、急事急办的原则，增加金融供给，积极满足疫情防控企业的融资需求。中国农业银行股份有限公司推出"复工贷"产品组合，包含多项产品，种类丰富、功能互补，能满足小微企业展期、续贷、提高额度、申请新贷款等个性化融资需求。平安财产保险第一时间向医护人员、一线记者等奋战在抗击疫情一线的群体无偿提供专属保险，为他们及其家人筑起多一重保障。

二是降费减负，帮助企业渡过难关做"减法"。一大批机构实行优惠费率，对疫情防控相关企业，采取降费率方式切实降低企融资成本，充分发挥各行业机构自身优势，帮助受困的小微企业共克时艰。山东省农业发展信贷担保有限责任公司对于疫情期间新增的担保业务，担保费减半收取；实行资料容缺，部分机构采取先审批放款，疫情结束后再补齐手续的方式，降低了经营主体的融资成本。佛山市南海友诚小额贷款有限公司通过下调贷款利率、延期收取利息、减免逾期利息、接受客户延期还款申请等方式，帮助受疫情影响的企业降低融资成本，其中利率下调幅度最高达20%。中油财务有限责任公司主动让利，在原贷款利率基础上下调70个基点，将季度结息改为2020年12月21日调息结束时一次性付清，有效缓解企业因经营情况恶化而面临的资金困局。

三是同舟共济，协同服务实体经济做"乘法"。银行、保险、融资担保、小贷公司、财务公司等充分发挥各自优势，各司其职又相互配合，大大发挥了普惠金融服务的乘数效应，切实提升了产品覆盖面与贷款的可获得性。国家融资担保基金有限责任公司加快推进股权投资和银担"总对总"批量担保合作业务，一方面，扎实做好股权投资各项准备工作，另一方面，研究开发了《银担"总对总"批量担保业务合作方案》，进一步调动银行与担保机构合作的积极性。为了推广惠企政策，吉林银行股份有限公司发起了"百名行长进万企""复工与振兴 吉银普惠2020"等一系列营销活动，主动走进政府、平台、商会、企业，提高小微企业对政策和产品的知悉度。湖北省融资再担保集团有限公司采用"4321"分险模式，由湖北省再担保集团、政府性融资担保机构、银行和业务发生地政府按照4：3：2：1的比例承担风险责任，发挥担保减震器作用。

四是创新模式，提高线上服务力度做"除法"。在金融科技的支撑保障下，各普惠金融市场主体快速推进线上化，搭建线上获客、活客新平台。深入推进线上线下融合，全面启动大数据转型，启用智能审批系统。小微企业、"三农"主体可通过官方网站、合作平台等多渠道办理，除去冗余流程，有效解决疫情期间现场办理业务存在的困难。中国建设银行股份有限公司运用大数据、互联网等技术，创新审批机制，于2020年2月中旬推出"云义贷"专属服务。客户可通过各类电子渠道办理，全线上操作，为新型冠状病毒肺炎疫情防控全产业链以及受疫情影响的小微企业开启了一条融资绿色通道。中国投融资担保股份有限公司旗下"信易佳"电子保函业务平台，紧盯客户需求,为广大招投标客户提供24小时在线服务,在有效阻断疫情传播的同时,有效保证客户业务的正常开展,助力企业实时"云复工"。深圳微众信用科技股份有限公司创新打造征信赋能小微企业信贷解决方案,通过多种手段,为以银行为主的金融机构提供大数据征信和风控服务,精准覆盖审批决策及贷后风险监控全流程,提升金融机构整体风控能力。山东深度网络科技有限公司平台运用科技手段,开展线上电票快融、在线秒贴、商票板、益课堂线上培训等服务,企业只需"一张票据+一台电脑",即可轻松实现无接触式闪电融资。

以上疫情防控成绩的取得,是以党中央、国务院为坚强领导的结果,是各普惠金融主体共同奋斗的结果。当然,在肯定成绩的同时,我们也应清醒地看到面临的困难和问题。受全球疫情冲击,世界经济严重衰退,金融等领域风险有所积聚。此次疫情"压力测试"暴露了各行业机构发展中的一些问题,值得引起重视。为更好地发挥普惠金融服务质效,今后需在以下三个方面继续发力。

一是专注服务实体经济主业。加强对抗疫企业的金融支持,积极落实普惠金融政策,精准对接抗疫企业,加大金融服务支持力度,及时"输血"抗疫企业复工复产和增产增供。专注服务实体经济主业,助力打赢疫情防控阻击战和复工复产保卫战。

二是提升运用金融科技水平。在我国移动客户终端大范围普及和海量数据可供使用的状态下,部分金融机构未能真正高效运用信息技术,搭建数据平台,运用金融科技手段支持机构平稳运营和业务创新。多数机构距离真正发挥金融科技手段的作用还有很远的距离,普惠金融机构亟须提高科技赋能水平。

三是增强防范化解风险的能力。由于不良风险暴露存在一定滞后性,后期金融机构可能面临较大的不良率上升、不良资产增加和处置压力,这些风险需引起关注。各机构需在充分估计困难、风险和不确定性的基础上,稳妥推进各项风险化解任务。

总的来说,各普惠金融市场主体在战"疫"中取得了积极成果。在当前和今后一段时期,我国发展面临的风险挑战前所未有,需要直面挑战、坚定信心。在疫情防控常态化前提下,坚持新发展理念,坚持普惠金融产品和服务供给多样化，做好受困企业金融服务、强化疫情防控金融支持，为全民战"疫"的决胜作出积极贡献。

**研究文章**

# 新冠肺炎疫情防控常态化下农商行如何做好普惠金融服务

湖北省农村信用社联合社党委书记、理事长　李亚华

随着新冠肺炎疫情防控取得阶段性成果，我国进入疫情防控常态化阶段。坚持在常态化疫情防控中加快推进生产生活秩序全面恢复，确保实现决胜全面建成小康社会、决战脱贫攻坚任务目标，成为当前指导各项工作的中心思想。对于银行等金融机构，首要任务是为疫情防控、复工复产和实体经济发展提供精准金融服务。如何做好疫情防控常态化后的普惠金融服务，则是摆在中小银行面前的重要课题。

## 一、中小银行的经营环境更趋复杂

进入2020年3月以来，新冠肺炎疫情对我国经济的负面影响加速显现，中小银行面临的不确定、不稳定因素显著增多，经营环境出现了一些新变化。

1. 存量客户信用等级"断崖式"下滑

受疫情影响，许多企业生产停滞，订单持续下降，收入大幅下降，而人工、租金、税费、水电等支出相对固定，导致流动性骤然紧张。根据2020年2月清华大学、北京大学联合对995家中小企业调研的结果，34%的受访企业账上现金余额只能维持1个月，33.1%的受访企业可以维持2个月。这意味着在随后的几个月中，中小银行部分客户的资金链随时可能断裂。针对受疫情影响严重的人群和中小

微企业,中国人民银行、银保监会及时在信贷政策方面给予倾斜,要求银行机构灵活调整信贷还款安排,合理延后还款期限。这些金融政策有效疏解了中小微企业的困难,推动企业有序复工复产。但到期偿还债务是借款人的义务,延期不代表贷款可以不还,而且也不是所有客户都可以延期。如果延期到期后仍没有足够资金偿还贷款本息,且无其他政策安排时,将会产生逾期利息、罚息,进而影响客户的信用等级及新的信贷资金获取能力。《商业银行金融资产风险分类暂行办法(征求意见稿)》明确规定,逾期90天以上的债权,即使抵押担保充足,也应归为不良。按此标准,很大一部分存量客户贷款将被记入不良,导致再融资受到较大限制。

2. 新的信贷需求或爆发式增长

随着各地复工复产稳步推进,资金向实体领域投放渠道转为顺畅,叠加此前出台的一系列稳增长政策,新增信贷需求或出现爆发式反弹。

一是防护用品制造行业新增信贷需求持续增加。目前,海外疫情仍在快速蔓延,全球确诊人数持续大幅增加,防护用品需求呈爆发式增长态势。世界卫生组织估计,为满足日益增长的全球需求,防护用品产量须提高40%。中国是全球最大的口罩生产和出口国,年产量约占全球总产量的50%。湖北仙桃则是中国最大的无纺布生产基地,在防护服和医用口罩生产领域占很大份额。彭场镇15家外贸企业一周时间通过上海、广州等地机场出口口罩近5000万片、隔离服300万件,韩国、德国、美国、意大利等21个国家订单不断,3月通过航空物流出口口罩约2亿片、防护服约500万件,4月增长40%以上。目前,防护产品生产企业都在积极扩大产能,由此势必会形成更大规模的信贷需求。

二是中小微企业及种养殖行业加快恢复需要信贷资金。疫情期间,企业普遍停工停产,直接"按下暂定键",利润"断档",流动性紧张。受此影响,原本可以通过自身利润留存而不是贷款实现持续经营的客户,复工复产后的外部融资需求进一步增加。其中,有的需要临时性的应急流动资金支持,有的需要复工后为尽快恢复生产经营所需的融资支持,还有的需要临时扩大再生产的资金支持。与此同时,湖北农产品彻底被市场冷落,名特产品如武昌鱼、小龙虾、香菇、大米、茶叶等农产品滞销腐烂,相关行业遭受灭顶之灾。根据一亩田农业网的平台数据,比较春节前后1个月湖北农产品成交数据发现，湖北农产品供货量下降了90.5%，平台交易撮合数下降了89.2%，分别比全国高79.4个和78.8个百分点。疫情带来的后遗症，需要外部融资加快恢复生产才能修补。对信息少、评估难、担保弱的小微企业来说，想要获得首次贷款存在诸多现实困难，需要银行机构给予普惠性支持。

三是延后的个人信贷需求将大幅释放。疫情暴发恰逢春节黄金周，受影响最严重的是具有人群积聚特征的行业，特别是住宿餐饮、文化娱乐、旅游、交通运输以及居民服务等行业。以餐饮业为例，中国饭店协会报告显示，疫情期间93%的餐饮企业选择关闭门店，3月初仍停业的餐饮企业占比75%，复市企业仅占7%。随着疫情防控形势持续向好，被抑制、被冻结的消费将被释放出来，实物消费和服务消费很可能出现"报复性"回补。对银行来说，具备延后消费可能的房屋按揭贷款、汽车消费贷款、个人综合消费贷款等，将迎来集中暴发。

3.银行获客方式将出现结构性转变

2003年"非典"疫情深刻改变了用户的交易行为和习惯，电子商务飞速发展，淘宝、京东获得爆发式增长。本次新冠肺炎疫情中，线上购物、体验式门店、线上获客、知识经济、在线办公、在线教育、智慧城市等众多行业的新业态纷纷涌现，加速替代传统业务模式。面对新的交易行为和用户习惯，银行机构面对面营销、拓展市场的传统获客模式的局限性显露无疑，不过也因此获得了转型发展的动力和契机。一方面，人们长时间居家隔离，养成了线上消费、使用手机银行的习惯，这是银行布局金融科技的根本动力。另一方面，居家隔离催生出的新业态将产生较大的新增信贷需求，给银行业的信贷投放布局提供新的方向。这些因素都将促使银行对线上线下业务进行重新梳理，加强对手机银行、智慧银行的布局，加快数字化转型。银保监会为此专门下发通知，要求积极推广线上业务，优化丰富"非接触式服务"渠道，提供安全便捷的"在家"金融服务。

## 二、湖北农信系统服务中小微企业应对疫情的举措

针对当前形势，湖北农信系统积极落实金融支持政策、创新信贷产品、延伸信贷服务，努力做好普惠金融服务，尽可能为中小微企业复产复工提供信贷支撑。

1. 积极落实金融支持政策

一是落实临时性延期还本付息政策,对符合条件、流动性遇到暂时困难的中小微企业贷款通过无还本续贷、挂息缓收、保全展期等措施,帮扶客户度过"寒冬"。截至2020年3月末,为小微企业办理临时性延期还本10077户、108亿元;办理临时性延期付息8451户、31亿元。二是落实中国人民银行支农支小再贷款再贴现政策,对所有符合条件的支农支小项目全部使用再贷款发放,所有符合条件的信贷产品全部使用再贷款发放,所有优惠政策全部通过再贷款来体现,进一步扩大优惠政策的覆盖面和惠及面。2020年3月末,运用中国人民银行再贷款发放贷款116.2亿元,占全省各金融机构同类贷款投放总额的88%。后期将在现有200亿元计划基础上,争取再增加专用再贷款300亿元,确保2020年新增各项贷款高于上年,新增再贷款投放占全省金融机构的70%以上。三是落实减费让利政策,对运用再贷款资金发放的涉农贷款和小微企业贷款,严格执行贷款利率不高于最近一年期LPR利率加50个基点的政策,有效降低客户融资成本。第一季度新发放普惠型小微企业贷款平均利率比2019年末下降0.34个百分点。同时,用足用活省财政贴息政策,对受疫情影响严重的企业办理续贷,给予贷款利率优惠,并协调地方担保公司降低担保费率,真正为企业"减负"。

2. 及时创新信贷产品

针对受疫情影响的小微企业、县域医疗机构和疫情防控企业、医护人员等特定群体,在"福e贷""税e贷"等线上产品的基础上,创新推出"荆楚发展贷""荆楚保医贷""荆楚天使贷"三款"抗疫"专项信贷产品,精准满足疫情防控、复工复产信贷资金需求。截至2020年3月末,累计发放"荆楚发展贷"等特色信贷产品7919户、122亿元;发放防疫重点企业专项贷款203户、18亿元。后续将聚焦企业应对疫情的融资需求变化,合理优化业务流程,完善差异化优惠金融服务。针对受疫情影响严重的批发零售、住宿餐饮、文化旅游、运输物流等服务业企业的金融需求,开发专属信贷产品、提供专门服务,帮助他们渡过难关。继续推广微贷四类模式,丰富微贷产品体系,将新增贷款投向微贷和1000万元以下的小微贷款,满足居民住房消费、汽车消费和综合消费需求,提高信用贷款和中长期贷款比重。及时调整"三农"县级区域融资政策,设计应急产品,提升对受疫情影响严重地区的金融供给能力。对省内口罩、防护服等制造企业，推广仓单、股权、知识产权等权利质押贷款，加大组合担保力度，支持企业"走出去"。

3. 延展远程服务功能

疫情压力下，广大农村地区在线金融服务需求迅速增加。为了适应这一变化，联合阿里云等推出云营业厅解决方案，开发12项25类远程金融服务相关业务技术，实现信贷业务从注册申请到放款的全程非接触快贷。同时，加快手机银行业务功能提档升级。疫情期间，全省农商行手机银行客户以每日增加近万户的速度持续增长，目前已突破800万户。下一步，将开展"互金平台建设年"活动，全力推进"互联网金融+分布式云平台"建设，运用大数据、云计算等科技手段，积极布局线上渠道，强化线上办公、线上获客、线上放贷，提升服务质效。进一步完善手机银行平台建设，把手机银行产品做全、功能做新、体验做优，力争客户数达到900万户，月活率达到22%。加快推出"市民万能卡"项目，集政府公共服务、社会公共服务、金融结算服务于一体，覆盖市民衣食住行等各方面。上线"添惠贷"产品、零售信贷系统、柜面凭证无纸化项目，助力业务发展。推进与华为等科技公司深度合作，加快智能机具推广应用，进一步提升网点智能化水平，提高柜面业务自助办理覆盖率。

4. 加大对普惠群体的支持力度

疫情期间，推出了"容缺办理"等十项措施，采用先行受理、容缺办理、跨网点受理等模式，加大对春耕备耕的支持力度。截至2020年3月底，发放农业生产类贷款121.2亿元，比上年同期增加6.1亿元。下一步，将加大对扶贫攻坚、"三农"、民营和小微企业等普惠金融支持力度，实行内部资源倾斜，确保整体信贷规模平稳增长。开展"万名员工进小微，金融服务我先行"活动，做到专人对接、专门通道、专项产品"三专服务"，确保信贷需求第一时间响应到位，不断提升客户的首贷率、信用贷款率和无还本续贷率，积极帮助辖内中小微客户战胜疫情影响。对外出务工人员和产业扶贫、项目扶贫等领域，加大扶贫贷款投放力度；对受疫情影响较大的种植业、养殖业及旅游业等，发放优惠利率贷款，争取财政贴息政策，完善无还本续贷、存量客户再融资等续贷政策安排；对农业产业化龙头企业等核心企业，支持其产业链上的种子、化肥、农药等上下游客户和供应商以应收账款、仓单和存货质押等进行融资;对临时性延期还本付息的民营和小微企业,到期后做好风险排查,避免延期后本金或利息集中偿付造成企业资金周转再度紧张。

## 三、几点建议

疫情防控进入常态化阶段后,做好普惠金融服务,需要党委政府、监管部门、银行机构共同发力。

1. 对农村中小金融机构税费给予适度减免

疫情期间,农信系统认真落实支持疫情防控和复工复产各项政策,对运用央行再贷款发放的贷款严格实行利率优惠,对其他贷款相应下调执行利率,最大限度地降低客户融资成本,让利于实体经济。但随着净息差收窄、增收空间受限,运营成本压力也不断增大。2020年4月7日,国务院常务会议明确延续实施普惠金融和小额贷款公司部分税收支持政策,有效缓解了银行税收负担和信贷成本压力。为进一步提升中小银行支持实体经济的能力和积极性,建议在此基础上对疫情专项再贷款以及未取得专项再贷款资格但仍设立低息专项贷款的银行给予利息增值税及合同印花税的免征优惠;对因受疫情影响严重导致还款困难的企业予以展期或续贷的银行,其贷款展期90天内计提的应收未收利息暂不视为应税处理;对湖北地区农商行缴纳所得税以及增值税中上缴中央财政的部分给予适当减免,扩大计提的减值准备税前扣除范围至所有贷款。

2. 适度放宽农村中小金融机构不良贷款容忍度

疫情期间,中小银行落实不抽贷、不断贷、不压贷政策,实行临时性延期还本付息,最大限度地维持企业信用,保持持续融资能力,确保企业度过寒冬。部分客户受疫情影响不能按时还款导致逾期贷款大幅增加,中小银行不良贷款有所增加,拨备计提的压力相应增加。2020年3月末,湖北农信系统不良贷款相比年初增加13.28亿元,不良率上升0.08个百分点。建议对疫情期间加大信贷尤其是小微企业信贷投放的中小银行,从适当提高不良贷款容忍度、丰富银行资本补充渠道、完善涉农和小微贷款考评机制等方面采取差异化安排,确保监管评级不出现大面积下滑,减轻计提新的拨备的负担,增强银行机构的盈利能力。

3. 继续完善政府性融资担保体系

新的信贷需求爆发式增长,但很多中小微企业没有抵押物,信用记录又是空白,难以从银行机构获得贷款。建议政府出台政策,引导政府性融资担保公司加大对中小微企业和"三农"主体的担保力度,同时由财政安排专项资金给予担保费补贴,进一步降低融资成本,帮助破解首贷担保难题。

# 第二章
# 中国普惠金融助力脱贫攻坚案例

# "亲情贷"让乡情变财富

湖北省农村信用社联合社

## 一、研发背景

近年来,金融业改革发展取得重大成就,金融产品和服务日益丰富,金融体系不断完善,但金融发展不平衡不充分的问题依然突出,主要体现在农户、个体工商户和小微企业的金融可得性不足。解决"融资难、融资贵"的痛点,关键在于解决信息不对称的问题,而传统的融资方式和技术不仅无法满足这一客户群的融资需求,令银行难以有效管控风险。

为深入践行普惠金融,提高信贷支农支小服务水平,合理满足农户、个体工商户的需求,在责任银行、合规银行、智慧银行"三大银行"战略指引下,湖北省农信联社不断创新信贷产品,针对小微客户群体量大、需求急、金额小的特点,推出了贷款产品——"亲情贷"。"亲情贷"是以农户、个体工商户和小微企业主的家庭及其亲友为纽带发放的生产经营、生活消费等用途的无抵押贷款,包括针对农户的"亲情农贷"和针对商户的"亲情商贷"两款产品。

## 二、产品介绍及创新

与传统贷款业务相比,亲情贷无须抵押担保,只要有家庭、有经营、有信用就能贷款。亲情贷看中客户品德、生产经营状况、家庭成员情况等"软信息",让沉睡的个人信用变成融资财富。该产品具有以下三个创新点:

一是强调家庭重要性,破除抵押物崇拜。长期以来,农户、个体工商户和小微企业主客户数量大、情况复杂,银行难以全面了解客户,客户也缺乏银行认可的资产。经过调研分析,湖北农信联社认识到家庭和睦、人品可靠和亲友认可就是这类客户最好的信用证明，而信用常常比抵押物更可贵。亲情贷的宣传口号是"有家有爱，就能贷"。

二是强调亲友保证，控制贷款风险。亲情贷基于乡镇农区"熟人社会"的实际，通过亲友保证的方式控制贷款风险，既简化了信息交叉检验和贷后监督，又增加了借款人的违约成本。截至2020年5月末，亲情贷本息逾期30天以上的贷款余额为1983万元，占比仅0.22%。

三是强调高效便捷，助力普惠金融。小微客户的资金需求特点是"短、频、快"，而亲情贷通过客户准入标签化、额度测算模型化，实现了客户快速甄别和过滤，贷前调查更加简单快捷，办贷资料比传统贷款精简了一半以上，并且通过影像系统集中审批，效率进一步提高。

### 三、工作成效

截至2020年5月末，湖北农信联社"亲情贷"已累计发放10.6万笔，贷款余额89.72亿元，支持超过9.7万农户、个体工商户和小微企业主发展生产经营。

"亲情贷"通过精准的定位和精细化的设计，使办贷变得简单清晰，客户经理从业门槛进一步降低，极大地解放了生产力，获得广大信贷员一致好评。一年多以来，亲情贷的风险控制和管理模式得到了很好的检验，90天以上逾期贷款占比仅为0.06%，为后续产品设计打开了思路，树立了标杆。

### 四、社会反响

"亲情贷"独特的担保方式贴合农区和乡镇实际，有效破解了农户、个体工商户、小微客户融资难的问题，是湖北农信联社支持农区和县域经济发展的重要产品，受到广大客户好评。

# "保险+"扶贫模式让脱贫致富更"保险"

中国人民保险集团股份有限公司

作为金融央企,中国人民保险集团股份有限公司(以下简称中国人保)认真贯彻落实国务院七部门联合印发的《关于金融助推脱贫攻坚的实施意见》,积极行动,将保险扶贫作为重大政治任务,坚持"金融扶贫、保险先行",发挥保险在风险保障、经济补偿、社会管理和资金融通等方面的功能作用,着力加强保险机制与扶贫工作的对接,不断完善"保险+"扶贫模式,用心打造保险扶贫"示范田",探索构建可持续扶贫脱贫的长效机制。具体案例如下:

## 一、"保险+产业"——"光伏保"

目前,在扶贫光伏电站分布数量多、政府扶持力度大的地区,中国人保先行选择了有代表性的9个省份试点了光伏扶贫保险工作,分别采用了"全省统保""省政府统筹、县级统保""政银企户保""光伏生产企业投保""光伏投资企业投保"五种模式,覆盖了144个区县,承保电站数量近3400个,提供风险保障合计243.7亿元。各项目运营稳定,利用保险机制化解了灾害事故对光伏扶贫项目的影响。例如,河南省新乡市某光伏科技公司的屋顶式光伏设备在暴风灾害中受损,大量太阳能组件被大风从屋顶掀飞,数千组件受损,并砸到人和车辆。经查勘定损后,中国人保赔付太阳能组件81.34万元,第三者人身及财产28.29万元,合计109.63万元。中国人保的保障工作和响应速度获得地方政府、贫困户和光伏电站运营机构的广泛好评,其中,在山西的扶贫案例"光伏扶贫保险全省统保经验案例"入选国务院扶贫办金融产业扶贫优秀案例集。

## 二、"保险+健康"——"健康保"

针对全国扶贫干部的意外和健康风险，中国人保在全国范围内服务扶贫干部38万人，提供风险保障2007.8亿元，目前已支付赔款3385.38万元。例如，2019年，江西省靖安县农业局干部、扶贫工作队队长周某某因意外身故倒在了脱贫攻坚的工作岗位上，公司与江西省扶贫办在得知情况后，将20万元意外身故保险赔偿金送到了周某某的家属手中。"健康保"让扶贫干部在遭受意外后家庭经济来源有所保障，有效缓解了扶贫干部的后顾之忧。

## 三、"保险+民生"——"防贫保"

为建立健全促脱贫、防返贫的长效机制，中国人保率先在行业内开办"政府扶贫救助保险"（以下简称"防贫保"）。截至2019年底，"防贫保"已承办地方政府防返贫项目4000多个，为31个省区市建档立卡贫困户和特定人群提供风险保障7876亿元，精准对接兜底扶贫保障。例如，河曲县鹿固乡石仁村石某是建档立卡贫困户，儿子在大学就读，2018年，他女儿也考上了大学，这让一家人的经济顿时紧张起来。中国人保按照政府扶贫救助保险条款，将6000元助学救助金和600元残疾救助金送到石某手中，缓解了他们的生活难题。

## 四、"保险+融资"——"政融保"

截至2019年底，中国人保支农融资业务已覆盖全国182个地市（区）、222个贫困县，累计向7966人（企业）发放支农融资贷款65.83亿元，帮助贫困户42.41万户，其中，2019年"政融保"项目在全国范围内向建档立卡贫困户直接融资2091笔，融资金额1.56亿元。例如，位于陕西省汉中市留坝县的某某公司通过"政融保"获得融资600万元，用于中药材的种植、加工、销售及研发，形成了"公司+基地+贫困户"的产业扶贫项目。留侯镇的建档立卡贫困户杨某通过参与该公司的扶贫项目年均增收3800元，实现稳定脱贫。此项目依托地方产业规划和政策支持，解决了贫困户融资难、融资贵、融资慢的问题。

保险作为经济的"减震器"和社会的"稳定器"，是脱贫攻坚的重要助力，是参与国家治理的重要力量，是保障社会长治久安的一种长效机制。"保险+"扶贫模式以精准度高、杠杆作用大、灵活性强、机制稳定等特点，成为打赢打好脱贫攻坚战的尖兵利器，持续稳定地发挥着重要的功能作用。

# 保障农村低收入群体——小额保险项目

*平安养老保险股份有限公司*

## 一、案例背景

为积极响应中央服务"三农"的号召,推进人身保险行业服务最广大人民群众的普惠性目标,大力发展农村小额保险,创建平安新农村,平安养老保险公司(以下简称平安养老)本着利民、惠民的宗旨,在各地积极配合地方政府,推广农村小额保险,与新农合、居民医保相互补充,更好地满足村民对平安健康的需求。

## 二、产品方案

平安养老提出的保障以意外伤害为主,具有责任简单、保费低的特点。对部分品质较好的渠道增加了意外医疗责任。在核价时,依托历年的核保经验数据及运营平台,给出相对低廉的保费。对于部分经验数据不足的业务,定期监控赔付变化,对高赔付率的责任做归因分析,必要时及时调整方案。

方案可补充现有新农合与医保保障不足的部分:(1)门诊报销比例较低,需要个人负担的比例较高;(2)住院起付线以内的部分需个人承担,起付线以上的部分按比例报销,所以仍要承担部分医疗费用;(3)缺少身故及残疾抚恤的保障。

## 三、推动方式——全村统保模式

在条件成熟的农村,借助基层政府组织及其成员(村干部),以产品说明会的方式进行广泛宣传,以点带面、重点突破,增强基层村民的风险和保障意识,尽可能地增加保障覆盖面。按照筹资方式不同,有三种具体实施的情况：一是由村民承担全部保费；二是由村委会通过村级集体经济，为村民支付保费；三是村民和村委会按比例分担保费。

## 四、总结

在我国全面建设小康社会的大背景下，小额保险作为农村金融的重要组成部分，是服务"三农"的重要手段。小额保险可使农村低收入群体获得适度的保障，防止其现有生活水平意外大幅下滑，并能起到经济补偿的作用，是建设社会主义新农村的重要举措。保险公司可通过这项业务扩大市场影响，提升行业的社会美誉度。由此，实现农村低收入群体、政府、保险公司三方共赢。

# "扶贫保"项目——堵住因病返贫回头路

中国人寿保险股份有限公司宁夏回族自治区分公司

如何提高贫困人口抵御风险的能力，又如何防止脱贫又返贫？宁夏回族自治区率先找到了答案——用商业保险守住脱贫攻坚的成果。在宁夏回族自治区党委、政府的主导下，在自治区扶贫办、宁夏银保监局认真组织下，通过中国人寿保险股份有限公司宁夏回族自治区分公司（以下简称宁夏国寿）在国内率先实施的覆盖全区建档立卡户的精准扶贫保险"扶贫保"项目，有效解决了农村贫困人口因病致贫返贫问题及大病救助保障力度不够、医疗能力弱、群众健康意识低、就医负担重等难题。

## 一、项目背景及基本情况

宁夏回族自治区位于中国的西北部，是我国五个少数民族自治区之一，自治区成立于1958年10月，总面积6.64万平方公里，现有人口668万人，其中回族240余万人，占总人口的35.4%。20世纪80年代，宁夏西海固地区即是宁夏扶贫攻坚的主战场，也是新阶段六盘山集中连片特困地区扶贫的重要核心区域。

精准脱贫，突出一个"精准"。在宁夏贫困人口中，因病致贫约占20%，因残致贫约占6.7%。在脱贫后返贫的人口中，因病、因灾、因意外返贫的占已脱贫人口的10%以上。如何用保险的方法兜住建档立卡贫困户因病致贫、因意外致贫的风险，堵住返贫的漏洞，守住脱贫的成果达到真扶贫、扶真贫效果？如何发挥商业保险的功能来助推社会治理，放大政府惠及民生、关爱百姓的职能？2016年4月25日，宁夏扶贫办、宁夏银保监局制定的《宁夏精准扶贫"扶贫保"工作实施方案（试行）》正式运行，为全区15万户建档立卡贫困户、58万建档立卡贫困人口提供精准扶贫产品。

## 二、"扶贫保"项目效果显著

2016年至2020年9月末,"扶贫保"项目已累计承保360.84万人次,承保覆盖面达到100%。历年来累计承担着4770.12亿元的风险保障,赔付约3.52万人次,赔付金额1.73亿元。

通过"扶贫保"项目的实施,绝大部分贫困患者个人自付的目录内合规费用比例约由22%降至3%,个人自付的总医疗费用由35%降至10%以内,有效减轻了个人经济负担。事实证明,"扶贫保"项目有效地缓解了农村贫困人口因病致贫返贫问题以及大病救助保障力度不够、医疗能力弱、群众健康意识低、就医负担重等难题,有效地阻断了建档立卡户因病、因灾、因意外致贫返贫的现象,较好地巩固了脱贫攻坚成果。扶贫保家庭成员意外伤害保险、扶贫保大病补充医疗保险两个"扶贫保"子项目被宁夏回族自治区政府列入2017年民生实事。

宁夏"扶贫保"项目是全国首个省级精准保险扶贫项目,是新时期金融扶贫、服务民生的经典案例,得到了时任国务院副总理汪洋等各级领导的肯定与赞扬。汪洋副总理在2016年6月17日全国金融扶贫会议指出"宁夏开展脱贫保是很好的尝试"。多年来,《金融时报》《民生周刊》《宁夏日报》、宁夏电视台、《新消息报》《华兴时报》等多家媒体进行了宣传报道,并被人民日报社组织评选获奖。每年有十余家公司和个人被当地政府评为扶贫工作先进单位、扶贫工作先进个人等荣誉称号。宁夏"扶贫保"首开"一站式"结算模式,成功地减轻贫困患者理赔负担,成为全国首个商业保险省级覆盖的理赔院端"一站式"结算服务模式。被中国保险监督管理委员会保险行业协会列入2017年度中国最具代表性十大风险管理案例。宁夏"扶贫保"的成果经验,形成了全国典范,该项目的工作经验做法先后在浦东干部学院、中国人寿上海研修院、国务院扶贫办保险扶贫工作培训班等全国性会议和培训班上介绍宣讲,成为全国保险扶贫学习先进典型。

## 三、"扶贫保"项目的创新

一是产品的创新。公司在原有保险条款基础上,对产品创新组合,基于优惠保费、提高保额、放大责任、动态调整的原则,解决建档立卡户因病、因意外致贫返贫的问题。

二是模式的创新。"扶贫保"项目的引入和实施，打造了具有宁夏特色的"政府+银行+保险+担保+个人"五位一体的金融扶贫共赢模式，既突出了工作重点，实施了精准帮扶，又通过政府引导，实现了市场化运作。建立扶贫主管部门、保监局、保险机构联席会议制度，协调解决项目实施中的问题，不断优化价格形成机制和服务体系。

三是工作机制的创新。主动汇报沟通，积极联系，采取"三上三下，五步民情法"充分调研，形成定期沟通汇报的长效机制。建立省对省、市对市、县对县的三级联动机制，全方位与政府无缝链接。

四是宣传工作的创新。公司联合政府和扶贫部门进村入户，深入田间地头，一对一、点对点，通过鲜活的事例进行集体宣讲、入户宣讲，从而真正让建档立卡户理解和熟知项目的内容和风险保障，确保扶贫政策家喻户晓。

五是服务的创新。公司在做好传统服务的基础上，强化增值服务，通过保险大篷车知识讲座、送电影、送文化、送医疗、送保险等一系列活动的开展，丰富服务内容。同时，公司还组建专兼职"扶贫保"服务团队，强化培训考核，落实工作责任，在各乡镇设立政务服务窗口和服务专席，真正为建档立卡贫困户做好优质服务，让政府对贫困户的关爱通过宁夏国寿的服务落地生根。

六是科技创新。在大家最关心的保险理赔方面，公司借助新技术，创新推出了"扶贫保医院端一站式理赔"，与基本医疗保险、大病保险进行紧密对接。对于发生的每笔医疗费用，信息系统可以迅速完成计算，立即赔付，无须患者等待。截至2019年底，宁夏国寿已在全区134家医院实现了11323人次的"一站式"结算，实时结算5073.79万元。

## 四、"扶贫保"项目的实践意义

一是完善了贫困地区社会保障和治理体系。通过面向贫困弱势群体的产品服务，建立起涵盖保人身、保大病等一揽子扶贫保险产品。商业保险被嵌入贫困地区的保障体系和社会治理之中，发挥了市场化的风险管理职能，在辅助社会管理、承接公共事务、促进社会和谐等方面成为政府转变职能的有效抓手。

二是探索了保险业精准扶贫的新方法。保险业通过主动融入贫困地区经济社会发展，将自身商业经营、承担社会责任与国家扶贫战略相结合，成为促进民族团结、民生改善和农民脱贫致富的重要支撑和保障。这为保险业更好地服务实体经济，在贫困民族地区治理体系中找准定位和发挥作用探索了路径。

在脱贫攻坚取得阶段性胜利的同时，我们清醒地意识到脱贫只是第一步，因疫返贫、因病返贫、因灾返贫现象时有发生，如何巩固脱贫攻坚的成果还取决于后续工作的科学性、有效性。下一步宁夏国寿将在各级政府部门的支持领导下，在继续完善"扶贫保"项目的基础上，大胆创新。结合特惠性扶贫政策到普惠型民生政策的转变，下沉服务，主动融入乡村振兴、乡村建设中，继续认真履行国有寿险公司的社会责任，积极响应自治区政府提出的"建设开放宁夏、富裕宁夏、和谐宁夏、美丽宁夏"的号召，为服务宁夏地方经济发展以及实现宁夏与全国同步进入全面小康社会的目标作出应有贡献。

# "科技型融担+农担"——"惠农贷"创新"三农"普惠金融业务模式

平安普惠融资担保有限公司

## 一、研发背景

平安普惠融资担保有限公司(以下简称平安普惠)作为主要服务于小微企业主、个体工商户的全国性科技型融资担保公司,深耕个人信贷领域多年,积累了诸多成功经验。近年来,将其逐步应用于"三农"客户群。2018年底,平安普惠"惠农贷"产品应运而生。两年多来,凭借"模式创新+科技助力"的创新模式在全国多地推广,为担保助农探索出一条新路。

## 二、产品介绍

"惠农贷"是一款面向"三农"客户的低息借款产品。平安普惠通过联合多家省级农业信贷担保公司(以下简称农担公司)及其他基层机构,面向符合《财政部、农业部、银监会关于做好全国农业信贷担保工作的通知》(财农〔2017〕40号)政策要求的农业经营主体,共同开展政策性农业融资业务,提供资金,分担风险。

## 三、具体做法

"惠农贷"产品业务模式将非营利性的农担公司的政策性作用与平安普惠长期小微信贷经验及产业优势充分结合,双方在各个业务环节充分协同,搭建起线上线下相结合的服务模式。"惠农贷"首创"科技型融担+农担"的开放业务模式,将过去由单一机构独立完成的诸多信贷环节模块化,搭建金融科技为基础的开放式平台,通过与农担公司在内的多方协作,充分发挥各自在业务属性、服务网络、数据积累、风险管理、科技研发、金融资源等方面的差异化优势,并将其融入各个业务环节,以协同方式消除业务短板,为"三农"客户群提供多元化、价格可承担、体验便捷的服务解决方案。

"惠农贷"业务模式与传统的"银担模式"不同,省级农担公司和平安普惠融资担保公司采用共保模式合作,分担农户信用风险,作为资金方的小贷公司承担担保方违约风险。由于农担公司是非营利政府性机构,享有贴费政策,担保费率较传统银担模式业务大幅下降。其主要特点有:

1. 成本降低。"惠农贷"由农担公司发挥服务网络下沉的优势进行线下获客,避免获客渠道重复建设,成本大幅降低。

2. 分散风险。根据政策要求,在"惠农贷"产品中由农担公司参与风控并承担主要担保责任,平安普惠进行风险分担,大幅降低并分散了风险。

3. 政策乘数效应。"惠农贷"在帮助农担公司补齐资金、科技短板的同时,更加充分落实财政贴息、贴费政策,形成政策乘数效应,惠及更多的"三农"、小微客户群。

科技方面,作为服务小微客户群多年的科技型融担公司,平安普惠在大数据建模、AI智能科技、人脸识别技术、微表情、智能客服等应用方面拥有大量积累储备,具有业内领先的技术聚合应用能力。平安普惠开发了全线上借款业务平台,客户直接通过网页即可申请,实现了流程的简化、效率提升。"惠农贷"业务中,平安普惠通过技术输出与其形成优势互补和工作协同,为业务开展注入科技力量,解决了风控瓶颈问题。

在风控环节,线上业务平台不仅突破空间限制,也以智能技术为风控后台人员提供科学的欺诈识别指引。在数据模型构建时,可以将强金融数据和互联网行为数据深度结合交互,使用神经网络、随机森林、XGBoost等最新的机器学习算法搭建风险量化模型,精准识别信贷风险,提供担保决策。通过技术助力,"惠农贷"将放款时间由传统模式的7~15天提升至最快2小时。

## 四、取得的成效

平安普惠"惠农贷"产品首创"科技型融担+农担"的开放业务模式,

凭借"模式创新+科技助力"在全国多地推广,截至2020年9月30日,累计放款金额为8895.5万元。"惠农贷"通过因地制宜、高度灵活的定制化合作形式,围绕"三农"融资难、融资贵、融资慢问题探索可行的解决路径,取得明显成效。"惠农贷"在贵州遵义地区累计向当地农户发放低息贷款25笔,助力遵义当地优势农业产业发展。确保农户资金周转的同时扩大产业发展,带动地区就业1500余人,人均年收入从1万元提升至3万元,充分带动当地农户脱贫致富;在陕西地区"融担+农担+产险模式"实现零成本融资,为安康益禾生态农业科技有限公司、安康济波泉农业科技有限公司首批放款合计超一百万元,此外,该项业务在海南、重庆等地区也在陆续落地中。

# 聚焦外出务工群体
# 关爱留守儿童及老人　助力乡村振兴

中原银行股份有限公司

## 一、聚焦务工客户群，线上领车补，温暖回家路

随着经济发展，越来越多的农村剩余劳动力离开家乡涌向城市，他们是城市建设的主力军，需要社会的关爱。中原银行作为中原豫军的金融主力，在坚持防控疫情的同时，聚焦外出务工客户群，多措并举助力复工复产，开展"温暖回家路，线上领车补"活动，为外出务工人员提供车票补贴，帮助农民工安全有序返岗。中原银行依托河南省四千余家普惠金融服务站，深入农村，重心下沉，通过公众号、微信群积极宣传扫码领车补活动，外出务工人员扫描二维码、录入车票信息即可领取车票补贴。领车补活动惠及务工客户群7万余人，发放车补40万元，举行名车大奖颁奖活动20场。

## 二、关爱留守儿童，创建美丽乡村，助力乡村振兴

留守儿童由于缺乏完整的家庭教育，缺乏监护人的引导和管理，容易在学习、心理、身体等方面出现内向、孤僻、自卑、不合群、缺乏安全感、人际交往能力差、逆反心理强等问题。如不加以引导，给予关怀，留守儿童难以实现健康成长。中原银行在河南省18个地市，举办"我爱我家——爸妈我想对您说"征文大赛。河南省18家分行积极组织，统筹安排，共计307所中小学参与了征文大赛，参赛的留守儿童达4.9万名，参与线上投票人数达108万人次，最终选出60篇优秀作品装订成册。在"六一"国际儿童节之际，中原银行河南省十余家分行共同为留守儿童送上节日祝福及学习用品。由中原银行总行统一采购文具、书包、电子画板、儿童电话手表、学生平板电脑等礼

品,印制《我爱我家》精美感恩书册4万套。此次活动,以举办征文大赛、印制感恩书册、赠送学习物资等多种形式的关怀措施,为留守儿童营造了充满关爱的学习和生活环境,推动美丽乡村建设,落实乡村振兴战略。

### 三、关爱留守老人,践行社会责任,助力疫情防控

新年刚刚过去,新冠肺炎疫情在全省各地市蔓延开来,农村客户群疫情防护意识相对薄弱,医疗物资相对紧缺,特别是留守老人群体亟须社会关爱。中原银行作为服务农村金融市场的先锋队,大力践行普惠金融,积极履行社会责任,针对这一特殊群体,开展了为期一个月的"送健康"关爱留守老人活动。中原银行以农村为阵地,通过微信群、朋友圈、村广播、打电话等渠道进行疫情防控宣传。中原银行总行集中采购健康礼包,各分行统一配发,确保物资送达留守老人手中。在这个特殊时期,中原银行一线工作者积极行动,不仅为老百姓提供家门口的专属金融服务,同时联合乡镇卫生院,定期定点为留守老人提供免费测体温、量血压、检测血糖、普及疫情防护知识等服务,满足客户的非金融需求。中原银行各分行包片服务,认真组织,共开展健康讲座100余场,为留守老人提供疫情防护、健康体检服务2.8万人次,送出健康礼包1万余份。在普惠金融道路上,一线工作人员与各村留守老人建立了深厚情谊,相互关爱,携手前行。

# 做好惠农金融服务　助力乡村振兴

哈尔滨银行股份有限公司

## 一、长期坚定服务"三农"战略，全面打造诚信惠农特色服务

源于在"三农"领域精耕细作十六年的深切情怀，哈尔滨银行主动承担社会责任，积极践行"诚信惠农"行动，升级建立惠农金融专业服务团队，针对诚实守信的农户不断推出实质让利活动，在有效降低"三农"融资成本的同时，引导农户珍爱信誉，创新举办"惠农诚信客户节"，让诚信文化深深扎根于土地，优化农村金融生态信用环境。

## 二、扩展构建惠农格局，纵深横扩"三农"金融普惠蓝图

目前，哈尔滨银行服务客户群已全方位涵盖"新型农业经营主体—特色经营农户—农村小额农户"群体，惠农服务已由原来"专注省内、聚焦两季"发展为如今"辐射全国、贯通全年"的惠农服务新态势，服务周期从两季拓展至全年，服务地域从省内拓展至省外，使农民朋友真切地感受到"哈尔滨银行服务在身边"，全面且持续地拓宽惠农富农服务的覆盖面。

## 三、夯实特色鲜明的惠农金融基础，构建综合高效的惠农金融服务体系

一是构建场景型综合惠农模式，提供"贷款+租赁+财富管理"多元服务。哈尔滨银行高度融合涉农生态圈资源，创新定制"客户群+场景"的服务体系，多维满足涉农贷款融资类、农机具融资租赁类、农户闲置资金增值类、多样化生活消费等全方位"三农"金融需求，持续提升"惠农贷款+农机具租赁+农户专属财富管理"的综合惠农服务水平，深化"涉农产业链商圈集

群+农户信贷"服务模式,有效提升乡村振兴金融服务品质。

二是打造高效特色助农体系,深化"惠农白名单"批量高效授信机制。哈尔滨银行高效应用"三类白名单"——"垦区白名单、农村白名单、特色白名单",以"建立'白名单'数据库、批量精准预授信、围绕需求快投放"为服务手段,大幅简化调查、审批、签约等贷款流程手续,提供批量高效的惠农服务。

三是建立全渠道线上服农模式,实现"科技惠农+体验至上"的全线上智能服务。目前哈尔滨银行已全面构建"手机银行+移动iPad端+上门服务"的全方位惠农服务渠道;高效应用大数据精准营销与智能化模型审批,匹配"线上循环"与"差异化线上智能定价"功能,实现线上一键互动、线上申请调查、线上征信授权、线上模型审批、电子合同签约、线上提款还款等全线上功能,全面构建惠农数字化智能运营服务体系,让广大农户足不出户即可享受惠农贷款"云服务",并成功创推哈尔滨银行首款全线上农贷产品"农闪贷",真正实现传统农贷业务的线上化、自动化转型。

四是提供多元化便捷支农服务,形成多维灵活的贷款方式。哈尔滨银行持续推广以信用为主的农户贷款方式,得到广大农户群体的大力支持;作为全国首批发放农村土地承包经营权抵押贷款的金融机构,持续推进两权抵押业务发展,有效提高农村土地资源利用效率;深入推进"农担系统+信贷"模式,打破困扰现代农业发展的金融瓶颈,有效解决农户担保难、融资贵等问题。

### 四、疫情期间特事特办,提供快捷绿色金融服务

疫情期间,哈尔滨银行第一时间开辟绿色服务通道,积极缓解农民所急,全力做到金融支持疫情防控和农业生产两不误。一是提供"延期免责式"绿色服务,坚决做到不盲目抽贷、断贷、压贷,实施延期、展期、续贷、调整还款付息计划、协助申请征信保护等服务。截至2020年6月末,惠农信贷业务共计完成6712笔,5.02亿元农户到期贷款延期工作。同时协助农户申请征信保护共666笔,1.07亿元。二是提供"增信扩容式"绿色服务,持续提供额度增信、利率下调、期限延长、手续简化等优惠政策,有效助力提升疫情期间的农业生产能力。三是提供"居家高效式"绿色服务,疫情期间实行

全流程一站式居家线上办贷，最大限度地确保广大农户居家防疫安全。

下一步，哈尔滨银行将在小额信贷战略指引下，充分利用新理念、新科技、新工具，继续深入提升惠农金融服务质量，在做好疫情防控工作的同时，加大对广大农户的金融支持力度，在推动"乡村振兴"的发展工作中发挥更加积极的作用。

# 普惠金融助力脱贫攻坚在行动

江西九江农村商业银行股份有限公司

为积极响应国家乡村振兴战略，加大金融精准扶贫力度，增强金融机构精准扶贫工作的责任感和使命感，促进扶贫小额信贷管理水平不断提升，九江农商银行在党委班子的带领下，稳健推进扶贫小额信贷、积极拓展产业扶贫贷款，严把风险管控。自2016年参与扶贫工作以来，九江农商银行累计发放扶贫贷款1.2亿元，累计支持贫困户449户。

为切实解决金融扶贫工作力度不够、难以落地等问题，九江农商银行通过与濂溪区政府合作，以贫困户为中心，按照扶持对象精准、项目安排精准、资金使用精准、脱贫成效精准的要求，因地制宜，因户施策，为本土精准脱贫"量体裁衣"。

曹先生是新港镇竹林村建档立卡贫困户，因为肢体残疾致贫，家中生活困难，借款人长期在自住地进行肉鸡养殖。由于养殖规模较小，利润微薄，曹先生一直无法脱贫，想扩大规模却苦于没有启动资金。客户经理在对建档立卡贫困户进行摸底调查后，客户经理亲自上门对该客户详细宣传九江农商银行金融扶贫政策，打消客户顾虑，激发客户通过家禽养殖助力脱贫的积极性。经区、镇、金融机构摸底调查，对该客户授信等级为A级，按照金融扶贫贷款政策，九江农商银行向曹先生发放扶贫贷款5万元，消除了贫困户创业资金不足的困境。经过两年的规模化养殖，该贫困户的肉鸡养殖规模从500余只扩大为3000余只，年收入10余万元，已初步实现脱贫目标。

通过不断地摸索与实践，肉鸡养殖已初具规模，在九江农商银行金融脱贫政策宣传的影响下，曹先生萌生了带动其他贫困户进行肉鸡养殖的想法。曹先生通过开办肉鸡养殖讲座，让村镇的更多农户了解肉鸡养殖的技巧。乌石山村贫困户周先生对肉鸡养殖产生了兴趣，学习了一系列的技能后，他也开始从事肉鸡养殖行业。九江农商银行给予了周先生2万元的扶贫贷款作为启动资金，用于建立鸡舍、购置鸡苗等。

莲花镇东城村村民冯先生有一双儿女，因配偶体弱多病，全家仅靠冯先生一人养猪挣钱，每年收入仅能满足全家温饱。了解到这一情况，九江农商银行迅速安排客户经理到东城村委会进行贷前调查。经调查发现，冯先生诚实守信，吃苦耐劳，只是缺乏资金购买更多猪崽进行规模化养殖，一直无法脱贫。九江农商银行仅仅数天就为冯先生发放了扶贫小额信贷5万元，冯先生一家的生活日渐好转，现阶段还增加了蘑菇种植与土鸡养殖等项目，并带动了全村数人就业，已初步达到脱贫的目标。2020年当疫情影响，冯先生的蘑菇滞销，濂溪区政府通过融媒体向全市居民发布这一信息，九江农商银行通过微信朋友圈宣传和食堂采购等手段解决了客户的燃眉之急，并建立长效采购合作，在能力范围内解决了贫困资金回笼困难的问题。

在整个脱贫攻坚过程中，像曹先生、冯先生这样因为得到九江农商银行支持其发展的资金，摘掉贫困户帽子的人还有很多，这正是普惠金融的种子逐渐开花结果的表现。

普惠金融和脱贫攻坚正如火如荼地进行着，九江农商银行将持续发力、不断稳定客户基础，着力解决农村金融市场的资金需求，为贫困户自身发展和市场经营主体带动贫困户发展创收提供资金保障，增强贫困户造血功能。通过开展金融精准扶贫工作，履行农商行的社会责任。

# "防贫保"创新防贫机制 助力脱贫攻坚

中国太平洋财产保险股份有限公司

## 一、业务背景

2017年,中国太保财险以河北省邯郸市魏县为试点,深入分析脱贫攻坚工作形势,聚焦脱贫攻坚中的返贫问题,以保险为抓手,探索建立临贫易贫人口的动态监测与救助机制。截至2020年9月初,"防贫保"在全国累计提供保险保障8万亿元。

## 二、业务模式

### (一)保障对象

"防贫保"重点保障处于贫困边缘的低收入户和人均收入不高、不稳的脱贫户两类人群。防贫对象不事前确定、不事先识别,而是根据防贫预警线实时监测情况进行框定,事实上覆盖了投保区域中包括未建档立卡户在内的全部人口。

### (二)保险责任

"防贫保"提供菜单式可选保障,各省、市、县可根据本地防贫工作重点、难点自由选择保障项目,形成差异化、精准化的保障包。

### (三)理赔模式

"防贫保"的理赔触发点是保障对象因病、灾、学达到防贫扶助标准。为准确核查相关人员的经济状况,公司在实践中独创了"四看一算一核实一评议"的理赔模式。

扶贫部门通过人社局、教育局等部门了解到临贫易贫户出现保单约定的致贫返贫事件后将相关信息通知公司，公司理赔人员即开展入户核查，通过四看（即看住房、看大件、看劳力、看负担）、一算（即算收入）、一核实（即核实名下房产、车辆及个体工商户等情况）、一评议（即在村、镇两级进行评议），最大限度地保证款项发放公平、公正。

### 三、主要优势

#### （一）有效阻断致贫返贫，符合中央政策导向

2020年，脱贫攻坚战已进入决胜阶段，我们一方面要帮助最后一批贫困群众有效脱贫，另一方面更要建立防贫长效机制，做到真脱贫、脱真贫，其关键之一就是筑牢返贫防线。截至2019年底，全国贫困人口从2012年底的9899万人减到551万人，但初步统计，已脱贫人口中有近200万人存在返贫风险，边缘人口中还有近300万人存在致贫风险。加快建立防止返贫的监测和帮扶机制，对脱贫不稳定户、边缘易致贫户加强监测，提前采取有针对性的帮扶措施已经成为巩固脱贫成果的重中之重，可见"防贫保"项目完全契合当前扶贫工作的核心需求。

#### （二）消除"悬崖效应"导致的群众矛盾，提升扶贫工作口碑

过去，部分地区"卡内户"享受众多扶贫政策，而"卡外户"被边缘化，致使新的矛盾和不公平在群众中产生。如2016年率先脱贫摘帽的湖北大冶市原定贫困人口3.1万人，在第二次精准识别回头看时，按省定比例将"卡内贫困人口"缩减到1.7万人，导致原定的1.4万人被剔除到"卡外"，他们原本与"卡内户"相近相似，但在以后的帮扶中却渐行渐远。2016年第三方评估机构抽样入户调查时，对脱贫工作不满意的调查对象全是"卡外边缘户"。这样的差距如果任其扩大，在农村会造成新的不公平和不平衡，容易引发新的矛盾。中国太保财险通过为"卡外边缘户"提供"防贫保"，缩小、淡化"贫"与"临贫"的差距，在一定程度上稀释甚至化解了正在扩大的"悬崖"现象，为构建和谐社会奉献了关心关爱。

## （三）采用保险经办服务模式节省政府资源、防范道德风险

因临贫易贫人群无建档立卡，其动态监控工作涉及人数多、工作量大，救助甄别工作需要消耗大量的人力、物力，仅靠扶贫办或民政人员开展调查工作，人力难以维持；依靠人社局、教育局等平行部门，效率难以保证，而借助保险公司查勘力量可使核查效率大幅提升。另外，通过社会化服务采购，也可有效甄别防贫工作推进过程中的道德风险。保险公司直接将防贫资金支付给防贫户，可以保证防贫资金真正落实到位，充分体现政府执政为民、清正廉洁的工作作风。

## 四、项目实效

截至2019年底，在"防贫保"首个落地地区河北邯郸魏县，"防贫保"已经通过监测预警和救助将9452人拦在贫困线以外。

2016年，邯郸全市47646人致贫，2254人返贫。2017年开展"防贫保"试点并全面推开后，邯郸全市2017年致贫人口下降至1763人，返贫人口355人；2018年，致贫人口1661人，返贫人口20人；2019年，邯郸市既没有一户非贫户致贫，也没有脱贫户返贫。

截至2020年9月初，"防贫保"已覆盖26个省561个县区。下一阶段，公司将持续发力，增点扩面、全面赋能、服务升级，以更广的覆盖范围、更优的服务质量为脱贫攻坚的全面胜利贡献太保力量。

# "扶贫一保通" 为脱贫攻坚筑牢安全线

中国人寿财产保险股份有限公司

## 一、研发背景

山西是全国脱贫攻坚的重要战场,全国14个集中连片特困地区就有两个在山西。全省有36个国定贫困县,22个省定贫困县,贫困面积大、贫困人口多、贫困程度深、致贫原因复杂。因病、因害、缺技术、缺产业等是山西省大部分地区的主要致贫原因。中国人寿财产保险股份有限公司山西省分公司基于以上实际,充分发挥保险专业优势,根据贫困程度和致贫原因为贫困地区量身打造扶贫保险产品,通过制订一揽子保险计划,向政府提供"一站式、菜单化"服务,"扶贫一保通"应运而生。

## 二、产品介绍

针对贫困地区和贫困人口面临的特有风险,本项目开发了"民生保""农业保""产业保"系列产品。

——"民生保":在贫困县范围内统保贫困人口意外险、贫困户农房保险等项目,重点解决贫困人口因自然灾害、意外事故造成的死亡伤残及农房损失等致贫问题。

——"农业保":围绕贫困县特色优势农产品及产业扶贫项目,创新开展特色农产品气象指数和价格指数保险产品,切实解决农户因自然灾害、价格波动等致贫返贫问题。

——"产业保":开展扶贫小额贷款保证保险,为有利于贫困农户就业的新型农业经营主体提供融资增信支持;服务光伏扶贫产业项目,为贫困户光伏发电设备提供财产风险保障。

## 三、具体做法

1. 合作开展承保工作。扶贫项目的承保工作由业务主管部门配合公司共同完成。业务主管部门协助提供承保所需信息,公司根据规定进行承保出单。

2. 优化理赔服务流程。公司建立扶贫保险"一站式"快速理赔服务机制,简化理赔流程。建档立卡贫困户在遭受自然灾害、意外事故或发生重大疾病后,公司安排专人第一时间进行现场查勘,赔付从快从简。

3. 规范补贴资金管理。保费补贴按照"先缴后贴"的方式进行。

## 四、案例特色及创新点

1. 政府与公司协调配合。政府支持是项目成功实施的重要基础,省扶贫办、县级人民政府提供政策指导、工作协调等方面的支持,并投入扶贫资金,对贫困户参加的保险项目予以保费补贴。县级扶贫办负责与公司对接协调,同时公司成立保险扶贫工作组,负责保险扶贫项目的实施。2019年4月,公司协助省扶贫办在隰县组织召开山西省金融扶贫培训班,介绍了"扶贫一保通"的模式和产品方案,通过协调配合促进扶贫模式推广。

2. 产品开发突出普惠。创新扶贫保险产品,按照"费率低、责任宽、保额高"的原则,进行优化组合,突出"公益性"与"普惠性",体现费率优惠最大化,多数产品费率下调30%~60%。

3. 建立盈亏共担机制。公司在一个保险周期内运营亏损超过20%,超出部分的亏损由政府兜底;公司盈利超过20%,下一个保险周期内,相应下调费率(中央政策统一费率的产品除外),既满足扶贫保险"保本微利"原则,又确保扶贫保险业务风险可控,实现了最佳均衡。

4. 加大产品宣传力度。2019年4月,公司协助省扶贫办在隰县组织召开全省金融扶贫培训班,在全省范围内总结推广"扶贫一保通"的模式。各县支公司在全国扶贫日等多个时间点,通过设立咨询点、悬挂横幅、设置展板、发放宣传单等形式宣传国家扶贫政策,并将公司的保险扶贫模式以浅显易懂的形式呈现给广大老百姓,提高了贫困群众的扶贫政策认知。

## 五、取得的成效

2019年,公司通过专项奖罚激励措施持续推动"扶贫一保通"模式在山西省贫困地区的落地,全年参保贫困户71.58万户次,提供各类风险保障217.07亿元,向贫困户支付赔款3416.91万元,受益贫困户5.08万户次。此方案使贫困人口享受到了优质便捷的保险服务,切实增强了贫困户的抗风险能力,为山西省贫困发生率的下降发挥了积极作用。

# 立足"三农" "储粮贷"携手农牧民奔小康

喀喇沁旗中昊小额贷款有限公司

## 一、研发背景

为落实助力脱贫任务,全面打赢脱贫攻坚战,喀喇沁旗中昊小额贷款有限公司(以下简称中昊小贷公司)积极响应党的号召,发挥企业优势,与国家产业政策融合,联合上下游企业,大力推行产业扶贫模式。中昊小贷公司凭借面向基层、面向广大农牧民的天然优势和发展普惠金融业务的基础条件,充分利用当地养殖业与玉米资源和企业上下游平台优势,拓宽农牧民开展产业扶贫渠道,使贫困户获得生产性、财产性、劳动性和资产性收入,实现粮食价值和农民收益最大化,企业与贫困户达成双赢。

## 二、产品介绍

中昊小贷公司始终坚持立足"三农"、服务"微小"的市场定位,通过实践创新,建立农户—公司—企业利益连接机制,进一步加大对与贫困户利益联结紧密的龙头企业的扶持力度,鼓励龙头企业主动加强与贫困户的合作,并大胆探索,推出"农户养殖贷""储粮贷"新品种,为当地农牧民提供金融服务,助力脱贫攻坚。新品种授信方式多样,可单独、可组合,且期限灵活,对加大精准帮扶贫困户力度,带动一部分人实现脱贫梦,走致富路有重要作用。

## 三、具体做法

### (一)自有粮源到仓储企业代储配贷款模式

喀喇沁旗中昊物资有限公司是一家集粮食购销、仓储、粮食深加工等业务于一体的公司，为了更好地与贫困户建立合作机制，中昊小贷公司与中昊物资公司联合出台"粮食银行"延伸产品。一是"自产粮食贷"：农牧户及贫困户将自己种植的玉米脱粒后运输到中昊物资公司，由后者代烘干、代存储，再用玉米做抵押向中昊小贷公司申请粮食总价值的全额贷款。二是"养殖仓储惠民贷"：由中昊物资公司代收代储玉米，约定数量、锁定价格，核定养殖数量及用量，核定期内不收取仓储费。中昊小贷公司提供全额贷款，农牧户出售牲畜后再偿还贷款。

### （二）委托仓储企业代收代储配贷款模式

"自收代储"：农牧户将自己收购的粮食存放在中昊物资公司库内进行管理，粮食所有权归储户所有，储户每月只需交纳仓储费用，并在价格高峰期出售粮食。

"代收代储"：由中昊物资公司代收代储粮食，约定数量、锁定价格；农牧户向中昊物资公司交纳全额收粮款，或以自己粮食作为保证金撬动10倍小贷公司资金杠杆，粮食的所有权仍归储户，并且可以随时出库。

### （三）"分红型"，即贫困户自有粮食与企业联合经营

"合作双赢"即"分红型"产品：通过宣传动员，实施周到的服务措施，公司调动起了广大农牧民储粮积极性，并通过签订合作协议让农民吃下定心丸。此外，公司还制定"贫困户+玉米种植+资产收益"优惠政策，储户将自产玉米存放到中昊物资仓库，中昊物资公司负责烘干、入库、保管，按入库当天市场价锁定价格。粮食所有权归贫困户所有，经营权由双方协商，玉米在价格最高点进行出售。单一项政策即为贫困户每亩节约储粮成本近150元，每亩增加收益近200元，让贫困户获得实实在在的收益。

## 四、取得的成效

中昊小贷公司与中昊物资公司推出相关贷款和"粮食银行"服务产品后，通过精心设计的专属方案提高了客户覆盖面，对当地广大农牧户尤其贫困户产生了积极影响。2018年，实践效果显著，共有187户农牧民（贫困户6户）储粮24000余吨，为农户创收330多万元，产品的实践效果显著。2019

年，经过修改完善，在两家公司的大力推行下共有220多户农牧民（贫困户14户）储粮27000余吨，为农户创收500多万元，其中，贫困户年人均收入达5000元以上，实现脱贫。

在精准扶贫、精准脱贫的道路上，中昊小贷公司发挥草根金融正能量，以实际行动向贫困宣战，向小康进发，绘就普惠金融新篇章。

# 文投速度助"三农"

陕西文化产业小额贷款有限公司

## 一、研发背景

依托国有信誉优势,陕文投信贷积极发挥金融扶贫主力军和排头兵的作用,着力金融,赋能"三农"发展,反复、深入、精准对接农户需求,下沉渠道,攻坚普惠金融"最后一公里",致力于为三秦"三农"群体带来零距离、高效、便捷、灵活的综合性金融服务,持续创新以满足本土乡村日益多样化的金融服务需求。

## 二、产品介绍

团队多次深入市场腹地、农产品产区,深挖陕西省内优质农业产业链,结合本土特性自主研发帮扶"三农"的"苹果贷""猕猴桃贷""粮e贷""冷库贷"等农贷产品。通过开发涉农金融产品,服务陕西苹果、猕猴桃特色产区(周至、眉县、洛川、白水等)的果农,帮助企业获得更多流动资金,进而加速了本土苹果及猕猴桃农产品的流通。

## 三、具体做法

### (一)铁肩担责、金融助农

近些年,陕文投信贷以普惠金融为抓手,结合全省"三农"市场需求,因地制宜,针对农户、农企、果商等广泛的"三农"客户群体推出系列特色农产品信贷产品,引金融活水到田间地头,致力于为三秦大地广大小微贫弱群体带来零距离、高效、便捷、灵活的综合性金融服务,发挥金融排头兵作用,服务乡村"最后一公里",推动实现金融与"三农"良性互动、共生共荣。

### （二）深挖资源、产品多元

陕文投信贷坚持小额分散的原则，业务足迹遍布全省各县域地区，深入挖掘陕西省苹果、猕猴桃、奶山羊、茶叶等优质农产品资源，更新升级"苹果贷""猕猴桃贷""果商贷""粮e贷""冷库贷"等多层次信贷产品，以持续满足本土乡村日益多样化的金融服务需求。

### （三）"加速度"攻坚"最后一公里"

除了苹果产区，在周至、眉县等陕西猕猴桃产区，在汉中、商洛、安康等陕南茶叶产区……到处可见陕文投信贷人的踪影。在了解到果品产地的果农、果商和冷库有急切需求之后，陕文投信贷人以点破面，长途奔波到洛川、宜川、富县等陕北苹果产区，将业务工作发展到了老百姓的田间地头，第一时间下沉乡村市场，保证果农、客商和冷库3天内解决资金问题，"加速度"解决"三农"客户融资难题，真正打通了农村金融服务"最后一公里"，实现农民、果品企业和小贷公司三方合作共赢。

### （四）产品本土化

为持续解决农民和农企的资金难题，从引进外省经验到结合本土市场自行研发，从最初为本地水果市场的商户提供随借随还的短期流动资金贷款、租金贷款以解决本地水果市场的商户所面临的流动资金压力与租金压力，到后来，与西安果品流动协会和雨润全球农产品物流市场管理方展开长期合作，陕文投信贷立足本土市场，业务拓展下沉到各县域，持续推出满足本土乡村日益多元化金融服务和产品。目前，陕文投信贷将金融支持"三农"的服务已经扩展到农业的全产业链中，为农民、农户、农企等农业环节提供综合性多元化金融服务，包括从前端种植、中端农资供应，成品销售，到果品深加工实现业务范围全覆盖。

### （五）立足本土、走向全国

陕文投信贷深度挖掘省内优质农产品资源，以市场为导向，将"三农"金融服务范围扩至全国农产品主产区，比如2020—2021年陕文投信贷立足陕西苹果信贷服务经验，延伸足迹至甘肃、山东等全国苹果主优质产区，深耕中小微，持续为广泛"三农"群体提供零距离、灵活高效、便捷多元的综合性金融服务。

**四、取得的成效**

近些年，陕文投信贷以普惠金融为抓手，业务覆盖全省各县域地区，公司业务团队多次深入陕西苹果、猕猴桃产地（洛川、白水、旬邑、礼泉、眉县、周至等），开发普惠金融产品10余款，深入一线走访企业500多家，累计服务果库企业300多家，累计投放贷款总额突破1亿元，新冠肺炎疫情期间服务果农近百家。其中，冷库贷产品是陕文投信贷2019年创新研发的产品，据统计，2019年冷库贷累计投放5780万元，累计服务52户冷藏收储企业。陕文投信贷用行动赋能，成为普惠金融服务"三农"的探路者和桥梁。

# "减息""延期"多措并举 专注农贷助力"三农"

大理吉时与小额贷款股份有限公司

## 一、研发背景

2020年初,突如其来的新冠肺炎疫情,破坏了春节的热闹气氛,严重影响了社会经济活动,农业生产更是受到威胁,农村居民无法开展正常的生产经营,面临着减产减收的困境。

3月初,疫情得到初步控制,封锁防控逐步解除,云南省出台各项政策,积极鼓励各行各业复工复产,帮助乡村春耕备耕,在疫情防控不放松的前提下,促进社会经济互动回归正常秩序。

大理吉时与小额贷款股份有限公司积极履行企业使命,发挥支农支小的业务特点,帮助农户备耕春耕,贡献自己的一分力量。为此公司深入调研农户需求和困难,拟定并出台多项帮扶措施,开展助农行动,帮助客户度过困难,恢复生产经营活动,派发防疫物资,帮助客户做好卫生防疫。

围绕服务"三农"的经营理念,公司植根农村,开展农贷服务,在上半年出台多项惠农措施,践行支农支小的普惠农贷愿景。

## 二、产品介绍

大理吉时与小额贷款股份有限公司创立于2011年。2017年全面转型农贷业务,以"吉时贷"为主力产品,向大理州农户提供小额信贷服务。

疫情期间,农村家庭收入无着落,入不敷出,部分客户反映当前还款压力较大。为此公司积极开展调研,收集需求信息,研究对策,首先出台减免政策,允许还款延期,降低客户压力,帮助客户度过困难期。公司着重优化服务流程，力求提供高效快捷的客户服务体验；不断组织员工培训学习，提升业务服务的水平和质量。

同时公司完善和丰富贷后管理工作的内涵，积极与客户互动，不间断开展客户关怀活动，鼓励客户恢复信心，积极投入春耕生产当中；向农户宣传卫生防疫，赠送口罩、消毒液、消毒纸巾等物资，做好防疫工作。

并且公司确保做好客户管理台账，排查客户还款压力，了解客户后续生产经营的资金缺口。针对2020年的市场现状和客户的需求，公司陆续出台贷款降息、续贷增额等运营政策，持续帮扶客户。

## 三、具体做法

### （一）贷后回访，暖心慰问

疫情封锁期间，公司个别客户反馈，还款压力大，可能无法按时还款。对此公司极为重视，快速反应，首先要求客户经理通过电话、微信方式回访客户，了解客户困难，完善客户台账；然后积极研究对策，想办法帮助客户渡过难关。

在回访前，公司召集线上会议，对客户经理进行培训，培训内容包括电话/微信回访的礼仪、话术措辞、需要收集的问题等。目的是以关怀慰问的态度，给予宽慰和理解，减轻客户的心理压力，明确告知客户此次回访不是催促还款，是希望了解客户的真实困难，和大家共渡难关。

其间，公司电话/微信回访客户逾一千人次，送上关心和问候，使客户切实感受到关怀和情谊。

### （二）"减息""延期"，帮扶农户

正式复工后，针对当时客户存在还款压力的问题，公司第一时间拟定政策，对于受疫情影响无法按时还款的客户人群，免除逾期产生的罚息，并给予最长3个月的还款宽限期。

结合前期回访调查情况，公司又二次回访重点人群，告知利好消息。根据客户需求申请，在第一阶段，公司累计为25户客户办理了还款延期，罚息免除手续。

在后续工作中,还对个别存在特殊情况的客户直接减免利息,降低客户还款压力,帮助客户恢复信心,积极投入家庭生产活动中。

### (三)抗疫送温暖

疫情期间,了解到部分客户准备不足,家中防疫物资缺乏后,为公司专门购置口罩、消毒液、消毒湿巾等一批物资,免费发放给客户。贷后回访过程中向客户送上防疫物资,同时也向客户和周边村民宣讲卫生防疫知识;在回访过程中遇到外出未佩戴口罩的人员,也会赠送并提醒佩戴口罩。

在后续的回访过程中,公司还了解到很多村民因为疫情影响,无法外出打工,生意经营无法持续,导致资金缺口较大,融资困难,对此公司又陆续出台多项政策。

2020年第二季度,公司在自身面临运营压力的同时,依然下调产品利率,对于新增贷款全部降息发放,帮助客户增加生产经营的信心。之后公司又降低续贷门槛,对有信心和意愿的老客户,给予增额续贷的扶持,努力扩大业务面和服务面,切实帮助农户渡过难关。

## 四、取得的成效

在疫情防控期间,直接享受公司"减息""延期"政策的客户有25户(其中种养殖类9户,运输类6户,餐饮类2户,其他行业8户),共涉及贷款本金166万余元,贷款余额107万元。

在客户关怀活动中,公司累计发放口罩逾10000只,其他物品上百件。为了更好地服务农民朋友,在2020年不断夯实基础,苦练内功,为客户提供更好的服务体验。2020年公司的整体放款时效从年初的3.5天缩短至现在的2天,贷后回访中客户对服务满意度综合评价高达98%。

因为疫情,农户的生产经营困难重重,与此同时,公司的业务经营同样面临巨大的压力,即使这样公司依旧不忘初心,"负重"前行,帮助农民朋友。深入乡村,走进田间地头,一路上最大的收获是淳朴的笑容和真挚的"感谢"!

"专注农贷,服务'三农'",我们一直在路上!

# 蕲艾纤维项目低息贷款推动产业扶贫

招商局集团财务有限公司

## 一、项目背景

招商局集团财务有限公司（以下简称招商局财务公司）以服务实体经济、服务集团发展为主要职责，在支持地方重大项目、扶持小微企业发展、金融扶贫等方面积极探索，紧盯成员单位融资需求，把更多金融资源配置到企业发展的重点领域和薄弱环节，通过创新信贷产品、减费让利等务实举措，持续加大贷款投放力度、降低贷款综合成本，配合集团产业布局，积极向小微企业、涉农企业、扶贫产业提供响应高效、成本较低、更加普惠的金融服务。

围绕脱贫攻坚和健康中国战略，招商局健康产业（蕲春）有限公司（以下简称蕲春健康）于2018年2月9日在湖北省蕲春县正式挂牌营业。在招商局集团对湖北蕲春开展定点扶贫的大背景下，依托招商局集团和招商海通的支持，蕲春健康以当地特产——蕲艾为切入口发展中医药健康产业，并以此实现产业扶贫，带动蕲春经济发展。蕲春健康以艾草产业为起点，开展艾草调研、收储与加工业务，在成立当年即通过收储蕲艾帮助近200户贫困户约1000人增收，同时扶持了两家蕲艾专业种植合作社。为进一步提升对蕲春的投资和产业扶贫力度，蕲春健康提出蕲艾产业标准化、现代化、国际化的解决思路，并深入推进艾草应用技术及市场转换研究。

## 二、项目介绍

招商局财务公司以扶持小微企业、开展金融扶贫为抓手，在招商局集团产业扶贫工作中，通过创新开展精准扶贫服务和涉农金融服务，为集团产业发展和履行社会责任贡献金融力量。

招商局财务公司积极响应国家普惠金融、脱贫攻坚和集团创新工作等要求，大力支持蕲春健康发展中医药产业、加大中草药科研投入，利用集团创新政策，设计低息贷款产品，为蕲春健康开展科研创新和产业扶贫提供融资服务和金融保障。

## 三、具体做法

提供科研创新低息贷款。2019年9月9日，招商局财务公司与蕲春健康正式签订借款合同，招商局财务公司向蕲春健康蕲艾纤维项目提供低息贷款额度1000万元，合同期限3年，贷款利率为1.2%。截至2020年7月末，蕲春健康共使用该项低息贷款项目办理2笔提款，贷款余额440万元。该项低息贷款项目主要用于进一步推进基于新纺织技术的蕲艾产品应用研究。

打造特色金融服务品牌。在蕲艾纤维项目低息贷款服务案例落地及相关宣传推广工作中，招商局财务公司始终致力于在集团内部树立招商财务"特色金融服务"品牌，通过"普惠金融"和其他特色产品服务，助力集团成员单位第一时间解决急、难、险、重问题，努力成为集团金融服务的"急先锋"、成员单位可信任的"贴心人"以及客户可依赖的"强后盾"。

## 四、取得的成效

蕲春健康利用招商局集团科研经费和财务公司低息贷款支持积极开展蕲艾科研项目，推动蕲艾产业的发展提升。蕲艾纤维项目是蕲春健康与天津工业大学合作开展的基于纺织新技术的蕲艾产品再开发与应用研究，并在艾草纤维、艾草浓缩液（水性）缓释微胶囊的制备方法等方面取得研究成果。通过该项目的技术研发和应用转化，蕲春健康不断加大蕲艾纤维推广力度，提升蕲艾竞争力，拓展蕲艾应用空间及市场空间，在推动自身可持续发展的同时，带动了蕲春当地艾草种植与加工效益，通过蕲艾产业化发展促进蕲春居民增收与就业，助力蕲春脱贫。

在2020年新冠肺炎疫情发生后，蕲春健康积极将科研成果转化为防疫抗疫力量，与合作伙伴共同研发生产以蕲艾提取物制作的天然抑菌的熔喷无纺布（口罩滤芯原材料）、蕲艾纤维木浆三抗手术服及蕲艾天然抑菌湿巾等防疫物资，为湖北及全国抗疫作出了积极贡献。

案例篇

> 专家点评

# 普惠金融助力脱贫攻坚案例点评

中国小额信贷联盟理事长  杜晓山

2020年是决胜脱贫攻坚和全面建成小康社会收官之年,有不少硬仗要打,而新冠肺炎疫情带来了新的困难和挑战。金融扶贫是脱贫攻坚战的重要机制和手段之一,其重要性不言而喻。因此,金融机构要统筹规划疫情防控和脱贫攻坚两场战役,切实把各项工作抓实、抓细、坚决打赢这两场战役。同时,努力让全面建成小康社会的成色更足、质量更高。

金融扶贫,从广义视角看,需要满足开发式扶贫三个层面的资金需求:贫困户脱贫致富的生产经营以及教育、医疗等生活需要;贫困地区产业发展的需求,带动就业和经济主体的发展;贫困地区基础设施落后和基本公共服务不足的需求。从狭义视角看,则是以习近平同志为核心的党中央所强调的实施精准扶贫的战略要求,实现建档立卡贫困户经济收入和"两不愁""三保障"达标,主要举措为"六个精准"和"五个一批",尤其要注意解决连片特困贫困地区的问题。

本书选编的普惠金融助力脱贫攻坚案例反映了金融扶贫脱贫整体战略和措施机制中一些方面的表现和成效,其中包含银行业、保险业、小贷公司、担保公司和财务公司等金融机构类型。它们根据自身的市场定位和业务特长创新开展,或者与有关方合作开展普惠金融扶贫服务,为脱贫攻坚贡献自己的力量。

## 一、践行精准扶贫脱贫  落实金融扶贫惠农

九江农商银行稳健推进扶贫小额信贷、积极拓展产业扶贫贷

款，以建档立卡贫困户为中心，坚持扶持对象精准、项目安排精准、资金使用精准、脱贫成效精准，因地制宜，因户施策，为精准脱贫"量体裁衣"。哈尔滨银行持续完善金融扶贫工作机制、创新金融脱贫产品服务模式等一系列举措，为贫困农户累计投放贷款26.08亿元。

中国人寿宁夏分公司的"扶贫保"产品专门为建档立卡贫困户量身打造，协助政府实施"意外伤害保险""大病补充医疗保险"项目，抵御因病、因灾、因意外返贫致贫风险。该项目的开展使宁夏成为全国第一个全覆盖保险精准扶贫项目的省份。贫困群众在出院时就可一次性结清医疗费用，实现了对建档立卡户"先诊疗、后付费"方便群众的服务模式。而且，个人自付的总医疗费用由35%降低至10%以内。

中国人寿财产保险的"扶贫一保通"下设"民生保""农业保""产业保"系列产品，精准对接贫困地区在民生保险、农业保险和产业脱贫方面的服务需求，已在山西全省61个县域全面推广。该系列产品实现了保险机制与扶贫资金在风险保障、经济补偿和信用增信等方面的精准对接，解决了建档立卡贫困人口因意外、灾害、借贷等风险导致的致贫和返贫问题。

中国人保"保险+"扶贫模式创新形成"光伏保""健康保""防贫保""政融保"等保险精准兜底扶贫经验。"保险+融资"："政融保"截至2019年底，已覆盖全国182个地市（区）、222个贫困县，累计向7966人（企业）发放支农贷款65.83亿元，帮助贫困户42.41万户。"保险+民生"："防贫保"已承办政府防返贫项目4000多个，为31个省建档立卡贫困户和特定人群提供风险保障7876亿元。

中国太平洋财产保险的"防贫保"重点关注处于贫困边缘的农村低收入户和收入不高不稳的脱贫户两类临贫易贫人群，聚焦因病、因灾、因学三大致贫返贫因素，建立保险防贫新模式。通过为"卡外边缘户"提供"防贫保"，缩小淡化了"贫"与"临贫"的差距和矛盾，一定程度上稀释化解了扩大的"悬崖效应"。

平安养老保险推广农村小额意外伤害和医疗保险，与新农合、居民医保相互补充，更好地满足村民平安健康需求。该产品补充现有新农合与医保保障不足部分：门诊报销比例较低；费用达到住院起付线金额以上才按比例报销；缺少身故及残疾抚恤保障。

## 二、创新综合多元金融服务　满足"三农"扶贫金融需求

哈尔滨银行农村客群涵盖"新型农业经营主体、特色经营农户和小额农户"。提升"惠农贷款+农机具租赁+农户专属财富管理"的综合惠农服务水平,深化"涉农产业链商圈集群+农户信贷"服务模式和"惠农白名单"批量高效授信机制。实现全线上农贷产品"农闪贷"。推进两权抵押业务发展;开发"农担系统+信贷"合作模式。为支持疫情防控和农业生产提供"延期免责式"服务、"增信扩容式"服务和全流程"居家线上办贷"服务。

平安普惠融资担保公司"惠农贷"将科技型融担+政策性农担优势结合,搭建起线上线下结合的服务模式。通过开放聚合式多方协作,发挥各自差异化优势,为"三农"人群提供多元化、可承担、便捷的服务解决方案。例如,省级农担公司和平安普惠融资担保公司合作采用共保模式,分担农户信用风险,作为资金方的小贷公司承担担保方违约风险。平安普惠为"惠农贷"搭建了全线上的借款业务平台。

中昊小贷公司联合上下游企业推行产业扶贫模式。创新推出"农户养殖贷"+"储粮贷"新品种,建立农户—公司—企业利益联结机制,进一步加大对与贫困户利益联结紧密的龙头企业的扶持力度。

陕西文化产业小额贷款公司针对农户、农企、果商等广泛客户群体推出系列信贷产品,全面覆盖种植、农资供应、成品销售、果品深加工。满足多样化多层次的乡村金融服务需求。

大理吉时与小额贷款公司出台"吉时贷""随房贷"等小额信贷产品服务。"吉时贷"授信额为2万~20万元,还款期限3~36个月。"随房贷"解决客户房屋装修款的困难。

招商局财务公司帮助对口扶贫县湖北蕲春县艾草种植、加工和产业化。招商局"蕲春健康"通过收储蕲艾帮助贫困户增收,同时扶持了蕲艾种植合作社。招商局财务公司向"蕲春健康"蕲艾纤维项目提供低息贷款授信。新冠肺炎疫情发生后,"蕲春健康"与合作伙伴研发生产以蕲艾提取物制作的熔喷无纺布、蕲艾纤维木浆三抗手术服及蕲艾抑菌湿巾等防疫物资,为抗疫作出了积极贡献。

## 三、破除抵押物崇拜　倡导信用扶贫融资

湖北省农信联社于2019年2月为农户、个体工商户和小微企业主量身定制了一款无抵押担保的贷款产品"亲情贷"。截至2020年5月末,超过9.7万户累计获得贷款支持125.87亿元,当前贷款余额89.72亿元,90天以上逾期贷款占比仅为0.06%。"亲情贷"是以农户、个体工商户和小微企业主家庭及其亲友为纽带发放的生产经营、生活消费等用途的无抵押贷款,无须抵押担保,只要有家庭、有经营、有信用,通过亲友保证的方式,就能贷款。它看中客户品德、生产经营状况、家庭成员情况等"软信息",让个人信用变成融资财富。

哈尔滨银行则是持续推广以信用为主的农户贷款,得到农户群体的大力支持。平安普惠融资担保公司与多方合作推行的"惠农贷"产品也是纯信用融资业务。

## 四、勇担扶贫社会责任　兼顾经济社会效益

中原银行构筑县、乡、村"三位一体"金融惠农服务体系,在农村普遍设立普惠金融服务站,提供家门口金融服务。同时,依托服务站提升社会效益,举办非金融系列活动,聚焦帮助本省外出务工群体、农村留守儿童、留守老人群体。覆盖全省18个地市,惠及务工人员15.8万人,触达留守儿童4.9万人,服务留守老人2.8万人,受到社会的广泛好评。

聚焦外出务工客群。在坚持疫情防控的同时,助力复工复产,开展"温暖回家路,线上领车补"活动,外出务工人员扫描二维码,录入车票信息即可领取车票补贴,鼓励返乡农民工安全有序返岗。关爱留守儿童。统一采购文具、书包、电子画板、学生平板电脑等礼品。以"举办征文大赛""印制感恩书册""赠送学习物资"等多种形式,为留守儿童营造充满关爱的学习和生活环境。关爱留守老人。联合乡镇卫生院,定期定点为留守老人提供免费测体温、血压、血糖,普及疫情防护知识等服务。开展健康讲座百余场,送出健康礼包万余份。

以上案例反映了这些机构在金融扶贫、脱贫、防贫业务中取得的经验和成果,值得充分肯定。同时应注意,这些只是普惠金融助力脱贫攻坚的某些

侧面，脱贫攻坚战取得成功后，巩固成果和进一步扩大成效、提高脱贫标准和统筹解决城乡相对贫困的任务仍是长期且艰巨的。任重而道远，我们要始终不忘初心、牢记使命，为实现全国人民共同富裕目标而不懈奋斗。

# 以新金融赋能普惠金融助力打赢脱贫攻坚战

*中国建设银行党委书记、董事长　田国立*

金融由适应实体经济所需而产生和发展，虽变化纷繁但不离其宗，民之所盼、民之所需、民之所急，永远是金融的初心和使命。党的十八大以来，党和国家提出经济发展从经济增长转向高质量发展，尤为关注民生和弱势群体，解决社会公平问题被提上更优先的议事日程。金融体系作为配置经济资源的重要中介和加速器，扮演着重要角色。

新时代呼唤新金融，新金融必然产生并服务于新时代。新金融以社会民生为出发点，直面和解决传统金融体系无法解决的难点、痛点，运用金融科技赋能普惠金融发展，使小微企业、农户、贫困人群等弱势群体越来越容易获取便捷安全的信贷、支付和财富管理等服务。新金融融合科技属性、普惠属性和社会属性，能够促进金融资源公平有效配置，形成科技赋能金融、金融赋能社会的良性市场循环，助力脱贫攻坚、更好地满足人民对美好生活的向往。

## 一、发挥新金融科技属性，赋能打造数字化线上普惠金融新模式

传统金融体系中，金融资源主要满足了经济快速增长过程中国企、大中型企业、发达地区、富裕群体的金融需求，而对于占据社会主体大多数的小微企业、农户、贫困人群等弱势群体，金融供给则明显不足，融资难、融资贵的痛点尤为突出。究其症结，传统金融非不想，实不能。以新技术发展为基础的新金融，依托大数据、互联网、人工智能等金融科技手段进行信用重构和流程再造，打造了普惠金融新模式，为普惠金融赋能，使以前无法覆盖和满足的服务，能够通过网络、移动通信、智能终端等新金融功能和生态得以实现，让每一个社会成员都能分享到金融资源，获取金融服务。

实施数字化经营，构建支撑普惠金融高效发展业务模式。经过三年多的探索和努力，建设银行形成了独特的新普惠服务模式，即"批量化获客、精准化画像、自动化审批、智能化风控、综合化服务"的"五化"模式。通过数据挖掘、分析、应用，批量筛选客户、为客户多维度立体式画像，在此基础上进行业务自动审批和全流程自动化风控，并针对企业特征匹配综合化金融服务。过去，建设银行每年普惠型小微企业贷款新增额只有100亿~200亿元，贷款客户新增不到1万户；实施新模式后，2019年当年新增普惠贷款3531亿元，新增法人客户33万户。2020年第一季度，普惠贷款余额在全国商业银行中首家突破万亿元，占全部银行业金融机构普惠贷款余额的9%。截至2020年6月末，仅"小微快贷"余额就已接近9000亿元，较2017年末的974亿元增长近10倍。

创新平台经营，打造移动式、智能式、开放式服务模式。从客户感受和体验出发，运用互联网、大数据、生物识别等技术，建设银行于2018年9月在国内银行业首家推出面向小微企业和个体工商户的"惠懂你"手机移动端融资及综合服务平台，借助手机终端，实现无接触7×24小时服务，突破了原有银行办理业务的物理空间和时间限制。同时，"惠懂你"集成创新了在线测额、预约开户、股东开会、贷款办理、进度查询、贷款归还等功能，通过手机一站式完成，省时省力。目前，"惠懂你"访问量已突破1亿次，下载量突破1400万次，注册用户突破1100万人，认证企业突破370万户，授信金额超2800亿元。

建设智慧乡村平台，推动数字化金融服务"下乡"。小微领域的数字化实践为新普惠模式延展服务空间打开了局面，通过建设金融基础设施、培育农村信用环境、搭建城乡对接平台，赋能激活农村金融市场，并以金融资源流入带动其他社会资源和生产要素的有序流入，支持当地产业培育和壮大，最终实现"内生性"扶贫。建设银行以土地流转系统、农业补贴系统、供销系统为支撑，从农民征信服务、数据信息服务、打通城乡等更多应用场景入手，构建信息服务体系，逐步建立全方位嵌入农村社会生产、生活的生态圈。智慧乡村平台首先在黑龙江省试点落地，让手机成为农民获取金融服务的"新农具"，目前已累计发放惠农贷款175亿元。

## 二、发挥新金融普惠属性，提升金融服务覆盖面、获得感

新金融在技术属性基础上的核心特征，就是要在普惠金融的旗帜下破解弱势群体融资难题，打破传统金融的"二八定律"，即根植并融合大众市场，让长尾客户、服务洼地以及急需金融服务的小微企业和个体，尽可能公平、有尊严地获取金融资源，提升社会成员对金融服务的整体获得感，为解决金融排斥这一世界性难题提供"药方"。

创新信用贷款产品，以便捷高效的融资体验提升服务覆盖。"抵押难""担保难"是长期以来困扰银行和小微企业的问题，如何将客户信息与数据转化为信用，是解决小微企业融资问题的关键。针对小微企业资信失真、信息不对称和不完整的问题，建设银行探索应用替代性数据，整合挖掘结算流水等银行内部信息，以及工商、税务、电力等外部数据，对企业进行立体式全息画像，通过负面清单加正面清单，为小微企业发放全流程线上的信用贷款。面向数据所触达的全量客户，综合结算、纳税、采购等相关数据生成多种信用组合，构建了丰富的"小微快贷"产品体系，覆盖企业全生命周期融资需求。截至2020年6月末，"小微快贷"累计为143万户小微企业投放贷款2.6万亿元，信用放款客户占比超过70%，首贷户占比近50%。

推动经营重心下沉，延伸服务触角。作为传统金融发展沿革的基础载体，网点是银行服务长尾客户的最前沿阵地，是感知大众市场最灵敏的触角。新金融要求银行在巩固传统金融优势的基础上持续做加法，变革网点服务内涵。建设银行近1.5万个网点均能开展小微企业服务，真正实现普惠性、下沉性，为各类客户提供面对面、有温度的金融服务。普惠金融服务客户群体从最初的小型客户、大行业客户群体逐渐向微型客户、小行业客户群体覆盖。

推进农村服务点建设，打通金融服务"最后一公里"。新金融发力的重要领域就是现代"三农"金融，走进农村、亲近农民、支持农业，为国民经济的持续发展扎稳"三农"根基。建设银行与供销社、卫生所、小卖部等农村合作机构共同布局县域市场，推出"裕农通"服务点，为传统物理渠道无法覆盖到的广大基层农民，提供"存、取、汇、缴、投"等基础金融服务，以金融力量延伸服务网络，丰富服务内涵。目前，建设银行"裕农通"服务

点超过60万个,基本覆盖全国乡镇及行政村,让广大农民足不出村就能享受到和网点一样的金融服务。

### 三、发挥新金融社会属性,积极助力提升社会治理能力

金融体系是国家治理结构的重要组成部分,金融承担着社会治理中最重要的资源配置功能,是最有条件深度参与并服务社会的行业。新金融的社会属性,要求金融机构主动用好金融这把"温柔的手术刀"去破解经济社会的痛点,担当起社会责任。跳出金融做金融,坚持开放共享、共建共治理念,将自身经营生态延伸到社会治理体系中,促进社会资源向贫困、弱势群体流动,改善社会分配机制,并延伸赋能社会,促进更加有效、全面、平衡的发展。

搭建智慧政务平台,助力建设社会服务体系。在科技支撑下,金融机构走向基层社会,为社会治理、为乡村振兴出力,为精准扶贫提供平台,已具备现实条件。目前建设银行已与28个省级政府签订合作协议,在云南、湖南、山西、山东、重庆等13个省和多个市建立智慧政务的"建设银行模式"。如在陕西安康地区建设"安康智慧治理"服务平台,集党务服务、政务服务和公共服务于一体,支持安康市数据治理项目建设,可对全市各渠道分散、多样化的数据进行采集、治理、共享和可视化,形成服务个人、企业、政府的标准化数据治理体系,助力推进安康市域治理体系和治理能力现代化。此外,建设银行还着力打造劳动者港湾,推进网点服务资源向社会公众开放,建设和开放网点共享空间1.4万个,将银行网点作为政府政务服务场所的延伸,充分体现出新金融的包容共享。

推开围墙办大学,提高社会金融素养。商业银行有能力也有责任架起一座科研创新和成果转化的桥梁,不断提升产学研对接服务水平和协同创新能力。建设银行整合内部和知名高校等教育资源,成立建设银行大学,通过"金智惠民""百万普惠金融创业者培训计划"等项目,面向广大中小企业家、创业者、农民、扶贫干部等进行金融知识普及和专业培训。通过开办"愚公学院""创业者港湾"等,建立普惠金融商学院,为服务初创公司、中小企业保驾护航。不仅如此,还进一步拓展延伸建设银行大学平台,将培训送到广大乡村的田间地头,让更多的人了解并学会使用金融工具,让新金

融"甜水"如涓涓细流，融入老百姓的日常生活中。

创新赋能疏解痛点，推动金融扶贫可持续发展。建设银行推出"N+建档立卡贫困户"产业扶贫业务模式，通过大数据增信、信用主体增信、核心企业增信、组织管理增信等路径，加大网络供应链、"民工惠""女性创业贷"等产品的创新应用，构建新型农业主体与贫困户之间的利益联结机制，积极助力贫困地区产业发展。建设银行的"民工惠"产品，有效解决了拖欠农民工工资的"老大难"问题，用专项融资款解决"有钱发"，用大数据解决"发给谁"，用金融科技手段解决"发到手"，迄今已累计投放专项融资款超过1000亿元，服务农民工920万人次。与海尔集团合作，打造"裕农小顺"平台，为农户制订生活解决方案，建立解决用户痛点的触点网络。依托"善融商务"平台，帮助贫困地区拓展产业销售渠道，累计扶贫总交易额达383.62亿元。

在新金融领航下，银行人坚守金融业的初心，以金融的方式整合社会资源，以科技的力量造福大众，以金融的智慧回馈社会，推进普惠金融发展，助力打赢脱贫攻坚战，实现全面建成小康社会的宏伟目标。

# 第三章
# 中国普惠金融产品创新案例

# 创新型工具"工银e信"
# 精准助力小微企业复工复产

中国工商银行股份有限公司

## 一、创新型工具"工银e信"简介

长期以来,传统供应链金融对解决中小企业融资难问题力有不逮。一方面,传统供应链金融通常仅能服务到产业链一级供应商,但这些企业资质好、融资渠道多、融资需求少;另一方面,产业链各级特别是末端小微企业的融资需求旺盛,但因经营规模较小、财务管理不规范、信息透明度低等问题,难以获得充足的金融服务。

为提升供应链金融服务能力,加强对实体经济服务力度,工商银行研发了创新型工具——"工银e信"。"工银e信"是以核心企业对供应商的付款承诺为基础,由核心企业签发并以数据电文方式记录的债务信用凭据,可流转、拆分到多级供应商,持有者可凭此债务数字凭据向工商银行申请融资。

## 二、"工银e信"创新实践

2020年的政府工作报告提到,面对外部环境变化,要稳定产业链供应链,以开放促改革、促发展。上海自贸区临港新片区聚集了大量智能制造龙头企业和配套供应商,依靠工商银行提供的供应链金融服务,两者在产业链上越靠越紧密。XS公司是新片区的一家智能制造企业,一般对供应商有七八个月账期,上游客户资金占用压力大且难以获得银行信贷资金支持,导致整个产业链效率低下。如今,XS公司可基于采购合同与发票,签发"工银e信"给供应商,供应商接收后可选择向工商银行融资或向上游继续流转,向产业链逐级传递优质信用,精准滴灌支持产业链上小微客户,对稳固产业链、协同复工复产有重大意义。

### （一）主要业务难点

在支持实体经济、解决小微企业融资难融资贵的问题上，金融机构面临不少现实性难题：一是产业链上真正短缺资金的多级供应商较难获得银行贷款，但银行对这部分客户缺乏有效控制交易流和资金流的手段，存在结构性矛盾。二是在传统供应链业务模式下，遍布全国各地的供应商需到经办行开户、建立信贷关系等，业务办理耗时长、成本高，客户体验较差。

### （二）创新解决思路

针对上述情况，本着服务客户、创新引领的理念，工商银行积极创新数字供应链融资产品，利用金融科技手段解决风控难点，打开业务合作突破口。一是充分借助XS公司在产业链中的主导作用和信用优势，通过"工银e信"的拆分流转，为产业链多级供应商提供在线融资服务，解决了产业链长尾客户的融资难题。二是运用产品功能实现异地账户放款，免去供应商往来经办行开立监管账户的烦琐流程，通过全线上、无纸化操作和系统自动审批，为客户带来良好的融资体验。

### （三）产品亮点

一是打造极致客户体验。"工银e信"以客户体验为中心，使客户足不出户即可完成"工银e信"的线上融资申请，操作简单、快捷，贷款到账速度可达分秒级，真正为小微企业解决燃眉之急。

二是创新业务风控模式。"工银e信"融资业务到期自动扣款还贷，锁定还款来源，避免了回款资金被挪用的风险，实质上将对供应商的贷款关系的管理转化为对签发企业经营风险和到期承付能力的管理，降低了银行对供应链融资业务的存续期管理压力。

三是实现业务线上全流程管理。"工银e信"业务由系统全流程审批，减少了人工干预，提高了业务办理效率，降低了操作风险，解决了核心企业确权难的问题。到期时，通过系统对接确保资金闭环，解决了风险管理难题。

四是实现产品标准化，营销精准化。随着"工银e信"沿着产业链进行拆分流转，众多上游供应商随时可以根据自身资金情况使用"工银e信"对外支付或向工行申请融资。目前，工商银行已将"工银e信"广泛应用于制造业、医疗健康、农业等重点领域，惠及融资客户近1600户，其中小微企业数量占比近70%。

# 中商惠民与新零售共成长

北京中关村银行股份有限公司

## 一、传统零售的经营和融资痛点

传统零售具有多层级的分销环节,导致终端零售商品价格高、假货风险大、运营成本高、管理效率低。同时,零售行业通常有一定的账期,销货方和购货方形成应收或应付款,产生融资需求。

无论是零售B2B平台的上游供应商还是下游便利店,它们普遍规模小、利润低,并缺少贷款所需的抵质押品,所以难以达到传统银行的授信要求。

## 二、智能化、定制化的金融服务

针对新零售行业的金融需求和痛点,中关村银行积极应用人工智能、机器学习、大数据分析等前沿技术,建设了智能供应链金融服务平台,以该平台为系统支撑,结合自身的产品体系,充分发挥电子渠道服务优势,为产业链上的小微供应商和终端零售店主提供综合金融服务。

### (一)应收账款融资服务

中关村银行根据上游供应商与中商惠民的历史交易数据(包括合作时间、交易次数、交易金额、交易频率、物流时间等),通过准入模型分析确定供应商准入白名单,并根据账期确定授信额度。白名单中的供应商向中商惠民供货后形成应收账款,中关村银行根据供货数据生成可借款金额。供应商通过中关村银行APP查询授信额度及可借额度,并发起借款申请;中关村银行确认供应商具有可借额度后,实时发放贷款。中商惠民后续支付货款到供应商的还款账户,系统可自动扣划资金偿还供应商的贷款。

### （二）订单融资服务

中商惠民下游便利店主可在中商惠民订货APP上向中关村银行申请授信，中关村银行根据该便利店在中商惠民的历史采购数据以及经营者的个人信用状况，基于多维度智能风控准入模型，实现对经营者准入审核，审核通过后向其提供一定金额的授信额度。经营者在中商惠民APP上采购货物时，可通过APP在授信额度下申请借款，用于支付采购货款。中关村银行实时发放贷款并受托支付给中商惠民，同时控制中商惠民收款后只能用于支付上游供应商的货款，确保信贷资金在场景内循环。

截至2020年6月末，中商惠民新零售行业小微企业智慧金融项目应收账款融资模式累计放款近1万笔，累计放款金额超过7亿元，服务优质供应商企业400余家，服务小企业主和便利店1245家。

### （三）认股权贷款服务

由于中商惠民的经营模式对产业链具有降本增效的积极意义，成长前景广阔。因此，中关村银行在对平台发放贷款的同时，加入一定比例的认股期权，锁定行权估值，支持企业快速发展的同时，分享企业的成长收益。中商惠民在获得中关村银行认股权贷款支持后，又获得多家投资机构的青睐，通过股权直投等方式获得了后续融资，企业估值获得进一步提升，在以中关村银行为代表的金融机构的支持下，目前公司已成长为零售B2B领域"独角兽"企业。

## 三、值得推广的主要经验

该项目不仅帮助上游中小供应商获得融资，也以债务资金杠杆支持中商惠民扩大采购规模，达到上游厂商直采门槛，降低采购成本，延长结算账期，供应链管控能力得到提升。在该项目中，中关村银行深入产业链场景，利用企业大数据生成客户信用画像、有效管控资金用途，防控信贷风险。此外，通过认股权贷款支持，减少创始人股权稀释，支持企业发展。

## 四、案例点评

针对民营和小微企业的金融服务不能"头痛医头、脚痛医脚"。本案例切中了客户及上下游广大小微商户在经营和融资上的双重痛点，从经营需求入手，将科技与金融深度融合，定制金融服务方案，拓宽服务范围，打破融资难题，在不影响客户原有业务流程的同时，高效输出便捷的金融服务，降低客户的融资成本，提高客户的经营效率和用户体验。

# 普及城乡惠民惠农　服务基层央企担当

中邮人寿保险股份有限公司

## 一、响应基层百姓需求，迅速推进普惠简易保险试点工作

2017年5月，中邮保险总部到广东分公司调研，了解到普通百姓尤其是农村地区百姓对保费低、投保简单、理赔易的个人短期险产品有迫切需求。8月中旬，中邮保险按照"先模式再发展，先基础再发展，先合规再发展"的原则，迅速推进普惠简易保险试点工作。中邮保险用不到两个月时间，完成产品包装上线、系统建设、制度建设等各项准备工作，9月底在江苏、广东两省启动试点，11月扩大至陕西、重庆。试点期间，业务稳步发展，系统运行稳定，产品服务深受百姓欢迎。2018年9月，中邮保险下发《中邮保险服务乡村振兴战略三年行动方案（2018—2020年）》，积极履行政治责任、社会责任和经济责任，大力推动普惠简易保险，提高农村民生保障水平，持续加强农村地区保险宣传，打造中邮保险普惠简易保险品牌，不断扩大服务覆盖范围。

## 二、优化客户体验，积极打造普惠简易保险业务发展模式

全面系统制定普惠简易保险发展规划。广大农村地区保险产品供应严重不足，百姓需求缺口大。虽然中国邮政具有深入基层的网络优势和品牌优势，但是普惠简易保险在我国是相对空白地带，业务发展面临诸如覆盖区域广、服务难度大、经验数据缺乏等挑战。2018年7月，中邮保险与埃森哲咨询公司展开合作，借鉴国内外小额保险发展经验，从渠道、客户、产品、营销、运营、制度与风控、科技支撑等方面开展研究。中邮保险系统研究了国际国内小额保险的发展现状，重点借鉴日本和中国台湾的简易保险、国寿的小额保险、众安的互联网保险和平安的保险科技应用等经验，并通过实地调

研、关键部门访谈等方式，结合埃森哲的方法论和业务规划经验，分析梳理自身普惠简易保险发展的现状和痛点难点，对标行业最佳实践，形成立足当下、着眼长远的分阶段全方位系统化推进方案，探索破解之道。

"五化"战略打造普惠简易保险业务发展模式。"五化"战略指品牌化、规模化、市场化、线上化、效益化。"品牌化"指践行央企责任，结合中低收入客户特点，打造"暖心小保险，解决大问题"的普惠简易保险品牌。"规模化"指兼顾社会效益与经济效益，薄利多销、普惠大众，实现规模效益。"市场化"指采用市场化手段推动业务发展，多种方式调动渠道、营销员、客户的营销宣传积极性。"线上化"指在客户画像、营销宣传、投保出单、理赔处理、风险防控等方面，充分运用科技手段，实现全流程全要素线上化。"效益化"指应用先进技术，简化流程，快速理赔，减少人工成本，打造轻资产模式，通过规模发展实现效益发展。

### 三、"普""惠"产品暖人心，"简""易"流程好服务

结合五大客群需求精准开发产品计划。引入快消品经营理念，实现传播快、覆盖广、易懂易买、普惠大众。针对"都市丽人""奋斗中青年""留守女性""韵味女人""勤俭老年"五大客群，精准匹配客户需求，满足城乡百姓个性化、场景化的保险需求。围绕"普""惠"产品特色，打造条款简单易懂、价格亲民（50~200元）、投保门槛低（无职业类别等限制）、覆盖年龄广（18~70周岁）的普惠简易保险产品计划。现已推出"福邮""畅游""惠邮"三大系列6款产品计划，分别覆盖综合意外、交通意外、农村意外等意外风险。

从惠民到惠农，服务惠农合作项目。2018年10月，中国邮政集团公司与农业农村部农村合作经济指导司联合启动惠农合作项目。通过协同邮政开展网点合作社走访、发放调查问卷等形式，深入了解精准匹配农民合作社和家庭农场客户需求，开发了"惠邮万家"系列个人普惠简易保险。从惠民到惠农，中邮普惠简易保险走进农民合作社和家庭农场。结合农产品集中上市、季节性用工量大、合作社和家庭农场短期雇工需求较高的情况，公司积极推动10款惠农专属简易产品计划上市，保障责任涵盖一般意外伤害、客运汽车意外伤害、轮船意外伤害、特定农用机械意外伤害，保障期限灵活可选（半

年/一个季度/一个月/一周）。

实施快速开发的产品计划管理。普惠简易保险之所以能够实现保险计划灵活组合、快速上线，主要得益于快速开发的产品计划管理模式。中邮保险在开发保障功能、责任丰富的母产品基础上，根据不同客户的需求和应用场景，从基础产品中抽取部分保障责任，灵活组合成适宜的产品计划。通过公司的"产品工厂"系统，实现基础产品工厂化、产品计划工厂化、产品责任工厂化、产品规则工厂化，在简易险母产品开发上线后，借助"产品工厂"系统快速实现产品计划组合上线。

普惠简易保险社会价值凸显。2017年中邮保险普惠简易保险启动试点，截至2019年底，短短2年时间，中邮保险普惠简易保险已累计为176万基层百姓提供1612亿元风险保额，累计赔付支出8739万元，收到客户上门感谢、获赠锦旗累计二十余次。广东、江苏、陕西、重庆等试点省市的客户的平均投保年龄为51周岁，65岁以上老龄客户占比达20.7%，理赔金额占比达35.1%，充分体现了简易保险的普惠性。在江苏地区，已累计为70多万人提供了高额意外伤害及医疗保障，完成简易险赔案11056件，赔付金额3839.82万元。

## 四、创新产品运营服务模式，打造独特的"有线下网点支撑的互联网保险服务"

打造一分钟购买简易保险。围绕"简""易"服务特色，充分发挥邮政遍布城乡的网络优势，结合科技赋能，打造一分钟购买的简易保险，为客户提供柜面、微信、手机银行、网银等多种投保方式。客户只需录入姓名、身份证号、手机号码、邮箱等基本信息即可完成投保。

打造有线下网点支撑的互联网保险服务新模式。有效解决传统互联网保险服务的核心痛点，切实满足广大城乡客户，特别是不熟悉互联网的农村中老年客户的保险需求，打造哪里销售哪里赔、快赔秒赔的理赔服务。客户可以将资料直接邮寄至中邮保险省市机构理赔，也可以到网点由工作人员通过手机APP拍照理赔，受理环节资料传输线上化，有效提升客户体验，提高理赔服务效率，极大改善理赔服务时效。

科技赋能提高风险管控水平和服务效率。中邮保险正在积极推动简易险系统建设，建设完善互联网核心系统、集中运营管理平台、产品工厂系统，不断丰富特色产品、优化运营流程、提升业务处理能力。构建以网点为服务基点，以APP为运营服务辅助工具，以"自动理算+风险引擎"为核心的"一点接入，后援中心全流程处理"的服务流程，推行网点100%线上受理，进一步提升客户体验。通过技术手段，持续降低服务成本，提高风控效率，建立分省、分产品计划的动态效益管控机制，推动简易保险惠农惠民，健康可持续发展。

# "惠农担"标准化农担金融产品

湖南省农业信贷融资担保有限公司

## 一、研发背景

认真落实《财政部 农业部 银监会关于印发〈财政支持建立农业信贷担保体系的指导意见〉的通知》（财农〔2015〕121号）、《财政部 农业部 银监会关于做好全国农业信贷担保工作的通知》（财农〔2017〕40号）《财政部 农业农村部 银保监会 人民银行关于进一步做好全国农业信贷担保工作的通知》（财农〔2020〕15号）等政策要求，湖南省农业信贷融资担保有限公司（以下简称湖南农担）积极构建体系，加强银担、政担、企担合作，不断夯实风险防控，立足湖南农业产业特点，以"标准化"思路开发产品，于2017年6月推出"惠农担"标准化农担金融产品，聚焦解决新型农业经营主体融资难、融资贵难题。

## 二、产品介绍

"惠农担"标准化农担金融产品，是湖南农担服务新型农业经营主体发展适度规模经营的创新型融资担保产品。该产品创新担保机制，解决抵押物难题，为农增信，有效提升金融可获得性；兼顾审慎性与积极性，构建新型银担合作机制，并嵌入财政支农政策享受利息与担保费补贴，有效降低融资成本；创新授信机制，抓住农业核心生产要素和生产周期实行标准化授信，确保资金符合需求又安全可控。"惠农担"系列产品受到全国农担体系的高度认可，并被部分兄弟省市农担公司借鉴。

## 三、具体做法

### （一）为农增信降低融资门槛，提升金融服务可得性

针对新型农业经营主体普遍存在的信用链条不全、财务水平不高、有价值抵押物不足等问题，"惠农担"系列产品和服务基于农村社会与农业生产特征，破解抵押物难题，积极为农增信。一是创新担保机制，解决"先天不足"。立足于乡村熟人社会机制和农业生产可持续性变现特征，"惠农担"对10万~300万元项目，采取纯信用担保、自然人反担保的方式，消除新型农业经营主体金融市场准入劣势。二是分类支持，精准对接农业产业。针对全省大宗农产品，研发推广了"惠农担—粮食贷""惠农担—油茶贷""惠农担—生猪贷"和"惠农担—茶叶贷"产品。为支持全省农业生产机械化，研发推广了"惠农担—农机贴息贷"产品；为支持特色农业产业发展，开发了"惠农担—特色贷"产品。同时，按照省委省政府推进乡村产业兴旺、实施"一县一特"的决策部署，又创新开发了小龙虾、百合、香莲、黄花菜、芥菜等11个"一县一特"专项产品。当前，"惠农担"系列产品已覆盖全省所有农业产业。

### （二）优化农担金融服务，合力解决融资贵问题

在推进解决融资难问题的同时，湖南农担着力缓解融资贵问题，让新型农业经营主体获得较低成本的融资，真正享受公共财政支农政策红利。一是引导合作银行让利。"惠农担"系列产品均与合作银行达成"8∶2分险、利率优惠、免收保证金"三项合作条件，银行利率上浮最高不超过同期贷款市场报价利率的30%。在实际合作中，部分银行基于"惠农担"的风险收益考量，主动让利，一度对农担项目执行贷款市场报价利率LPR、最低可下降50个基点的利率优惠。二是优化服务降低成本。"惠农担"产品合理设置担保贷款周期，同时引导合作银行机构积极落实展期、续贷等服务，不断降低农户融资成本。三是争取财政补贴降低费用。"惠农担"所有项目均可通过政府主管部门享受省级财政相应补贴政策，10万~300万元项目可享受贷款市场报价利率的50%贴息和0.5%~1%的担保费补贴（2020年为应对疫情影响可享受1.5%的担保费补贴）。在省财政支持贴息贴担保费之后，新型农业经营主

体综合融资成本仅为市场平均融资成本的一半左右。

### （三）创新授信机制，确保资金符合需求又安全可控

农业生产种类繁多，资金需求千差万别，成为金融资本进入的拦路虎。"惠农担"系列产品和服务以"标准化"的思路，深入各个产业，通过广泛的田间调查、市场考察和专家论证，抓住各农业产品核心生产要素和生产周期，形成贴合农业生产的授信机制。一是标准化授信提升供需匹配度。土地面积决定生产规模，针对粮食、油茶等省内传统大宗农产品生产，抓住生产核心要素种植面积进行授信，既避免"杯水车薪"，也防止"过犹不及"，确保信贷规模能够支持经营主体发展适度规模经营。如粮食生产，每亩产值在1400~2000元，综合考虑客户种植成本、气候环境和风险控制等因素，"惠农担"将最高担保授信额度设定为800元/亩，并依据粮食市场价格动态调整。针对小龙虾、百合等小众特色农业产业，通过以投定贷、以产定贷等方式精准支持。二是契合农业生产周期设定担保贷款期限。农业生产时序性强，周期明显，"惠农担"依据各类农业产品生产周期设定担保贷款期限，确保担保资金能够支持完整的农业生产周期，经营主体在完成生产实现资金回笼后再还款，既避免"锦上添花"，也防止"趁火打劫"。比如油茶种植，生产周期较长、前期投入较大，油茶树从种植到盛果期需8年，与之相契合，"惠农担—油茶贷"担保贷款周期最长可达10年，还可设置一定的还本金宽限期（其间仅还利息不还本金）。

## 四、取得的成效

湖南农担自2017年6月推出"惠农担"标准化农担金融产品以来，受到合作银行与全省新型农业经营主体的极大欢迎，成为各县市政府推动脱贫攻坚与乡村产业振兴的有力抓手。截至2020年9月底，湖南农担已累计为全省15733户新型农业经营主体引入担保融资124.25亿元，以实践效果证明了农业担保扶农助农的使命初心。

# 养牛场里的信贷"私人订制"

### 山东省鲁信小额贷款股份有限公司

自党的十九大报告中提出乡村振兴战略以来,国家从农业贷款政策、人力资源配置等多方面加大了对"三农"的支持力度。时至今日,随着"加快农村金融创新"、确保"'三农'贷款投放持续增长"等政策新规的不断出台,金融血液逐渐注入广袤的农村。

山东省鲁信小额贷款股份有限公司(以下简称"鲁信小贷")自成立以来始终坚持"支农支小支微"的普惠金融发展战略,以"产品标准化、金融科技化"为战略实施路径,充分利用科技手段支持"三农"经济发展。根据"三农"产业特性,创新推出"惠农贷"等特色金融产品。"牛信宝"作为"惠农贷"的细分产品,是专门针对山东阳信县肉牛产业链设计的无抵押无担保的纯信用贷款产品,主要面向阳信县肉牛养殖户,提供流动资金,用于采购架子牛、养牛物资和建设牛棚等用途。

## 一、研发背景

山东阳信县素有"全国第一牛县"之称,出产的牛肉在全国享有盛誉,而南街村是县里的养牛大村,饲养数量近四万头。2019年,肉牛养殖市场持续向好,南街村的养殖户们都想抓住机会投入资金、扩大规模。

鲁信小贷业务人员从当地了解到,因为资金需求比较大,很多养殖户一时之间回收不了流动资金,只能寄希望于传统金融机构贷款。但是大部分的贷款不仅标准严苛、手续烦琐且贷款金额低,根本满足不了养殖户们的需求。

鲁信小贷在基于大数据风控和实地考察的基础上,专门为肉牛养殖户开发出了"惠农贷——牛信宝"产品,于2019年8月在阳信县南街村"首发"。

## 二、具体做法

### （一）科技赋能，快速灵活

"惠农贷——牛信宝"产品依托智能信贷系统，实现了申请、审批、签约、放款和还款的全线上运营。肉牛养殖户们无须线下递交材料，只要按程序用手机登录"鲁信分期"APP上传自己的个人信息就能得到贷款。同时，"惠农贷——牛信宝"为纯信用贷款，养殖户们不用互相担保或抵押，线上提交申请，经后台审核确认达到信用标准后，最快20分钟就能得到贷款，不仅可以线上借款，还能线上还款，大幅降低了操作难度，便于养殖户用。

当地很多肉牛养殖户只是暂时缺钱，几个月后把牛卖掉很快就能补上窟窿。但是很多传统金融机构贷款时间长，早还钱还需缴纳违约金。养殖户们要的是"急钱""快钱"，很多传统贷款业务非但有明显的时间限制，程序还十分复杂。而"惠农贷——牛信宝"是专门为他们量身定做的产品，客户可以随借随还，充分保障了资金的灵活性。目前鲁信小贷在阳信县南街村的贷款业务，未出现一笔逾期，且往往不用客户经理催促，养殖户就提前还款了。

### （二）党建共建，打造乡村振兴根据地

鲁信小贷党支部与阳信县南街村党支部签署了《支部共建协议书》，以支部共建为契机，有效地把党组织资源转化为业务发展动力，加强双方党建与业务协作，发挥各自优势，促进合作共赢，努力搭建"资源共享、党建共做、优势互补、协调发展"的新格局。

鲁信小贷还以"惠农贷——牛信宝"产品推广为载体，在当地开展多次金融教育活动，宣传普及金融知识，将业务开拓与党建活动开展紧密结合，为改善农村金融、助力乡村振兴不断努力。

## 三、取得的成效

阳信县南街村目前有肉牛养殖户300多户，其中一半以上都是"惠农贷——牛信宝"产品的客户。截至2020年5月末，"惠农贷——牛信宝"业务累计放款199笔，累计放款金额4431万元，无一笔逾期，赢得广大农户的一致

认可。

2020年4月,阳信县南街村的几位肉牛养殖户驱车百余公里来到鲁信小贷,送来了两面印有"支援'三农'、排忧解难"与"贷款帮扶及时雨、雪中送炭解困难"的锦旗,感谢鲁信小贷"惠农贷——牛信宝"业务团队给予他们的帮助和支持。

"惠农贷——牛信宝"产品是鲁信小贷立足国企平台、展现国企担当的实际行动。鲁信小贷充分利用科技手段将有限的信贷资金用于支持因自身条件缺乏而难以从传统金融机构融资的"三农"市场,为广大农户提供了平等享受金融服务的机会,提高了广大农户的资金获得率;打通了普惠金融服务在农村的"最后一公里",鲁信小贷在积极履行社会责任,推动实施乡村振兴战略,打赢脱贫攻坚战等方面发挥了积极的作用。

未来鲁信小贷将继续立足农村金融市场,形成市场定位更加准确、标准化、可复制的"惠农贷"产品体系,保证产品质量、提升业务规模,把"惠农贷"打造成接地气、有质量、有品牌的主力产品。

# "专精特新"工企贷

中国银行股份有限公司

## 一、研发背景

为认真落实《国务院关于进一步支持小型微型企业健康发展的意见》《"十二五"中小企业成长规划》系列部署，结合工业和信息化部《工业和信息化部关于促进中小企业"专精特新"发展的指导意见》《工业和信息化部办公厅关于开展专精特新"小巨人"企业培育工作的通知》，中国银行积极发挥银政联动工作机制，以"专精特新"企业为重点客群，于2019年底推出"专精特新"工企贷服务方案，促进小微企业走专业化、精细化、特色化、新颖化发展之路。

## 二、产品介绍

"专精特新"工企贷服务方案针对"小升规"及其培育库企业、专精特新"小巨人"和制造业单项冠军示范企业、实施技术改造"专精特新"企业分别设计开发成长快贷、高成长贷、技改成长贷。企业只要符合条件即可获得最高300万元、1000万元、3000万元不等的授信总额，并匹配最高150万元至1000万元的信用贷款。授信产品和期限灵活多样，短期、中期流动资金贷款和最长10年固定资产贷款可单独或组合提供，普惠客户贷款利率享受普惠优惠利率，符合贷款贴息条件的，享受贴息政策。

## 三、具体做法

加强银政合作。中国银行与各地工信部门积极开展合作，建立银政合作机制，强化信息共享和政策协同。例如，与广东省工业和信息化厅合作，面向全省3万家"专精特新"企业提供三年总授信额度约450亿元的"成长贷"系列专属贷款产品；与河南省工业和信息化厅合作，拟在未来3年面向全省"专精特新"及高成长型中小微企业提供不低于200亿元授信融资服务；积极对接浙江省经济和信息化厅，共同推出三年总授信额度1000亿元的"雏鹰助飞"专项金融服务方案；作为上海市政府"千家百亿信用担保融资计划"首批参与银行，通过银政保合作加大对"专精特新"企业的金融支持。

组织专项营销活动。由分行组织专项营销活动，积极宣传"专精特新"产品服务。例如，中国银行广东省分行与省内工信部门联合举办了近30场"中银中小企业融资融智南粤行""专精特新"企业融资服务专场活动，为上千家企业提供面对面的融资服务，简化授信流程，获得政企一致好评；中国银行江苏省分行依托内外部多个数据来源渠道，通过企业画像的方式，创建"专精特新企业白名单"，助力基层开展精准营销，为"专精特新"企业提供量身定制的融资方案，大大提高了金融服务的可得性和有效性。

开展金融知识培训。在各地工信部门为中小企业"专精特新"发展提供投资融资服务的宣传和培训活动中，不定期为"专精特新"企业提供免费的综合金融知识培训。

### 四、取得的成效

中国银行"专精特新"工企贷服务方案推出后，通过专属方案设计扩大了"专精特新"客户覆盖面，提高了融资可得性，降低了客户的融资成本，并在支持企业成长，推动银行普惠金融业务健康发展和政府政策落地方面找到了契合点，实现了政银企三方共赢。截至2020年5月末，"专精特新"产品服务累计授信客户数超过3400户，授信金额达到140亿元。

# 小微企业出海的"指路明灯"
## ——小微资信红绿灯

中国出口信用保险公司

### 一、风险识别难题阻碍小微企业"出海"

面对风云诡谲的国际形势，信息渠道有限的小微出口企业往往因为成本高、周期长等问题难以及时获取海外企业的风险信息，从而对于主动接洽的海外买方只能谨小慎微，常常"有单不敢接"，错失交易机会。作为我国唯一政策性出口信用保险机构，中国信保为切实解决小微出口企业的痛点，经过深入调研市场和用户需求，顺应数字化发展趋势，组织精兵强将集中研发，于2020年5月20日正式推出"小微资信红绿灯"，为小微出口企业保市场、赢订单、抢抓发展机遇提供高效解决方案。

### 二、信保大数据点亮风险"指示灯"

"小微资信红绿灯"开发工作启动于2019年11月。为确保产品研发的高质高效，中国信保集结了公司50余名承保、理赔、追偿、信用评级、法律、资信调查、IT开发、大数据处理等方面的专家组成研发小组，开展突击攻坚。研发小组历时7个月完成了模型搭建、数据库建设、界面设计、法律保障、系统优化等一系列工作，其间开展了上万次系统测试和逻辑论证，经过10版优化，最终于2020年5月20日在"中国信保小微企业服务"微信公众号正式推出"小微资信红绿灯"。

"小微资信红绿灯"是中国信保落实中央"六稳""六保"要求，服务实体经济、支持小微企业、保市场主体的创新举措，旨在充分发挥中国信保在技术、数据、人才等方面的优势，通过大数据信息整合、智能算法分析和运用，为小微企业提供信用风险综合解决方案。

### 三、五大特点辅助小微企业抢抓订单

"小微资信红绿灯"以"中国信保小微企业服务"公众号为操作平台。小微企业录入海外企业名称及其所属国家/地区（支持名片识别和手工键入），系统就会根据中国信保内部的反欺诈监控名单、承保、理赔数据及全球企业数据等信息，自动进行模型运算，以简单明了的绿灯、黄灯或红灯的方式向小微企业提示与该买方交易的风险状况，为小微企业海外交易提供参考。

"小微资信红绿灯"具有五大特点：一是"随手查"，用户无论何时何地打开手机进入微信，关注"中国信保小微企业服务"微信公众号就能使用；二是"易辨识"，对于小微企业查询的买方，以红绿黄灯形式简单直观展现交易风险预评估结果；三是"广覆盖"，技术应用连接了全新的全球企业信息库，覆盖的企业信息数以亿计；四是"秒回复"，运用了中国信保自主研发的智能算法模型，亮灯结果呈现只需短短几秒；五是"免费用"，小微企业查询无须付费，真正实现为小微企业减负赋能。

### 四、初登市场，小微企业反响热烈

2020年5月20日，"小微资信红绿灯"正式上线试运行。上线首日，小微企业查询2451人次，截至6月10日，红绿灯菜单的用户点击量累计达16497次，买方查询平均耗时4秒，亮灯平均耗时3秒。查询最多的是一家江苏无锡的外贸企业，已查询498次。"小微资信红绿灯"推出后，先后被中央电视台等多家重要新闻媒体作为金融机构落实国家普惠金融政策，开展数字创新的典型举措广泛报道。北京某小微企业在接受央视采访时表示，在遇到海外的客户时，一般会使用"小微资信红绿灯"事先查询交易风险。

"小微资信红绿灯"的推出仅仅是起点！未来，中国信保还将不断升级迭代"小微资信红绿灯"，并继续研发上下游的创新性数字化产品，将保险、咨询服务等有机地结合起来，为小微出口企业找订单、识买方、控风险提供更丰富的手段，更好地践行中国信保作为政策性金融机构的使命，体现作为世界一流信用风险管理机构的专业价值。

# 创新供应链业务模式　助力中小微企业发展

四川发展融资担保股份有限公司

为进一步加大对实体经济发展的支持力度，拓宽中小微企业的融资渠道，四川发展融资担保股份有限公司（以下简称四川发展担保）坚守服务实体经济发展的初心和使命，切实履行普惠金融支小支微的社会责任，充分发挥AAA级增信优势，创新思维、创新模式，以发起人、担保人身份，联合中信证券、腾讯旗下联易融等行业一流专业机构，发起设立了50亿元储架供应链ABS项目。该项目于2020年4月16日获得深交所批复，成为我国中西部首单获批的"1+N+N"担保模式ABS项目。

## 一、项目概况

四川发展担保储架供应链ABS项目采用"1+N+N"模式（其中，"1"是指四川发展担保增信的资产管理计划，两个"N"分别指N户核心企业和核心企业供应链上的N个中小微企业），是以中小微企业与核心企业的真实交易为基础，将中小微企业对核心企业的应收账款作为基础资产打包成资产管理计划，进而进行证券化发行。项目发行成功后，资金直接足额支付给核心企业供应链上的各类中小微企业，实现了中小微企业应收账款的快速回笼。

2020年7月7日，该项目首期成功发行2.63亿元，核心企业为四川省酒业集团有限责任公司、成都市新筑路桥机械股份有限公司，直接受益中小微企业34家，支付应付账款82笔，笔均资金320万元。发行当天，新华社、今日头条、凤凰网、中国网、腾讯、网易、川报观察等多家媒体对项目进行了集中报道。

## 二、项目特点

### （一）多期滚动发行，提升融资便利

该项目实行一次储架核准、多期滚动发行模式，搭建了一条供应链直接融资的"客运专线"，有需要的核心企业均可随时买票上车，不需要单独购买"专车"，既降低了融资难度和融资成本，又提高了融资的效率和灵活性。

### （二）搭建开放平台，提高融资可得

该项目搭建了开放共享平台，形成由产业类、民营企业以及城投类企业作为核心企业，券商、保险代理商、基金公司、银行、评级机构共同参与的合作模式。金融机构的广泛参与，使中小微企业获得了资本市场的直接融资支持，降低了整个产业链的现金流压力和融资成本，实现了"宽信用"效果。

### （三）嫁接金融科技，提高融资效率

该项目引入了联易融作为服务机构，将金融与信息科技相结合，借助腾讯金融的供应链金融系统以及先进的区块链、云计算等技术，在有效保证应收账款真实性的同时，实现全流程线上操作，大幅提升业务办理效率。

## 三、项目成效

四川发展担保创新设立"1+N+N"储架供应链ABS项目，建立了金融服务实体经济纽带，精准、高效地为中小微企业解决账款回收难问题，是公司认真贯彻落实习近平新时代中国特色社会主义思想，坚持金融支持实体经济的创新举措，也是落实中央"六稳""六保"工作任务要求以及四川省委省政府关于支持中小微企业复工复产措施的实际行动。

### （一）创新产品的结构化设计，有效打通了中小微企业在资本市场直接融资的渠道

改变了传统的普惠金融支持模式，拓宽资金来源渠道，募集的资本市场资金直接支付给供应链上的各类中小微企业，实现市场资金对中小微企业的

精准滴灌，提升支小支微的"直达性"。

**（二）创新产品的结构化设计，有利于解决中小微企业回款难、回款慢问题**

中小微企业应收账款回款难、回款慢引发的三角债、多角债问题普遍存在，不利于中小微企业发展。该项目选取中小微企业的应收货款、劳务费、工程款等作为基础资产，募集资金有效解决中小微企业债务和农民工工资拖欠问题，高度契合2020年7月14日国务院发布的《保障中小企业款项支付条例》精神。

**（三）创新产品的结构化设计，有利于促进四川省现代产业体系发展**

储架供应链ABS项目的"1+N+N"模式，提升了核心企业和中小微企业在资本市场的直接融资能力，可广泛服务于四川省现代产业体系内的众多企业。

**（四）创新产品的结构化设计，有利于构建担保行业支持中小微企业的新模式**

四川发展担保作为项目牵头机构，同时具有发起人、储架申请人、增信机构等多重身份，实现了担保机构业务模式从传统"1对1"（一企一策）向"1对N"（1个产品N个客户）的转变，形成了示范效应，引领担保增信机构创新业务发展思路，多渠道加大对中小微企业的支持力度。

此外，该项目为滚动发行，可持续发挥带动效应，预计将支持5000家以上中小微企业，带动5万人就业，社会效益明显。

# "奶企担"助力宁夏奶企"加速跑"

西部（银川）担保有限公司

## 一、研发背景

早在2019年2月，中央一号文件提出"实施奶业振兴行动"，宁夏地区就明确了产业空间布局进一步优化，并确定了到2022年奶源基地日产优质生鲜乳7000吨以上的目标；同年8月，宁夏回族自治区农业农村厅、宁夏回族自治区发展改革委等九部门联合发布《关于推进奶业高质量发展的实施意见》；同年9月，蒙牛集团与银川市签署奶业全产业链高质量发展百亿集群项目合作协议。2020年1月，伊利集团也与吴忠市签订战略合作协议打造200亿元精品奶产业园；同年4月，蒙牛集团（灵武）奶业全产业链高质量发展百亿集群项目落地灵武市。结合区域发展目标，西部（银川）担保有限公司（以下简称西部担保）以宁夏奶牛养殖企业为重点客户群，于2019年底推出"奶企担"创新产品，化解奶牛养殖企业互保风险，破解奶企融资困局，促进宁夏奶业健康发展。

## 二、产品介绍

"奶企担"产品主要为奶牛存栏量在1000头以上、具有3年（含）以上养殖经验、拥有优质下游合作客户的奶牛养殖企业提供担保贷款，担保最高额度达到3000万元，原则上以按月还款为主要方式，灵活设置担保方式，活牛抵押、股权质押等均可进行反担保，担保费率优惠为1.5%，较一般企业降低25%，且无监管费等其他任何费用。

## 三、具体做法

### （一）降低成本，化解风险

长期以来，养殖企业相较于一般生产企业具有特殊性，到银行贷款面临自建房屋无产权、除零散资产和养殖设备外缺乏有效抵押物而融资难与融资贵的现状。经过长期调研，西部担保根据行业实际情况，充分考虑生物性资产属性，明确抵押物的设定、评估、登记等标准，为奶牛养殖企业量体裁衣设计"奶企担"产品，创新担保方式采用"活牛抵押"，制订具体扶持方案，科学合理设置同一行业相同指标进行批量操作，为企业降低融资成本。同时，利用担保机构"防火墙"作用化解互保风险，拆解互保链，真正达到将系统风险"连根拔起"，让企业加快活起来、活更好。

### （二）降费提效，保证生产

2020年以来，疫情给宁夏奶牛养殖行业带来了巨大冲击，尤其是加剧了一些中小微企业经营困难。面对这些现实问题和潜在影响，西部担保在灵活运用"奶企担"产品为企业制定低成本服务的基础上，采取主动减免担保费的措施积极应对，帮助受疫情影响企业渡过难关。针对宁夏奶牛养殖产业中的中小微企业，担保费在原来基础上降低10%~20%；对于抗击疫情物资生产企业担保费率降至1%以下，远低于此前全国担保费率平均水平，针对个别抗击疫情贡献突出的企业还可免除反担保物，免去担保费。同时，针对应急物资生产企业还通过设立绿色融资担保通道，简化审批环节，实现快速审批，做到1个工作日内出具担保意向书，2个工作日内实现担保放款，大幅提升融资担保业务服务效率。另外，对于因受疫情影响而暂时失去收入来源的奶牛养殖在保客户，经核实确认后，采取担保费延期3个月收取措施，对于已到期或快到期项目，积极与银行沟通，协助客户获得贷款展期支持。

### （三）因企施策，强化服务

2020年，西部担保严格贯彻执行党中央、国务院的决策部署，认真落实财政部、发改委、工信部、人民银行、自治区政府、银川市政府等部门关于支持企业复工复产的各项政策要求，积极与宁夏奶牛养殖在保企业客户沟通，确保其能够享受到财税、金融、社保等多方面优惠政策。对受疫情影响较大和暂遇困难的奶牛养殖企业，深入研究分析出现的新形势、产生的新影响、遇到的新问题，制定"一企一策"扶持预案，强化服务，整合政策资源，优化风控模式，切实缓解企业融资贵、融资难困境，从而帮助其获得平稳发展。

### （四）以点带面，推动发展

西部担保逐步将"奶企担"拆解养殖企业互保链的产品模式，从部分地区的个别企业扩展至整个宁夏地区。通过以点带面的方式，促进宁夏奶牛养殖企业提质增效、转型升级，进一步扩规模、强龙头、做品牌。同时，加快建立奶产业链持续健康发展的长效机制，增强内生动力，从而带动包装加工、牧草种植、物流行业等第三产业发展，培育壮大产业集群，形成规模效应。

## 四、取得的成效

自疫情发生以来，西部担保积极响应国家号召，以产业政策为指导，以"奶企担"产品为抓手，大力解决宁夏域内奶牛养殖企业复工复产面临的融资难、融资贵、融资慢问题。截至2020年9月，对接服务宁夏疫情物资生产和受疫情影响奶牛养殖企业近100家，并为4家奶牛养殖企业送去融资"及时雨"，落地700万元至1000万元不等的担保贷款，还开发意向客户10余家。该产品在精准帮扶奶牛养殖企业的同时，降低了其融资成本、解决了燃眉之急，备受奶企好评。

# "微生素"小微金融生命体系解决方案

东方微银科技(北京)有限公司

## 一、研发背景

目前,银行仍是我国小微企业外源融资的主要渠道。近年来,各家银行纷纷进入"数据+科技"双轮驱动的发展阶段,小微金融服务广度和深度不断拓展。与此同时,中小城商行、农商行数字化转型过程中的技术基础依旧比较薄弱。

近期,国家发展和改革委员会从信息、融合、创新三个方面,首次明确了"新基建"范围。伴随着"新基建"跑步入场,金融科技发展也将进阶。普华永道2019年发布的报告显示,中国目前有48%的金融机构向金融科技公司购买服务,未来3~5年,68%的金融机构将增加与金融科技公司的合作。"新基建"的发展,为金融机构业务的科技化转型带来新的想象空间。东方微银基于多年来科技赋能主流金融机构小微金融的应用实践经验,为银行小微金融业务快速发展提供了创新型的"微生素"小微金融生命体系解决方案。

## 二、产品介绍

东方微银多年来一直深耕小微金融领域,将独创的"微生素"小微金融生命体系V-T(数字化小微智能创新体系)、V-P(多元产品体系)、V-R(数据信贷的风险识别与量化风控体系)、V-D(标准高效的交付新体系)、V-O(以客户为中心的运营体系),全方位贯穿于小微金融生态全流程,助力金融机构形成精准、灵活的小微金融服务方案,实现小微金融服务的全方位布局。

### 三、具体做法

智能基础设施共建。"微生素"小微金融生命体系解决方案依托于多方计算、机器学习、流计算等技术,一键式触发产品、风控、技术、交付、运营五大模块,重塑银行小微金融底层技术架构,实现小微金融业务"基础设施"的改造升级。同时,始终将风控作为银行小微金融的命门,通过叠加基于大数据挖掘打造的集成风险决策模型,引领在小微金融领域的机器学习透明化应用实践,激发小微金融的内在动能。

产品数据维度共享。提高数据质量,挖掘数据价值,提升经营管理能力,是银行适应市场形势的必需措施。"微生素"小微金融生命体系解决方案通过完成银行小微金融业务技术层面改造升级,打破原有产品壁垒,适时满足客户的个性化需求,实现了小微金融产品由原有的以产品为中心向以客户为中心的转变。同期,基于智慧型客户服务、一体化营销管理、全流程集约协同三大核心需求,夯筑小微金融数字化转型、融合创新等服务的基础设施创新体系,以此寻求业务拓展与风险防控的有效平衡,拓展金融服务边界。

小微金融生态共生。"微生素"小微金融生命体系解决方案通过深入研究分析小微企业生产运行中出现的各类场景,实现金融场景的不断叠加,依托对产品配置、贷款环节、模型与数据、客户营销等核心节点可控自主化的实现,满足银行客户营销精准化和业务管理精细化需求,从而实现小微金融生态体系的共生共荣。

未来,东方微银将继续深耕小微金融领域,科技助力金融政策传导下沉,履行企业社会责任与使命,为实体经济发展加码添力。

### 四、取得的成效

截至2020年9月,东方微银业务覆盖近20多个省区市,服务了包括厦门国际银行、重庆银行、桂林银行、齐鲁银行、长沙银行、西安银行、东莞农村商业银行、大连农村商业银行、张家港农村商业银行、温州银行、广西北部湾银行、顺德农村商业银行、大连银行、湖北省农村信用社联合社等全国多家银行业机构。其中,厦门国际银行首款银税互动产品"税享贷",是一款线上个人纯信用经营性贷款产品,贷款余额已突破10亿元。湖北省农村信用社联合社"农商税e贷"于2019年9月上线,到当年底,自动审批贷款4399户、批准授信额度21.8亿元,贷款余额12.5亿元。截至2020年4月末,温州银行"温享贷"已为1900多户小微企业提供信贷支持超过10亿元,并荣获2019年温州市银行业"十佳小微金融产品奖"。

**专家点评**

# 多方发力 产品创新助力普惠金融发展

国家金融与发展实验室副主任 曾刚

金融是现代经济的核心,也是实体经济的血脉。在当前构建以国内大循环为主体国内国际双循环互相促进的新发展格局中,金融发挥着重要作用。其中金融产品创新既是金融服务"双循环"的重要基础,也是金融服务"双循环"的应有之义。具体到普惠金融发展而言,金融产品创新就是要求各类金融机构,以市场需求为导向,优化自身产品结构,积极开发个性化、差异化、定制化的金融产品,使之更好地服务于实体经济与民生,改进小微企业和"三农"的金融服务。具体来看,金融机构既要改造提升原有产品,又要重视创造新的产品;既要创新服务方式、优化服务体系,又要提高服务的覆盖率和便捷度。通过金融产品创新,让小微企业、"三农"、新兴产业等也能获得必要的金融服务,进一步提升金融的资产配置效率,更好地服务于实体经济发展。

一直以来,银行业机构作为我国金融体系内部最重要的组成部分,在普惠金融体系中占据绝对主导地位。截至2020年6月末,全国银行业金融机构小微企业贷款余额40.7万亿元,其中单户授信总额1000万元及以下的普惠型小微企业贷款余额13.73万亿元,全国三分之二以上的小微企业能够获得银行贷款,位居世界前列。《推进普惠金融发展规划(2016—2020年)》提出,鼓励金融机构创新金融产品和服务手段。银行业机构作为当前普惠金融发展的主力军,针对不同客户群以及客户群特点,围绕抵押担保机制、供应链金融等创新了不同类型的金融产品。例如,中国银行为积极响应国家促进中小企业转型升级,针对"专精特新"企业在生产经营过程中融资需求，在抵押担保方式上进行突破创新，除信用授信外，还接受企业知识产权质押、应收账款质押等多种形式灵活组合的风险缓释方式，破解"专精特新"企业在创业阶段抵质押物不足的难题。中国工商银行针对供应链金融，基于核心企业到期付款承诺，利用区块链去中心化、防篡改、可追溯技术，创新推出数字信用凭据产品"工银e信"。在确保数据真实的情况下，将产业链信用数字化，使其沿产业链逐级流转、拆分，使产业链上N级小微企业也可便捷地获得低成本的在线融资，彻底解决产业链长尾客户融资难、融资贵的难题。

保险作为金融主体之一，近年来不断拓宽自身服务实体经济的路径，将服务小微企业和"三农"作为自身发展的重要领域。《2019年中国普惠金融发展报告》也强调，在深化普惠金融体制改革中，需要保险业进一步发挥在普惠金融中的保障作用。在产品创新方面，引导保险公司针对小微企业、"三农"、低收入人群及残疾人等特殊群体开发普惠性强的保险产品。早在2017年，中邮人寿保险就考虑到普通百姓尤其是农村地区百姓对保费低、投保简、理赔易的个人短期险产品需求迫切与农村地区保险产品供应严重不足之间的矛盾，其利用中国邮政深入基层的网络优势和品牌优势，围绕"普""惠"产品特色，推出6款条款简单易懂、价格亲民（50~200元）、投保门槛低、覆盖年龄广（18~70周岁，无职业类别限制）的普惠型简易保险产品计划，分别覆盖综合意外、交通意外、农村意外等意外风险。截至2019年底，累计为176万基层百姓提供了1612亿元风险保额，累计赔付支出8739万元。此外，保险公司还围绕小微企业发展的难点和痛点，积极创新保险服务模式。一直以来，渠道有限的小微出口企业往往因为成本高、周期长等问题，难以实时获取海外企业当前的风险信息，普遍面临"有单不敢接"的困扰，从而错失交易机会。中国出口信用保险作为我国唯一政策性出口信用保险机构，利用移动互联科技和大数据技术，推出"小微资信红绿灯"风险信息查询系统。该系统根据中国信保内部的反欺诈监控名单、承保、理赔数据及全球企业数据等信息，经过模型自动运算，以简单明了的绿灯、黄灯或红灯方式向小微企业提示与该买方交易的风险状况并显示亮灯说明，为小微企业海外交易提供参考，为小微出口企业保市场、赢订单、抢抓发展机遇提供了有效的解决方案。

融资担保作为普惠金融链条上的重要一环，自诞生之日起便肩负解决小微企业和"三农"融资难、融资贵问题的使命。近年来，融资担保机构结合其所在地产业发展特点，不断探索优化担保模式，创新担保产品。西部（银川）担保有限公司针对宁夏的特色养殖产业，创新"活牛抵押"担保模式，推出"奶企担"特色产品，破解奶企融资困局，助力养殖产业稳健发展。该产品主要为用于牧场生产经营支出、奶牛存栏量在1000头以上、具有3年（含）以上养殖经验、下游合作客户以蒙牛、伊利等为主的奶牛养殖企业担保贷款，担保方式灵活，活牛抵押、股权质押等均可进行反担保。湖南省农业信贷融资担保有限公司，针对新型农业经营主体，创新银担合作机制和授信机制，嵌入财政支农政策享受利息与担保费补贴，推出"惠农担"这一标准化农担金融产品。在降低融资成本的同时，有效控制了信贷风险。此外，融资担保机构还利用其自身增信优势，不断探索其信用价值开发能力。四川发展融资担保股份有限公司以牵头人、担保人身份，联合中信证券、联易融科技公司等机构，发起设立了50亿元储架供应链ABS项目。该项目以中小微企业与核心企业的真实交易为基础，将中小微企业对核心企业的应收账款作为基础资产打包成资产管理计划发行。同时为核心企业的应付账款提供担保增信支持，进而提高项目的信用评级和发行成功率。项目发行成功后，募集资金直接支付给供应链中的中小微企业。该模式一方面帮助中小微企业实现应收账款快速回笼，切实缓解中小微企业应收账款回款难、回款慢以及三角债、多角债等问题。另一方面也帮助核心企业从资本市场获得低成本融资，提升其支付能力和资金流动性，从而形成供应链融资的"1+N+N"模式（其中，"1"是指发展担保牵头发起的资产管理计划，"N"是指具有延长应付账款需求的N户核心企业，"N"是指供应链中的N个中小微企业）。

普惠金融这一概念最早就是在2005年联合国推广小额信贷年时提出，可以说小额贷款公司天生具备发展普惠金融的"基因"。2020年9月，中国银保监会发布了《关于加强小额贷款公司监督管理的通知》，对小贷公司的业务经营进行了进一步规范，提出小贷公司应当提高对小微企业、农民、城镇低收入人群等普惠金融重点服务对象的服务水平，践行普惠金融理念，支持实体经济发展。近年来，一些小额贷款公司，立足当地产业，创新推出一系列信贷产品。例如，济南市鲁信小额贷款股份有限公司针对"全国第一牛县"

山东阳信县肉牛产业链设计开发了一款无抵押无担保的纯信用贷款产品——"惠农贷——牛信宝"。该产品依托智能信贷系统，为当地肉牛养殖户提供快速、灵活的资金服务。同时鲁信小贷以党建共建为契机，与当地党支部共同打造乡村振兴根据地，加强双方党建与业务协作，发挥各自优势，促进合作共赢。近年来，在金融科技快速发展的背景下，越来越多的小贷公司在服务模式上进行创新，利用数字技术推动普惠金融的发展。例如，深圳泛华联合投资集团有限公司采用视频/电话、互联网及大数据等方法，与中国金融认证中心强强联手，应用CFCA数字证书完成线上电子合同签订，同时进行数据保全，保障小微企业主信息安全，实现轻运营、重服务，极大提高小微企业服务效率。该公司还与外贸信托、中海信托、百瑞信托等多家实力资方形成"复产者联盟"，从资金供应、产品研发等方面开展合作，为小微企业资金周转保驾护航。

财务公司作为普惠金融系统的重要补充，近年来也积极响应国家发展普惠金融的号召，借助其自身资金和信息优势，从成员单位和产业链条上的中小企业实际需求出发，有针对性地设计金融产品。例如，针对年初的新冠疫情，北京汽车集团财务有限公司在行业内率先设计出疫情期间专属金融服务方案——"宽鑫贷"金融产品，产品创新性地给予贷款前3个月零月供的优惠，有效刺激疫情期间的金融购车需求，并帮助包括汽车终端消费者、汽车经销商和汽车生产厂商在内的汽车产业链群体化解金融困境。对疫情期间消费增速稳定发展，保障经济恢复平稳增长具有积极意义。

近年来，金融科技公司也积极投身推动普惠金融业务发展，借助自身技术优势，通过向外赋能，有效提升了普惠金融的服务质效。例如东方微银立足于"银税互动"的金融科技应用实践，将独创的"微生素"小微金融生命体系 V-T（数字化小微智能创新体系）、V-P（多元产品体系）、V-R（数据信贷的风险识别与量化风控体系）、V-D（标准高效的交付新体系）和V-O（以客户为中心的运营体系），全方位贯穿于小微金融生态全流程，不断为金融机构小微信贷业务提供技术加持，助力金融机构形成精准、灵活的小微金融服务解决方案，实现金融机构的数字化转型与小微金融服务的全方位布局。

**研究文章**

# 发展工程建设领域保证保险 英大长安助力企业全流程风险防范

国家金融与发展实验室副主任 曾刚

中国社会科学院保险与经济发展研究中心副主任 王向楠

为减轻实体经济负担，中央要求清理规范工程建设领域的保证金，保证保险可以代替保证金，给作为乙方的承包企业提供担保。本文基于某央企在投标保证险上的良好实践，分析保险经纪人通过风险管理服务来体现普惠金融要求的路径，最后提出发展工程建设领域保证保险代替各类保证金的对策建议。

## 一、可以代替工程建设领域保证金的保证保险

为减轻实体经济负担，深化"放管服"改革，2016年6月，国务院办公厅印发《关于清理规范工程建设领域保证金的通知》，提出"各省须全面清理各类保证金，转变保证金缴纳方式"。2017年8月，国资委与住建部联合发布《关于进一步推动中央企业工程建设领域保证金保函替代工作有关事项的通知》，明确要求全面推行保函替代保证金。2018年7月，住建部发布《关于加快推进实施工程担保制度的指导意见（征求意见稿）》，提出"到2020年，各类保证金的保函替代率提升30%"的目标，并明确了"银行保函、工程担保公司保函以及工程保证保险保单统称为保函"。

工程建设领域的保证金主要出现在三个环节：一是投标保证金，即在投保开始到正式合同签订前，担保投标企业的缔约过失责任；二是履约保证金，即正式合同签订后，担保承保企业在合同执

行过程中的违约责任;三是工程质量保证金,即工程完工后,担保承包企业在缺陷责任期内对建设工程出现的缺陷应负的维修责任。这三种保证金均可以采用保证保险的方式替代,分别为投保保证保险、履约保证保险和工程质量保证保险。

## 二、投标保证保险的实践——国家电网集团案例

招投标环节通常是工程建设领域中需要承包企业提供担保的第一个环节。较之合同生效后各环节中承包企业需要担保的内容而言,该环节风险复杂程度低、风险金额小,因此,在推动保证保险代替各类保证金的过程中,率先开展投标保证保险是首选。保证保险承保的是投保人自身的信用风险,专业性很强,其性质与传统的财产保险业务所承保的"纯粹的"损失风险有明显区别,加之保险公司通常无法获得投保企业的资信状况数据,因此保证保险业务基本上是通过专业保险中介机构来安排的。

国家电网系统采用投标保证保险代替保证金的模式取得了良好效果,下面简要说明此案例。

1. 模式的建立

国家电网集团是以投资建设运营电网为核心业务的央企,工程建设、物资采购的业务量巨大,直接和间接关联着大量实体企业,小微企业和民营企业在其中的占比较高。为执行国家政策要求,履行中央企业社会责任,切实减轻关联企业负担,提升业务运行效率,国家电网集团设计推行了投标保证保险代替保证金的模式。

英大长安保险经纪公司是国家电网集团的一家二级子公司,成立于2001年,其注册资本和经营绩效常年处于行业领先地位,在能源相关的生产和服务业积累了大量的风险管理人才、丰富的服务经验和技能。为响应金融服务实体经济的理念,坚守保险机构"回归保障本源"的定位,该公司于2017年开始进行多方面准备。一是在保险市场通用条款的基础上,新增未缴纳采购代理服务费和串通投标予以赔偿的责任,明确保险批改和退保流程,列明索赔资料清单及进度要求等专用条件,形成客制版的投标保证保险;二是改造互联网运营和服务平台,向投标企业宣传讲解投标保证保险,并协助进行投保安排;三是联系多家有承保意愿和能力的保险公司,协商费率、保险期

限、缴费方式、赔付流程等事宜。

2. 模式的成效

该模式于2019年在国家电网系统内全面推广，前4个月，已服务全国22个省（市、区）的8000多家投标企业，80%以上的投保企业为中小微企业和民营企业。该模式累计实现释放保证金14.34亿元，收取年度保费2073.09亿元，费率为1.4%，支付赔款26万元。

该模式实现了多方共赢。首先，对投标企业而言，可以减轻流动资金占用，降低交易成本；对所有投标企业统一采用2%的一年期保险费率，给小微企业提供了实质性的优惠。其次，对招标方而言，能够减轻保证金在财务、物资领域处理环节的事务性工作压力，节约人力物力，提高工作效率。最后，对于社会信用体系建设而言，投标企业的违约赔付情况将通过保险公司共享给央行征信系统。因此，虽然该模式目前的业务规模不大，但具有良好的推广价值和市场潜力。

### 三、风险管理服务体现金融普惠

金融强调在不同时空和风险状态配置资源，风险管理是金融的核心功能之一，提升风险管理服务的普惠性是发展普惠金融的题中应有之义。小微企业自身的抗风险能力弱，更需要信用增进工具，所以发展保证保险令小微企业受益更多。保险经纪行业定位于为客户提供专业的保险计划和风险管理方案，在市场经济的发源地英国，保险经纪人撮合了60%以上的财产保险业务。

工程建设领域的保证保险体现了保险经纪人助力风险管理的全过程。第一，事前的风险预防。保险费率的"奖优罚劣"和企业诚信信息共享机制促进投保人改善行为模式，降低了全社会的风险存量；保险经纪人对建设工程的检查能发现隐患，客观专业地给予风险评估，向投保人提出整改建议并提供技术性服务，提升工程质量。第二，事中的风险控制。当缔约过程中发生纠纷时，保险经纪人作为中立第三方介入纠纷处理，充当双方沟通的桥梁，调节化解双方矛盾，尤其是提高乙方投保企业的谈判能力；避免作为发包方的公权力部门卷入纠纷，影响自身声誉。第三，事后的理赔服务。保险经纪人能够判断承保公司偿付能力，从而确保保证保险的赔付责任能够被履行；保险理赔服务受到多方面的行业监管和自律要求，能为受损招标方及时、足额地提供经济补偿；利用保险的"大数法则"分散那些由于意外原因而不能正式签约的中标企业的赔偿压力，避免冲击其生产经营秩序的恢复。

## 四、发展工程建设领域保证保险的对策建议

1. 各级政府部门认可保证保险

2018年7月，住建部发布《关于加快推进实施工程担保制度的指导意见（征求意见稿）》，明确将保证保险视为保证金的替代方式之一。但是，目前有些部门和地方政府沿用的规章文件仍没有明确认可保证保险。考虑到保险公司较高的资信状况和本文前文分析的内容，建议各级政府部门明确认可保证保险作为工程建设领域的担保方式。

2. 工程发包机构支持采用保证保险

政府公共资源中心等部门、各类大型企业在组织各类工程建设工作中，可以推广保证保险来代替保证金，从而在减轻合作企业资金负担的同时，提高自身工作效率。建议工程发包方将保证保险交于自身旗下的保险专业中介机构组织实施，也可以委托资信和专业水准高的外部保险专业中介机构或其他机构来实施，同时对中介机构加强客户信息、财务安全等方面的管理。

3. 深化丰富保证保险及相关产品

建议从以下方面深化丰富保证保险及相关产品。一是在产品上，保证保险的推动机构可以从投标保证保险开始，通过一段时期的运营来完善服务平台、锻炼人才、积累经验，再推出服务工程建设中后端的、经济效果更大的履约保证保险和工程质量保险。此外，承保方施工过程中的侵权责任也具有"外部性"，可开发相关的责任保险（如环境责任保险）。二是在费率上，可以从统一费率开始，根据企业在工程建设中表现出的诚信状况逐步引入浮动费率机制，或采用回溯性费率设计，发挥费率的奖优罚劣作用。三是在期限上，将年度化保单、多年期保单、单次保单相结合，给企业更多选择权。四是在客户方面，与各级地方政府公共资源中心、各类企业的投标部门合作，根据地区、行业、企业、工程等内容制订具体保险方案。

4. 保证保险与保函等担保方式相互配合

保证保险与保证金、银行保函、担保公司保函均是经济主体常选择的增信方式，对于不同场景、不同经济主体而言，四者各有优劣，应当形成互补

关系。为不违背"放管服"和普惠金融的初衷,并促进不同担保机构丰富产品、改善服务、降低价格等,建议政府公共资源中心等部门、大型企业等甲方主体在推动保证保险发展的同时,不应当限制被担保主体选择其他有效的增信方式。

# 第四章
中国数字普惠金融案例

# 科融e贷 基于大数据应用的科创企业授信评价体系

齐鲁银行股份有限公司

## 一、研发背景

近年来,中国大力实施创新驱动发展战略,加快建设创新型国家,创新成为推动中国经济高质量发展的重要引擎。从历次产业革命的实践看,产业革命始于科技,成于金融,因而推动科技创新和现代金融协同发展,是建设现代化经济体系、实现高质量发展的重要内容和关键所在。如何疏通资金通道,盘活技术要素,是金融服务创新支持经济发展壮大需要解决的核心问题。

自1694年世界上第一家现代银行在英国诞生以来,商业银行对工商企业一直沿用以"财务评价"为核心的信贷评价体系。然而,科技创新企业的特点是重资产轻、轻资产重,科创企业特点与传统银行信贷模式之间的错位,在银行资金与科创企业之间划开了一道鸿沟。

## 二、产品介绍

为破解科创企业融资难题,齐鲁银行着手开展普惠性科技金融专题研究,围绕科创企业财务流、技术流、人才流等要素,结合企业特有创新行为所积累的大数据,开发了"基于大数据应用的科创企业授信评价体系"。该评价体系是齐鲁银行依托互联网和大数据,在保持传统企业信贷财务分析的基础上构建的多维综合信贷评价体系,它创新性地引入了技术评价和人才评价两个维度。在此基础上,齐鲁银行推出了线上化的科创企业融资产品——科融e贷。

## 三、主要做法

### （一）构建基于税务信息的财务评价模型

在财务评价方面，齐鲁银行"科创企业授信评价体系"引入人民银行、银保监会、工商、税务、法院等部门多种来源的外部数据字段，通过整合多样化、多层次的行内与行外、线上与线下、标准化与非标准化的数据，有效解决了"信息孤岛"问题，重构了科创企业财务评价体系。齐鲁银行建立了三位一体的风控体系，即整合"企业税务数据""政府数据""企业行为数据"，通过大数据分析手段，实现描绘对科技型企业商业行为的全息画像，建立科创企业财务评分卡模型和财务评价体系，从而实现业务的数字化、场景化、智能化发展。

### （二）构建基于专利数据的技术评价模型

科创企业的专利情况、产学研情况、科研队伍情况等都是传统企业不具备或者很少具备的科技创新核心元素，是科创企业在科技创新之路上的独特行为模式产生的大数据。齐鲁银行基于全球专利、论文、项目、人才等多源异构数据，通过对企业技术布局、专利评级、技术影响、技术迭代速率、技术更新周期、研发效率、研发稳定性、产学研等要素进行分析，全方位评价科创企业的实力、行业地位以及未来发展潜力，实现对科创企业技术评价模型化。

科创企业的价值和成长看两头——专利和人才。齐鲁银行对科创企业开展技术评价时，既注重对专利的评价，同时也关注科创企业科研人员队伍建设情况。

齐鲁银行基于大数据应用构建的科创企业授信评价体系改变了一直以来商业银行仅使用"财务报表"评价科创企业的历史，打破了"专利价值""人才价值"无法赋值的传统困境，有效解决了科创企业评价难的问题。同时，齐鲁银行将评价结果与科创企业融资的准入、审批相结合，将融资金额、利率、担保方式等信贷要素与评价等级相关联，推出了科融e贷产品，较好地解决了科创企业的融资痛点。

# 科技赋能 实现农商小微业务数字化转型

江苏南通农村商业银行股份有限公司

## 一、项目背景

南通农商银行长期践行普惠金融，积极探索小微服务创新模式，坚定不移地支持实体经济。2019年，南通农商银行提出"目标客户进一步下沉，全面开展数字化转型"的战略目标。在此战略指引下，南通农商银行研发了"智慧微贷"系统和"风险智能决策引擎"系统，支撑行内小微业务线上化、智能化发展，践行普惠金融，全力服务实体经济。

通过"智慧微贷"系统，改革传统线下信贷流程。利用"智慧网格"，实现"在线获客+线下维护"的信贷作业模式。利用大数据、机器学习、知识图谱等技术，构建"智慧微贷"平台，为小微企业客户量身打造信贷"轻装"，推进普惠金融服务"从有到优"。通过"智能决策引擎"系统，广泛引入互联网数据、地税、征信等数据，与行内数据充分融合，实现200万元以内小微信贷业务全流程自动化。

## 二、项目概况

南通农商银行在数字普惠方面的重点探索主要包括以下几个方面的内容。

一是客户信息全景化。从大量的客户数据中提炼模型，细致刻画客户的深层次特征，大大提升了对客户风险和需求的洞察力，为客户经理、审批人、管理人员提供了一个多角度、多层次了解客户信息的平台。同时，通过开发自动化工作提醒、优化组合产品方案、智能客户推荐等多种业务功能，提升一线业务团队的工作效率。

二是网格营销精准化。运用"智慧微贷"系统中基于客户画像和客户行为的精准营销功能,为不同客户提供针对性的服务和产品,降低了客户总成本。主要体现在:(1)筛选目标客群,结合营销场景,将营销线索主动推送给客户经理,提升营销成功率;(2)强调跨渠道、线下线上有机协同营销,通过"智慧网格"有序划分客户资源,引导客户经理完成服务落地。

三是业务流程线上化。将"智慧微贷"系统与行内信贷业务流程深入融合,支撑行内小微业务从线下到线上的平稳、快速转型。其中,创新研发了智能化贷前调查、贷后管理等功能,如财务报表智能分析、自动生成贷前贷后调查报告等,极大地减轻了客户经理的工作负担,切实提升了办贷效率。

四是风险防控智能化。根据授信客户的分布结构细分客群,针对不同客群分别开发了信用评分模型、额度测算模型、风控规则和贷后预警模型。同时,应用"智能决策引擎"灵活配置风险策略,对风控体系进行快速部署、迭代更新。实施线上线下业务协同发展战略,优先支持新发展的线上业务,待线上业务风控成熟后将其逐步应用于传统信贷业务。

五是产品创新差异化。利用"智慧微贷"系统为小微企业客户、个体工商户量身打造了"智慧e贷""金贝互通贷"两大信贷产品。"智慧e贷"通过对客户进行信用风险评分和计算差异化额度及利率,为客户进行"预授信",实现了客户授信"无感化",大大地降低了客户经理的营销阻力和客户融资成本,缩短了业务办理时间。"金贝互通贷"通过向模型导入定性信息(非财务信息)和定量指标(财务指标),结合税务数据、企业公开信息等资料,准确甄别小微企业资质,为小微企业提供信用贷款服务,提高小微客户的线上贷款投放效率。

## 三、项目成效

经过半年的运行,"智慧微贷"系统和"风险智能决策引擎"实际授信客户数2237户(首贷客户占比达74%)。截至2020年6月末,新增贷款余额72549.64万元,平均贷款利率11.75%,平均贷款期限12个月,最高单笔贷款额50万元,最低单笔贷款额14万元,平均贷款额35.38万元,新增贷款不良率为0。

未来，数字智能将逐步成为银行营销、创收及风控的利器。南通农商银行将继续通过数据驱动业务、提升管理，助力普惠金融全面、快速发展，推动南通农商银行数字化转型战略落地。

# 金融科技助力供应链金融服务平台焕新

*深圳前海微众银行股份有限公司*

供应链金融服务末端的中小微企业虽已成为我国实体经济发展的重要承载者，但其"融资难、融资贵"问题一直是亟待解决的难题。在金融强监管、去杠杆、扶持中小微企业的宏观背景下，供应链金融正走上转型发展、补短板虑长远的产融结合之路。近年来，国家政策推动供应链金融发展，微众银行发挥金融科技核心优势，自主研发了微众银行供应链金融服务平台。

## 一、主要做法

在应收账款处理方面，微众银行供应链金融服务平台使用自主研发的区块链底层开源平台技术，提供平等、互信的分布式供应链金融系统设计，实现供应链金服平台的资产流转和贸易背景分析等涉及多机构、多角色参与合作运营的场景。

该平台主要通过集成证照OCR校验审核及人脸识别、发票OCR及自动发票验真，结合NLP自然语义分析辅助人工审核，搭配一键完成应收账款转质押重复登记查询及登记，一系列复杂的客户身份审核、贸易背景资料审核、资料结构化处理流程进行自动化、精简化处理，从而提高供应链客户的运营效率。微众银行提供的供应链金融服务平台，通过打通关联业务审核人员及客户资料结构化数据整理，一天内即可完成从客户注册到融资放款的流程，极大地提升了供应链金融服务时效。

在企业风险识别及风控调研方面，平台使用基于活体检测的人脸识别技术，完成企业关键角色在平台线上开户的身份核实，同时运用线上大数据舆情技术辅助产品运营及风控，及时甄别企业运营风险和行业风险，通过多维度穿透分析及机器学习能力，多层级穿透关联企业和业务风险，实时监控企业风险表现并实时输出企业风险调研报告，以及时识别企业风险，触发监控预警。

在企业资产对接方面,微众银行供应链金融服务平台基于多租户数据管理设计,通过对供应链业务资产端、资金端的封装和抽象,建立了供应链金融服务产业端接入系统,支持不同行业、不同类型的渠道资产数据接入。同时,该平台搭建了面向合作金融机构的供应链金融服务管理平台系统,支持千客千面的差异化配置、灵活的产品定价,帮助合作机构低成本快速接入微众银行的供应链服务。平台通过与供应链协同电子商务平台、物流仓储管理平台无缝衔接,将供应链企业之间交易所引发的商流、资金流、物流展现在多方共用的网络平台上,实现供应链服务和管理的整体电子化,从而为企业提供低成本、全线上、便捷、标准、的金融服务。

## 二、各方共赢

值得强调的是,微众银行供应链金融服务平台并非仅仅解决了供应链上某一方的痛点,而是综合金融机构、核心企业、链属企业等所有链上参与方的痛点及需求,建立起多方互惠共赢的优选解决方案,确保整条供应链受益。

对金融机构来说,通过线上供应链平台连接渠道方以及客户,可以有效利用其闲置授信额度。整合的核心企业和各级供应商的信息流既可以降低风险,更可以深度经营核心企业,与其上下游联合营销,通过批量获客,增强单一客户的盈利能力。

对核心企业来说,借助平台发展可以为其应收或应付账款注入流动性,在票据等结算方式之外提供更为简便快捷的结算方式。首先,核心企业财务报表结构得以优化,减少财务费用并增加金融收益,提升了核心企业的参与动力。其次,核心企业在利用其商业信用为供应商拓宽供融资渠道的同时,一定程度上提升了核心企业的议价能力,降低了链条成本。再次,核心企业通过降低核心企业财务费用,节省了运营成本。最后,核心企业通过引入供应链金融服务,打通了供应链上下游,提升了供应链的黏性,与供应链上下游企业互惠共赢。

对链属企业来说,作为核心企业的供应商/经销商,最关心的是应收账款的质量以及账期,尤其在面对议价能力强的核心企业时更是如此。供应链金融服务平台为供应商/经销商提供了一种新的灵活的按需融资渠道,同时通过纯线上操作,使各级供应商/经销商获得友好的操作体验。

# 智能大数据智数营销赋能引擎服务项目

上海安硕信息技术股份有限公司

## 一、研发背景

2020年春节期间,新冠肺炎疫情暴发,为确保市场经济活动有序进行、企业尽快复工复产,国家各级政府机关出台多项政策,为金融行业在疫情期间的精准服务提出了管理思路和发展方向。同时,"新基建"的兴起,也对金融机构在特殊时期利用大数据、云计算、人工智能等技术提升金融服务质效提出了更高要求。商业银行数字化转型迎来了新的机遇与挑战。安硕结合区域、行业风险表现和政策要求,推出零接触式营销引擎,创新营销新模式,帮助金融机构在疫情特殊时期更有针对性地应对企业风险变化,提升实现智能营销创新超车的可能性。

## 二、产品介绍

安硕信息AISA智数营销赋能引擎通过将智能化、精准化、全面化的数据与金融科技结合,充分利用机器学习及模型加工等前沿技术,创新客户经理营销获客模式,推动银行客户经理作业理念科技化、信息化革新,汇集多维数字信息,实现智能化筛选与推送式获客的有机结合,并在疫情期间提供零接触式营销服务,包括对中小企业进行疫情营销及风险防控。

## 三、具体做法

新基建智数营销,创新金融机构营销模式。在"新基建"兴起的背景下,面对普惠金融机构高质量发展需求,数字转型、智能升级、融合创新等服务的基础设施体系,离不开数据及新型基础设施的底层支撑。利用大数据

"云+雾"计算模式、机器学习、深度学习等人工智能技术，建立AISA智胜服务体系，构建B-M-E-I大数据智能应用服务模式，满足业务流程、深度挖掘和管理视窗方面的业务需求，深度剖析营销业务场景，打造线上获客精准营销及线上智能风控体系，创新金融科技产品，提升普惠金融营销获客效率和风险防控能力，全方位提升数字化、自动化、智能化水平，创新普惠金融营销模式。

零接触智数营销，赋能疫情营销获客场景。新冠肺炎疫情背景下，在加速金融科技数字化发展的同时也给传统经营模式普惠金融机构带来了机遇和挑战，如何快速实现民营企业在内的疫情企业营销，如何有效实现授信风险防控等一系列问题，成为疫情期间银行等普惠金融机构营销痛点。安硕将智能化筛选与线上推送式获客有机结合，赋能疫情营销获客场景，提供零接触式营销服务，重点保障疫情期间中小企业营销，针对银行各辖内全量对公客户的自动抓取、智能化筛选，整合、梳理市场目标主体库，根据银行内行业战略布局、授信政策指引和风险偏好进行精细化市场细分。智数营销降低了客户经理陌生上门、漫灌式扫街的盲目性，提升获客营销的准确性及营销风险防控能力。

智能大数据治理，打造闭环营销数据生态。应用大数据、人工智能、云计算等"新基建"基础设施技术，围绕精准获客的要求，设计域内域外数据整合应用模式，综合挖掘大数据对于银行智能化营销场景应用价值。依据多维权威数据来源，与市场中优质数据源整合分析，形成外部数据服务的统一入口，输出营销企业基础信息、营销企业风险信息、营销风险挖掘信息、资产及宏观经济信息等多维度潜客资信信息。建立大数据治理加工工厂，充分利用机器学习技术进行各类数据的自动结构化加工，结合行内风险偏好，保障数据使用安全，从根本上解决客户经理信息不对称、大数据处理难度大、无法高效应用等痛点。

智能大数据应用，深化数字金融机构建设。在"新基建"政策及疫情环境下，围绕数据生态闭环体系，完成数据整合、数据治理、数据业务及数据应用闭环生态体系，深化银行等金融机构数字化转型建设，将大数据、人工智能等技术应用在实际业务场景，提升数字化金融机构产品的便捷性和竞争力，增强创新智数营销亮点，主动识别企业自身隐藏风险及行业风险，创新行内业务模式，实现对营销和风险的均衡把控。

**四、取得的成效**

智能大数据智数营销引擎服务上线以来，已经向某城市商业银行分支行客户经理推送超过10000家企业客户（含小微企业），客户覆盖全部企业规模，经营销对接，有营销意向的客户占比近25%，新增授信金额超过1000万元，新增存款意向客户达数十户，新增其他业务（理财）数十户。疫情期间，打造"零接触式"营销服务，针对重点抗疫企业专项营销，非防疫企业（含小微企业）精准营销，节约客户经理50%的工作量，减少客户经理信息收集负担，实现足不出户的营销模式，大幅提升获客效率。

随着新冠肺炎疫情的暴发，金融机构更加注重智能化、数字化金融科技创新建设，安硕智能大数据智数营销赋能引擎建设，顺应时代发展，推进金融机构数字化转型，为金融机构"最后一公里"建设提供支持。

# 小微企业信贷风控服务解决方案

上海冰鉴信息科技有限公司

## 一、研发背景

近年来,伴随着全球数字经济的迅猛发展与金融科技的不断创新,银行开始向"智能金融"转型,但在营销获客、风险管理、技术研发等方面仍面临着不少挑战。面对变革,中国的银行业亟须探索新技术、新模式,数字化转型势在必行。

在此背景之下,冰鉴科技研发出小微企业信贷风控服务解决方案,应用于提供小微企业和农村金融产品的银行机构,帮助银行降本增效,实现数字化转型,助力普惠金融。

本案例以某国有大行为例。某行面临着内外部信息不对称、风控体系建设不完善的问题,导致行内提升风控能力的需求无法满足,冰鉴在为其提供风控服务解决方案之后,该行认可了冰鉴的模型实力和风控实力,在开展小微企业经营贷款业务迁移线上工作时,将一整套线上放款风控体系建设项目交由冰鉴科技开发和实施,包括贷前审批和贷中监测阶段的风控模型建设。

## 二、产品介绍

冰鉴为某行提供的风控服务解决方案及一整套线上信贷风控体系建设项目,包括贷前审批阶段风控体系建设、贷中监测阶段风控体系建设。

在贷前方面,本次冰鉴科技为某行分别用逻辑回归算法和机器学习算法开发了小微企业经营贷款贷前审批模型,并对客群场景进行了有效区分,模型KS值均处于较高水平,帮助银行完成贷前审批阶段风控体系的建设和优化。在贷中监测方面,冰鉴科技搭建了一整套贷中监测规则集和模型,帮助银行提升贷中风险监测防控能力,帮助业务员有针对性地对客户进行回访和风险排查,提升针对性客户回访和风险排查的工作效率。

## 三、具体做法

### (一)提供优质的企业外部风控产品服务

冰鉴科技基于自身的模型实力,输出更具风控价值的风控产品。

### (二)贷前申请规则、模型及决策策略构建

冰鉴科技首先对客户群体进行细分,按个体工商户或注册独立企业、是否存在人行征信记录和行内新老客户细分客群,根据不同的申请客群制定相应贷前审批策略以及定额定价策略。

此外,冰鉴还细分贷前审批风控模块为:反欺诈模块、三方数据准入模块、企业准入模块和人行征信准入模块,冰鉴根据丰富的风险建模经验,挖掘模型有效变量,并选择传统LR和机器学习算法分别完成模型构建,根据模型效果和银行需求推荐合适模型。

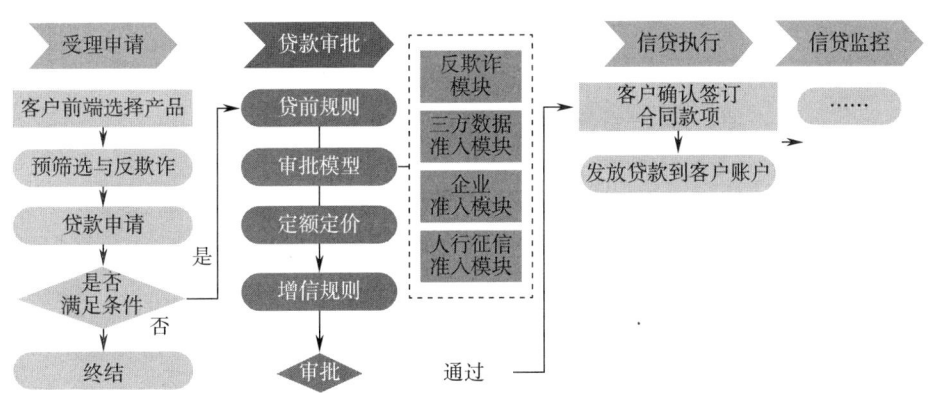

在定额策略上,冰鉴将贷前审批模型分数作为风险维度,结合客户抵押状况,以及行内客户等级和客户贡献度,即对新户和老户进行区分,考察老户的存款情况、历史贷款情况和还款表现等因素,按行内客户贡献度对客户价值分层,设计额度矩阵,完成对客户的定额。

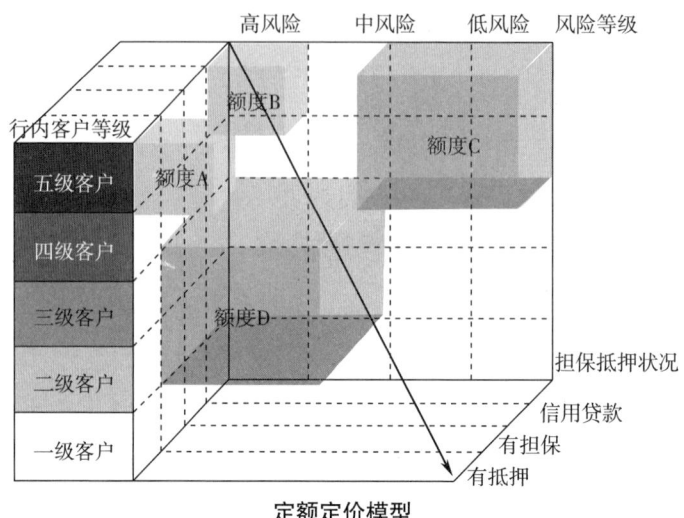

定额定价模型

在定价策略方面，冰鉴在给定额度的基础上，结合风险高低表现和贷款期限，综合考虑成本利率在定价策略中的影响，进行客户定价。

### （三）贷中监测规则集与模型构建

使用行内强金融属性数据，生成强规则集，触碰强规则将触发风险提示。

---

**贷中监测——建立客户知识图谱，形成贷中监测指标集**

基于行内数据建立客户关联图谱，在风险传导、高风险关系模式、信息交叉验证三方面生成特征变量，经过验证具备贷中风险的区分能力，形成了贷中监测指标集

有效变量
（一）风险传导：
- 5度以内的逾期风险沿担保链双向传导
- 5度以内的逾期风险沿关系链（亲属、股权、任职、联系人）传导
- 1度以内的逾期风险沿交易链（剔除小额交易）双向传导

（二）高风险模式
- 循环担保、资金归集、集中还款

根据规则命中组的坏账率，设定与B卡一致的Ⅰ、Ⅱ、Ⅲ三级预警指标，融入统一的预警体系

基于行内数据建立客户关联图谱，在风险传导、高风险关系模式、信息交叉验证三方面生成特征变量，经过验证具备贷中风险的区分能力，形成贷中监测指标集。

此外，还结合行内数据，包括行内的还款行为、存款动账、其他贷款情况、行内的关系网络以及行外的企业信息等，构建贷中模型进行客户排序，重点关注低分数段客户。

**四、取得的成效**

外部风险评估产品的引入帮助某行增强了对其目标客户风险评估的科学性，实现和行内数据的整合贯通，及时有效地为客户营销、风控管理等方面的决策提供辅助参考。降低主观人为决策风险，提升客观数据驱动模型的预测效果。

冰鉴科技一直致力于服务小微金融和农村金融，通过人工智能技术解决小微企业融资贵、融资难的问题，在本案例中通过为该行降低决策风险，提高审批效率，最终实现了助力解决小微企业和农村客户贷款难、贷款贵这一痛点的目标，推动中国普惠金融发展。

# 基于大数据分析　实现信贷精准投放

*福建省农村信用社联合社*

## 一、研发背景

在经济下行压力加大和新冠肺炎疫情暴发的背景下，大部分传统行业面临资金链断裂风险，还款压力增大，融资需求突出；疫情期间，网点员工外出频率大幅下降，线下营销活动难以开展，利用数字化渠道进行精准营销势在必行。

## 二、具体做法

福建省农村信用社联合社发展规划部从2020年2月起在仙游县农村信用社开展大数据营销工作，具体工作流程如下。

一是业务调研，成立敏捷团队。由发展规划部牵头组织调研人员与联社人员进行访谈，了解联社现状及经营痛点。成立大数据营销试点小组，实行发展规划部数据管理中心、联社负责人双组长制，小组成员包括发展规划部数据分析成员和联社信贷部、科技部成员等。

二是分析数据，生成数据模型。发展规划部数据分析师进行数据的提取、清洗、加工、建模，利用大数据挖掘技术分析客户的基本信息、配偶的信用记录等，并对重要特征进行关联度分析，结合联社实际经验提取模型特征，生成符合福建农信特色的贷款营销模型，包括客户基本信息、收入支出明细、存贷款情况等信息。将模型结果下发联社后，引导业务人员利用自有数据对模型进行迭代优化。

三是现场指导，优化基础模型。数据管理中心负责人靠前指导工作开展方法，结合网格化营销，要求联社按周定期反馈营销成果。工作小组持续跟踪,及时提出优化策略解决营销过程中出现的问题,由联社完成模型的迭代更新。

## 三、产品介绍及取得的成效

### (一)构建福建农信大数据应用场景库

发展规划部通过线上会议、电话、实地调研等方式收集联社需求,并结合业内领先数据咨询公司的经验,总结出四种通用数据应用场景。

对私客户新增贷款营销模型。对代发工资的客户推荐小额信用类贷款产品;对资产30万元以上的高价值客户,根据近三个月收支落差识别其资金需求,精准营销授信。

对私客户贷款交叉营销模型。对无重大不良信用记录的贷记卡客户进行综合考评,营销贷款产品;对按揭贷款客户择优再甄别再授信。

对公客户新增贷款营销模型。对基于存款流水分析的中小微企业主动授信;对基于交易行为分析的对公客户贷款营销。

对公客户贷款交叉营销模型。存量结清对公客户按照结清时长分层,结合近1年流水情况,择优进行营销授信。

### (二)大数据应用营销成果显著

仙游县联社针对涉农企业贷款营销和普惠金融卡营销两大场景,出台了大数据批量营销客户的工作方案,制定了大数据贷款电话营销话术。从2月下发名单起,已对接9702位客户,累计发放再贷款涉农贷款673笔,贷款金额3.1亿元;新增贷记卡3602张,授信金额2.03亿元,转化率44.06%。主要特色及创新点如下。

第一,组织到位,建立上下联动机制。成立大数据营销工作小组,由数据管理中心、联社负责人担任双组长,上下紧密联动,高效推动工作开展。数据管理中心成员通过实地走访和调研收集行社需求信息,指定数据分析人员与联社业务人员直接对接,由数据分析人员负责需求收集、数据提取、模型加工,由联社业务人员负责营销名单的二次筛选、指导网点开展营销工作以及问题跟踪。在营销过程中,强调有效的沟通协作,对于联社反馈的问题，数据管理中心及时提出有针对性的解决方案。

第二，精准施策，持续优化数据模型。融合业内成熟模型形成符合福建农信特色的大数据应用模型库，由数据管理中心加工模型，利用大数据技术对特征的关联性、影响度进行判别。通过整合行内数据（存贷款情况、交易明细、代发工资清单）和行外数据（ETC及政府"白名单"清单、涉农经营主体、公职人员代发工资），利用联社自有数据对模型进行迭代优化，生成个性化的数据应用模型。

第三，贴近客户，创新营销方式。制订大数据营销方案，以村居为单位，进行网格化营销，形成周工作汇报制度，及时解决问题，适时总结并分享经验，提高工作效率，推动大数据营销工作的开展。

# "中小云链"
# 以金融科技破解信用穿透难题

深圳担保集团有限公司

## 一、研发背景

### （一）企业发展瓶颈

部分民营中小微企业长期面临经营规模小、信贷等级偏低和资产抵押性差等发展困境，往往难以直接通过银行贷款获得资金支持。同时，为进一步挖掘供应链利润，发展"产融结合"成为不少核心企业的迫切需求，但其自行建立供应链金融平台、培养人员及搭建金融风控体系的成本过高，刚性付息负债和贷款融资过多容易影响企业财报表现。综上所述，对于核心企业供应商而言，"融资难、融资贵"成为制约其经营规模扩大的原因之一，也容易导致资金周转效率低、"三角债"负担重等问题。

### （二）政策环境利好

2018年12月，深圳市政府出台《关于以更大力度支持民营经济发展的若干措施》，以更大力度、更优政策、更好服务支持民营企业发展。其中，包含了新增民营企业发债1000亿元以上等"四个千亿"计划，备受社会关注。

2019年7月，银保监会办公厅下发《关于积极推进供应链金融服务实体经济的指导意见》，总体要求金融机构应依托供应链核心企业，基于核心企业与上下游链条企业之间的真实交易，整合物流、信息流、资金流等，为上下游链条企业提供融资、结算、现金管理等综合金融服务。

2020年3月，国务院常务会议提出，为应对新冠肺炎疫情影响，各地区各部门应支持各企业采用应收账款等方式融资；支持产业链核心企业通过信贷、债券等融资，以预付款向上下游企业支付现金；引导金融机构主动对接核心企业，加大流动资金贷款支持。

## 二、产品介绍

深圳担保集团有限公司（以下简称"集团"）现注册资本114亿元，总资产近300亿元，借助集团"国家级中小企业公共服务示范平台"优势，积极响应国家号召，落实深圳市"四个千亿"计划，创新推出以金融科技破解信用穿透难题的智能供应链金融（中小云链）方案。"中小云链"依托集团资本市场AAA级信用，以集团增信替代民企信用，由集团旗下深圳市中小担商业保理有限公司提供线上应收账款转让、融资、管理和结算服务，将核心民企的应收账款作为融资标的，有效降低民企融资门槛和成本。

## 三、具体做法

该产品在深交所储架规模100亿元，与平安银行、平安证券强强联合，利用人工智能技术以智能身份查验、远程智能鉴权、贸易背景智能核查快速识别核心企业及供应商资质；利用区块链技术以全量信息存储披露、智能合约驱动、联盟共识机制破解供应商信用多层次穿透难题；利用云计算技术以功能云服务、信息云存储、共享云资源等服务突破实体网点操作限制；利用大数据技术以接入外部机构数据、直连中登网查验、导流第三方信息等功能支撑该产品低成本高效运作。

"中小云链"能为核心民企及其供应商提供应收账款管理及服务等全线上操作功能，包括债权登记、资产流转、转让确权、交易见证、贸易背景核查、应收账款管理、账户清分、监测预警等，有效降低民企融资门槛与成本。

## 四、产品效益

该产品对于核心企业，将稳固其供应链关系，推动产业链持续升级、协同发展；零投入搭建供应链金融平台，强化其话语权；以应收账款为融资标的，不改变核心企业负债结构，优化财报表现；通过应收账款转让建立分润机制，以信息服务费方式分享丰厚收益。

该产品对于供应商，基于集团与核心企业信用背书，简单快捷获取低成本融资，有效处理"三角债"问题；建立机制完善、安全有效的还款平台，提升买方付款意愿，降低应收账款占款压力。

2020年3月，由集团增信的全国首只无评级多核心企业供应链ABS（N+N）"中小担—中小企业供应链1号资产支持专项计划（疫情防控）"成功发行。该专项计划获得2020年中国区资产证券化项目君鼎奖。

截至2020年9月，中小云链方案共投放5.28亿元，涉及15家核心企业、81家供应商，覆盖21个省市地区，最小放款金额3082元，有效降低企业融资成本，支持普惠金融健康发展。

# 提高科技化水平　赋能家居中小微企业

上海黄浦红星小额贷款有限公司

## 一、研发背景

近年来，伴随人民对美好生活的向往，中国家居家装行业市场发展迅速，预计未来10年可成长至20万亿元市场规模。而准入门槛低和小微分散是行业一大特征，中小微企业的财务报表材料缺失或不完整，导致传统金融机构面对中小微企业不敢发放贷款，因为依据传统风控手段很难给此类中小微企业画像，故而家居行业内的中小微企业在获取金融服务上存在痛点。

## 二、产品介绍

上海黄浦红星小额贷款有限公司（以下简称"红星小贷"）充分发挥场景优势，对接真实金融需求，通过自身设计研发的线上借款APP客户端和"龙盾"中小微企业信用贷款风控系统，采用国际领先的风控技术，结合红星美凯龙作为家居零售行业龙头企业，耕耘家居行业三十多年的积累和沉淀的行业内经销商数据，积极实践大数据风控，通过多个数据维度对借款人进行精准画像。

## 三、具体做法

### （一）借助科技手段提升数字化水平

为了让中小微商户享受到更加便捷的借款服务，红星小贷采用技术手段解决人力操作，通过OCR技术直接扫描读取文件材料内容，不仅节约借款客户时间，也为后续贷款审批的数据化风控模型分析打下基础，以更好地服务客户。除此之外，为方便线上合同文件盖章签字，红星小贷自行开发上线"合同助手"微信小程序，使客户无须下载注册APP即可完成合同签署流程，在方便客户的同时，也极大地降低了线下沟通成本。

### （二）自主研发贷款审批风控模型系统

红星小贷自成立之初，就引进国际领先的风控技术，自主设计研发线上借款APP客户端和"龙盾"中小微企业信用贷款风控模型系统，同时结合红星美凯龙深耕家居行业三十多年的积累和沉淀的经销商数据，积极实践大数据风控，通过多数据维度对借款客户进行精准画像。

具体而言，"龙盾"中小微企业信用贷款风控模型（以下简称"龙盾"风控模型）系统结合经销商经营大数据和央行个人征信信息，梳理了88个数据维度，建立了155个风险评价指标备选变量库，对中小微客户贷款开展九级风险评级并相应给出授信额度和风险定价。"龙盾"风控模型共分三个部分：（1）预授信模型，该模型基于106种风险评价指标，包括经销商经营年限、展位数量和面积、展位等级、经营品类和品牌、是否战盟品牌，租金和缴纳情况、统一收银、客户投诉、所在商场经营情况等，使在"随借"APP通过商户身份验证的经销商能够预先了解大致授信额度并进行借款申请；（2）审批模型：结合预授信模型结论和央行征信数据，最终给出信用贷款额度和价格；（3）贷后管理模型：实时监测经销商80个经营指标，根据指标重要性和变化幅度自动分级预警，提示贷后人员采取相应处置方案。

"龙盾"风控模型系统是家居行业首个金融+科技+数据+场景的新型风控模型，无论是业务场景的选择还是数据的采集，都紧扣家居行业的行业特点，使得"龙盾"风控模型的评价标准反映了中小微借款人的实际经营水平和未来还款能力，有效评价其金融行为的合理性，在破解行业中小微企业融资、普惠金融难题的同时，实现新金融的安全性和效益性。

### （三）运用人工智能领域的机器学习，进一步提升风控能力

红星小贷于2018年底开始将机器学习风控模型正式部署于生产环境，运用人工智能技术提升贷款审批风控水平。该机器学习风控模型通过大数据清洗技术提取特征值，使用逻辑回归、线性回归和随机森林等多重组合的机器学习算法构建模型，通过算法的学习和参数的迭代调整，最终输出兼具安全

性（物理隔离和数据隔离）和可靠性（AUC>0.75）[①]的成熟模型，从而达到指导业务的目的。

### 四、取得的成效

截至2019年12月31日，红星小贷通过"龙盾"中小微企业信用贷款风控模型系统审批，直接或间接助力家居中小微企业获得贷款累计超过28亿元人民币，期末逾期率0.59%，借款人逾期率低于传统金融机构服务小微企业披露的逾期水平。"龙盾"风控模型系统因其积极的产业小微金融示范意义和优质的风控实践，于2019年10月荣获上海市人民政府颁发的"2018年度上海金融创新成果奖提名奖"。

---

① AUC是评估模型有效性的指标，范围在0.5~1，其中指标位于0.5~0.6说明模型无区分能力，0.6~0.65说明模型区分能力不强，0.65~0.7是目前商业银行申请贷款使用模型所处的水平，而红星小贷的AUC在0.75以上。

**研究文章**

# 数字普惠金融的守正创新：
# 提升效率　防控风险

中国社科院保险与经济发展研究中心副主任　王向楠

数字技术与金融的结合至少有三种方式：从供给侧提升金融服务的广度和深度，如ATM的发明、各类智能营销和风控技术；从需求侧催生对金融服务的需求，如电商消费场景的信用贷、网络安全保险；创建基础设施来改善金融运行效率和提升稳定性，如自动撮合交易系统、数字货币。在这三种方式中，从目前看，第一种方式与普惠金融的内在要求——包容和可持续最契合，发挥的作用也最大，而"中国数字普惠金融"的8个优秀案例也集中于此。除金融及相关的管理部门、学者专家之外，数字普惠金融实务的推动主体包括传统金融机构、有流量的互联网企业、大型实体企业和科技服务企业，而数字普惠金融8个案例的主体属于这四类的分别有4家（城商行、农商行、农信社、小贷公司各1家）、1家（腾讯牵头发起设立的微众银行）、1家（红星美凯龙发起的小贷公司）和2家（上海安硕和上海冰鉴）。在数字技术的大类上，这些案例普遍运用了大数据，至少三个案例运用了云计算技术，至少两个案例运用了区块链技术，它们在各自领域有较高的智能化水平。下面逐一进行简要分析。

齐鲁银行考虑到科创企业无形资产占比高、智力资源密集、价值较难判断的特点，主动出击，围绕企业的财务流、技术流、人才流等要素，研发了专门服务科创企业的融资产品——"科融e贷"。此产品的核心是其评价体系。评价体系中容纳的数据广泛，不仅有来自金融、工商、税务、法院等的官方数据,还有企业的全球专利、论文、项目、人才等用于衡量科创实力和潜力的数据。此案例反映出,齐鲁银行创新运用科技手段来支持科技创新,是金融与科技这两个富有活力的领域之间相互促进的一个范例。

江苏南通农商银行建设了智能决策系统,实现了200万元以内小微信贷业务全流程自动化处理。此系统较全面恰当地运用了相关人工智能技术,包括:通过机器学习从大量客户数据中提炼模式,刻画客户特征;通过划分"智慧网格"针对性地推送服务,精准营销;应用智能决策引擎,对风控系统快速迭代,实现风险防控智能化;用自动化技术协助贷后管理。南通农商银行的小微业务在2020年上半年的首贷客户占比达74%,平均贷款利率为11.75%,平均贷款期限为12个月。可见,智能化技术降低了金融服务的提供成本,也拓展了金融服务的边界。

福建省农信社联社针对广大农村地区金融服务供给不足的状况,开展大数据应用营销试点,将金融服务穿透底层,送达"三农"小微群体。福建省农信社联社成立大数据营销试点小组,实行发展规划部数据管理中心和联社双重领导双组长制;收集汇总数据,结合联社实际经验,总结出四种通用数据应用场景;以村居为单位进行网格化营销,形成周汇报工作制度,稳步推进工作。虽然数字技术没有价值观,但是不同群体之间在基础设施条件、知识素养上有差异,所以利用数字技术更多服务"三农"小微群体并非易事,其经验值得推广。

深圳担保集团针对部分民营中小微企业面临的经营规模小、信贷等级弱和资产抵押性差等困境,挖掘供应链信息,将核心民企的应收账款作为融资标的,助力民企融资。该集团推出"中小云链"方案,为核心民企及其供应商提供应收账款管理及服务等全线上操作功能,以自身AAA级信用替代民企信用,降低民企融资的门槛和成本。中国的应收账款的存量巨大,而基于应收账款为企业融资,是商业信用与银行信用相互联动的重要表现。这离不开数字技术的运用,"中小云链"方案便是综合运用了大数据、人工智能、区块链、云计算等技术实现这一功能。

上海黄浦红星小额贷款公司是经批准依法可在全国范围展业、全国唯一具有家居行业场景的互联网小额贷款公司,是一家专业性的小微金融机构。

该小贷公司基于母公司的产业链背景和多年结构化数据积累,自主研发设计了线上借款APP客户端,并反复训练中小微企业信用贷款风控模型系统。该小贷公司采用全流程线上审批放款模式,实现向母公司商场内商户和工厂经销商提供流动资金支持,打破实体网点界限。实体行业的龙头企业下大力气为产业链的中小厂商提供低成本的融资服务,是数字金融工具精准服务小微企业的一个可推广渠道。

微众银行自成立以来,无疑是普惠金融领域备受关注的机构之一,其高效率和低不良率的一个底层逻辑便是各项数字技术的深刻运用。微众银行自主研发了供应链金融服务平台,综合金融机构、核心企业、链属企业等所有链上参与方的痛点及需求,建立了多方互惠共赢的解决方案。此平台实现了单日新增线上注册的核心企业超过100家,单日新增放款超过300笔,核心企业平均授信5000万元,平台单笔融资金额20万元。此平台紧密对接各场景,运用了先进的区块链技术和人工智能技术,不仅推动了金融的普惠性,也促进了产业链金融的效率和风险防控能力的提升。

上海安硕信息技术股份公司考虑到金融营销形态的转型趋势,搭建了大数据驱动的智准营销平台。该公司建立的AISA智胜服务体系利用机器学习及模型加工等技术,创新客户经理营销获客模式,推动银行客户经理作业理念科技化、信息化的革新,汇集企业标签信息、工商信息、经营信息、风险信息、联系方式、关联信息等数字信息,实现智能化筛选与推送式获客的有机结合。在疫情期间,该公司的服务大力支持了客户银行提供"零接触"式营销服务。

上海冰鉴信息科技有限公司针对不少金融机构面临的内外部信息不对称、风控体系建设不完善的问题,设计了风控服务解决方案及一整套线上信贷风控体系建设项目。该公司为一家大型银行(该银行有大量小微企业金融和农村金融的业务)设计了线上业务的风控方案,包括相关规则、模型及决策策略的构建,涵盖贷前审批阶段和贷中监测阶段。此方案的实施帮助该银行增强了对目标客户风险评估的科学性,实现了行内数据的整合贯通,降低了主观人为决策风险,提升了客观数据驱动模型的预测效果。

在利用数字技术推动普惠金融发展上,上述案例均体现了守正创新。没有证据显示上述案例中的主体进行了恶性竞争、扩大了金融传染性、可能成为金融服务垄断者、推动了过高的杠杆率减弱了金融机构的风控能力、对客户采取歧视定价或差别服务、未尽反洗钱和反恐怖主义融资业务等（对于消费者隐私和数据安全问题，由于资料有限，不宜推断）。不仅如此，多个案例还更多地着眼于风险防控。因此，在防范化解重大风险攻坚战和精准脱贫攻坚战的收官时刻，我们阅读和思考这些案例，尤有意义。

# 金融科技助力普惠金融发展

微众银行党委书记、行长　李南青

作为国内首家民营银行和互联网银行，自成立起，微众银行就以"科技、普惠、连接"为愿景，在监管部门的正确指导和大力支持下，积极运用金融科技构建普惠金融新模式、新业态。目前，微众银行已在人工智能、区块链、云计算、大数据等前沿金融科技领域打造了多个国际和行业领先的创新性技术应用，为中国银行业在新时代的普惠金融发展中探索出一条新路。

## 一、普惠金融面临诸多问题与挑战

自联合国发布《普惠金融体系蓝皮书》以来，普惠金融的发展得到各国政府的高度重视。2015年12月31日，国务院印发《推进普惠金融发展规划（2016—2020年）》，明确普惠金融的含义是指：立足机会平等要求和商业可持续原则，以可负担的成本为有金融服务需求的社会各阶层和群体提供适当、有效的金融服务。

当前，中国的普惠金融发展状况总体向好。根据世界银行《2017全球普惠金融指数报告》，从拥有金融账户的成年人占人口比重这一数据看，中国账户拥有率已达80.23%，与发达国家分组的平均水平（94%）相比略有差距，但已显著高于发展中国家分组的平均水平（63%）。另据中国人民银行和银保监会联合发布的《中国小微企业金融服务报告（2018）》，2018年12月，中国全金融机构新发放的500万元以下小微企业贷款平均利率为6.16%，较2017年同期下降0.39个百分点。

同时也应该看到,在破解普惠金融这个世界性难题时,形势仍然严峻。在普惠人群方面,世界银行披露,2017年世界上仍有约17亿成年人没有获得最基础的金融服务,且几乎全部生活在发展中国家。在小微企业方面,以我国为例,小微企业融资覆盖面占正常经营的小微企业的25%左右,个体工商户贷款覆盖面约占全部个体工商户的16%左右,相对于个人40%左右、大中型企业80%以上的融资覆盖面,还是存在一定差距。

总体来看,在传统模式和技术条件下,普惠金融发展仍面临诸多问题与挑战,如普惠金融服务不均衡、普惠金融体系不健全、法律法规体系不完善、金融基础设施建设有待加强、商业可持续性有待提升等。

## 二、中国普惠金融的顶层设计思路:数字普惠金融

近年来,以移动互联网、大数据、云计算、区块链、人工智能等为代表的金融科技不断取得突破,以金融科学技术为驱动因子的"数字普惠金融"新模式正在全球范围内加速形成,为解决普惠金融这一世界性难题提供了现实可行路径。

对数字普惠金融的发展指引,中国一直处于世界领先地位。2016年9月,中国在作为G20主席国期间提出制定《G20数字普惠金融高级原则》,成为国际社会首次在该领域推出的高级别指引性文件;2018年10月,银保监会发布《中国普惠金融发展情况报告》,明确指出数字普惠金融引领,是普惠金融可持续发展的重要出路。以上的顶层设计文件为中国金融机构坚持主业、回归本源,推进供给侧结构性改革、培育农业农村发展新动能、推动大众创业万众创新、助推经济发展方式转型升级指明了方向。

事实上,在更早之前,促进民营银行的诞生和发展,就是中国重点发展数字普惠金融的制度铺垫。中共十八届三中全会后,2014年3月,中国人民银行、银监会等相关部门落实党中央和国务院政策精神,银监会发布自担风险民营银行首批试点名单,首批共设立深圳前海微众银行、上海华瑞银行、天津金城银行、温州民商银行、浙江网商银行5家民营银行。

微众银行就是在这种背景下应运而生的。作为银行业改革创新的产物,微众银行自成立起就积极响应党中央和国务院政策号召,确立了"让金融普惠大众"的使命和"科技、普惠、连接"的愿景,致力于服务小微企业和普

罗大众。

微众银行作为一家年轻的互联网银行，开业四年多来通过自主创新，大力研发和应用金融科技，较早走出了一条商业可持续的普惠金融发展之路，为国内银行业发展普惠金融、深化金融业供给侧结构性改革、解决金融服务供给不平衡不充分问题提供了崭新的思路，并在提升金融服务的覆盖率、可得性、满意度和增强人民群众金融获得感方面取得了有目共睹的成绩。

### 三、微众银行的数字普惠金融破题实践

微众银行开业四年多以来，专注于服务普罗大众和小微企业这两类长尾客户群，针对其痛点提供纯线上的小额、便捷的贷款、存款、理财和支付结算等服务，促使数字普惠金融落地生根。

目前，微众银行分别针对普罗大众和小微企业的两大类贷款产品的普惠效果显著。以面向个人用户的微粒贷产品为例，截至2018年底，微粒贷笔均贷款仅8100元，主要贷款客户中，79%为大专及以下学历，75%为非白领从业人员，92%的贷款余额低于5万元，72%的贷款利息在100元以下，且为近8000名语言障碍人士提供贷款服务，助力普罗大众实现美好生活。而针对小微企业的产品微业贷上线一年多，有效触达超过50万户确有融资需求的小微企业，这些均是属于实体经济范畴的小微企业；授信客户中，65%的客户此前无任何企业类贷款记录，36%的客户无任何个人经营性贷款记录，27%的客户既无企业类贷款记录，也无个人经营性贷款记录，在拓展小微企业信用空白区域方面取得重大进展。

发展数字普惠金融的背后，离不开金融科技的支持。微众银行从成立开始，就在金融科学技术的四大领域"ABCD"，即人工智能（AI）、区块链（Block Chain）、云计算（Cloud Computing）和大数据（Big Data）领域连续多年积极投入，成功打造了多个国际和行业领先的创新性技术及应用。由此，微众银行通过金融科技实现了"三升两降"，即提升效率、体验、规模，同时降低成本和风险。在通过科技手段改变成本结构后，随着客户增长带来收入增长，而边际成本逐渐下降，使得微众银行在2016年实现盈利，在商业上达到可持续并朝着最终全面实现"3A+S"的普惠金融目标迈进，即Accessible（方便获取）、Affordable（价格可负担）、Appropriate（产品贴合

需求）且Sustainable（商业可持续）。

除了自身的发展,微众银行还积极支持多个地区的金融扶贫工作,覆盖全国13个省、自治区的29个贫困区县,累计为贫困地区贡献税收3.8亿元,为中国的数字普惠金融发展提供了破题的实践样本。

### 四、展望与建议

展望未来,从普惠金融的供给侧银行的角度来看,国内还存在两个较大的难题待突破。一是信息不对称难题,目前普惠对象的数据获取难度较大,大部分的数据尤其是微小企业相关的数据仍未开放,且真实性相对较差,导致信贷风险高企,从而无法进一步降低普惠金融的成本,建议未来继续大力推进大数据征信基础设施建设,打破征信信息不对称;二是政策壁垒仍较多,例如商业银行的地域性经营限制或会影响普惠人群的覆盖面,未来建议进一步探索通过互联网渠道打破地域限制、拓展普惠金融的可触达范围。

此外,放眼全球,"一带一路"沿线国家和地区的普惠金融发展尤为不足,建议允许中国的监管机构和金融机构将自身的数字普惠金融实践经验复制推广出去,供其他"一带一路"沿线国家及地区参考借鉴。这将有助于推进金融科学技术发展,进而促进普惠金融服务水平整体提升。

# 第五章
# 中国普惠金融可持续发展案例

# 践行赤道原则促进商业银行可持续发展

兴业银行股份有限公司

作为国际项目融资领域环境与社会风险管理的"黄金准则",赤道原则诞生于2003年,迄今已被包括花旗银行、汇丰银行、巴克莱银行等在内的全球105家金融机构采纳,相关业务覆盖世界100多个国家和地区,遵循赤道原则的项目融资额已占全球新兴市场国家项目融资总额的70%。

在中国,作为"开先河者",兴业银行采纳赤道原则以来的数据同样可观。截至2019年末,兴业银行累计对1164笔项目运用赤道原则适用性判断,其中适用赤道原则的项目共计491笔,所涉项目总投资为21566亿元,为生态文明和美丽中国建设源源不断注入"清泉"。通过遵循"赤道原则",兴业银行也走出了一条"点绿成金"的差异化可持续发展路径,实现经济与社会效益同辉。

## 一、先变先行

兴业银行的"赤道原则"实践之路缘起于2003年,当时以引进境外战略投资者为契机,充分借鉴战略投资者之一的国际金融公司(IFC)先进的管理理念和实践经验。此后,兴业银行在发展可持续金融领域进行了多项尝试:2006年,与IFC在北京签订了首期能效融资合作协议,成为国内首家推出能效贷款的银行;2007年,签署联合国环境规划署金融行动倡议,坚定了可持续发展的决心;2008年10月31日,基于业务模式转型、履行社会责任、实现可持续发展等多维度的慎重考虑,兴业银行正式宣布采纳"赤道原则",成为中国首家赤道银行,在绿色、可持续发展上迈出了重要一步。

在长达一年的采纳过渡期里,兴业银行分别从公司治理、制度建设、能力建设、项目审查、客户意识培养以及交流合作六个方面全面构建了赤道原则管理体系，并完成与核心业务系统的融合。通过全行范围的项目融资调研、十大核心客户的围炉对话，将赤道原则通俗化后印发全行的"绿宝书"。通过每个项目现场的客户沟通及近百场专业培训和宣贯，兴业银行逐步获得了内部支持、监管肯定、客户理解和公众认同。

相较于传统的环境与社会风险管理方法，兴业银行通过运用"赤道原则"的理念和方法，全面重构环境与社会风险管理制度体系并改造业务流程，提升了管理的体系化、专业化水平和可操作性，形成了适宜的经营模式和业务流程。更重要的是，实施"赤道原则"所产生的动力，逐步推动并最终实现了兴业银行在可持续发展理念上的革新：兴业银行的"可持续发展"战略和"寓义于利"社会责任实践模式通过将社会责任与银行自身业务相结合，落实到产品创新、信贷投向、同业合作等经营管理的各个环节，实现公司治理理念从股东利益至上到兼顾利益相关者，再到倡导可持续发展的三级演进与飞跃。

## 二、携伴远行

作为项目环境与社会风险管理的国际标准与黄金工具，"赤道原则"在兴业银行携手企业客户完成环境融资项目中作用凸显。相比传统的环境评估与管理模式，"赤道原则"更强调过程化的项目全生命周期管理，其体系化的评估模式成为现行环境影响评估方式的重要补充。作为赤道银行，兴业银行不仅为企业提供资金供给，更能够关注到项目存在的环境与社会风险管理问题，坚持"以人为本、和谐发展"的绿色经营理念，实现银企共赢。

围绕我国实体经济绿色转型的发展需求，兴业银行现已形成了涵盖绿色融资、绿色租赁、绿色信托、绿色基金、绿色理财、绿色消费等多个业务种类的集团化绿色金融产品与服务体系，成为全球绿色金融债发行余额最大的商业金融机构。截至2019年末，兴业银行绿色金融融资余额达10109亿元，绿色金融客户14764家，累计为19454家企业提供绿色融资22232亿元，所支持的绿色项目可使我国境内每年节约标准煤3004万吨，年减排二氧化碳8439万吨，年节水量41006万吨。

## 三、善道广布

作为中国首家赤道银行，兴业银行还积极参加新版赤道原则、IFC绩效标准等国际银行业准则的审查修订工作，持续在国际绿色金融舞台上发出中国银行业的声音，并走出国门"布道"，足迹涉及越南、泰国、蒙古国等新兴市场国家，与多国银行同业分享经验、交流心得，建立了持续、深入的良性互动，共同为推进全球绿色、可持续发展贡献绵薄之力。

"赤道原则"是兴业银行可持续发展的切入点以及创造差异化优势、开辟业务"蓝海"、提升客户服务能力的有力工具，助力兴业银行成功实现了从"绿"到"金"的突破，不断增强支持实体、保护环境的能效，传播可持续发展理念。

# 内外兼修　锤炼小微服务能力

深圳农村商业银行股份有限公司

作为深圳本地的区域性银行，深圳农村商业银行与小微企业同生共长，具有支持小微企业的天然DNA。改革开放40多年来，深圳农商行一直扎根深圳，坚守社区，服务中小企业、服务来深建设者，积极履行服务实体经济的责任。在小微金融服务领域，对内积极提升管理水平，对外主动贴近市场需求，在助力企业发展壮大的同时，实现了自身速度、质量、效益的稳健发展。

## 一、坚守定位，苦练内功

深圳农商行自2003年起就确立了"社区零售银行"的市场定位。面对银行同业市场创新迭代、资产盈利快速增长的种种诱惑，深圳农商行始终保持定力，专注主业，不断夯实小微客户基础，从未偏离金融服务实体经济的本源。截至2019年末，存量小微企业贷款客户12653户，占公司贷款客户总户数的92.59%，贷款余额749.96亿元，占公司贷款总余额的69.1%，全口径小微企业贷款不良率为1.51%，比全部贷款不良率高0.24%。差异化战略定位助力深圳农商行在深圳激烈的市场竞争中赢得了应有的地位。

2009年，深圳农商行成立小微专营机构——小微金融部，专营300万元以内小微企业授信业务。小微金融部独立于支行运营，实行独立的人力资源管理、业务考核、经营资源调配、风险管理和内部控制流程。历经多年磨炼，小微金融部建立起了一支专业化、年轻化的小微贷款管理团队及专业化的产品体系。截至2020年9月，小微金融部已累计发放小微企业贷款约10.74万笔，金额突破184亿元，服务小微企业2.1万余户。此后，为优化深圳农商行在普惠金融领域的布局，小微金融部于2020年升级为普惠金融总部，进一步提升了小微金融服务的广度和深度。

下沉业务决策权,提高基层支行的小微业务承接能力。一是贷款审批权,基层支行最高拥有2000万元审批权、小额信用贷款实行单岗审批,缩短了审批流程,提高了贷款决策效率;二是产品设计权,鼓励基层支行创新产品,及时满足区域商圈、客群的特殊需求。总行对支行特色产品进行风险审核后迅速推向市场,目前,深圳农商行拥有数十种支行创新产品。

优化内部资源配置,建立小微业务长效发展机制。深圳农商行单列小微企业信贷投放计划,对分支机构信贷额度实施差异化管理。将"两增两控"纳入经营目标责任制考核,对经营单位领导评价实行一票否决制。设立普惠型小微企业贷款专项资金池,资金池利率较普通贷款优惠30个基点。同时,健全小微尽职免责制度,加强尽职免责评议、认定等相关工作机制建设。通过内部管理组合拳,不断提高经营单位和一线从业人员开展小微企业相关业务的积极性。

## 二、创新驱动,服务升级

加强金融科技运用,推进产品创新。深圳农商行结合小微企业的行业、产业、生产周期等,细分用户场景,借助互联网、大数据技术致力于为中小企业提供全生命周期、全产品覆盖的金融服务解决方案。推出了一系列手续简单、操作便捷、适应市场的产品。如以企业日常结算数据、纳税数据、结合征信及第三方平台数据为主要授信依据的"速易贷""税e贷"等信用贷款产品,以及向特定经营主体推出的订单贷、脚手架贷、空调贷、民宿贷等特色鲜明的产品。

线上与线下融合,拓宽服务渠道。深圳农商行充分运用手机银行、网上银行以及"互联网+抵押"等新渠道,通过线上与线下结合的形式,实现了线上受理、线下调查、自动(或线下)评审、自助出账,使业务流程快捷高效。

贴合客户需求,优化融资方案。契合小微生产经营合理匹配贷款期限、还款方式,解决小微企业经营周期与融资期限错配的难题。普惠小微企业中长期贷款占普惠小微贷款比例达75%以上。此外,灵活制定续贷政策,根据客户的特点采用无还本续贷、可循环授信额度等方式为客户办理续贷。续贷及出账审批流程简洁,满足小微企业资金"短、频、快"的需求。

紧跟区域经济发展节奏,提升市场应变能力。深圳农商行的发展轨迹融入了深圳经济发展的脉搏,从最初的支持农村经济、制造业发展,到近十年来跟随深圳市产业升级的步伐,旗帜鲜明地提出了发展科技金融、助力科技型企业发展的业务转型方向。2017年初,深圳农商行提出了3年2000户200亿元支持科技型民营企业的目标。通过名单制管理、优化业务体系与授信审批标准、健全专职审批机构、加强对企业经营现金流的审核、降低抵质押物依赖、开拓新型抵质押担保方式等各项措施方式,加快推进"零售+科技"战略步伐。2019年末,深圳农商行科技型企业贷款户数2459户,贷款余额202.17亿元,科技型企业金融服务已成为深圳农商行信贷规模增长的重要支点。

# 惠农保使"三农"融资门槛不再高

浙江省担保集团有限公司

## 一、研发背景

为贯彻落实党中央、国务院关于实施乡村振兴战略和美丽乡村建设的总体部署,深入践行"两山"理念,切实解决"三农"客户融资难题,浙江省担保集团有限公司(以下简称浙江担保集团)通过实地调研,紧密结合"三农"客户融资担保需求,加大政策扶持力度,有针对性地推出浙担·惠农保产品。

## 二、产品介绍

浙担·惠农保产品是一款批量受理的担保产品。单个被担保人的担保金额上限设置在30万元,被担保人可在不超过3年的担保期限内自主安排资金使用计划。根据不同的担保期限,该产品设计了灵活可变的担保费率,最高不超过1.5%/年,最低可达1%/年,若被担保人提前归还借款,还可根据实际担保期限退还相应担保费。

## 三、产品特色

该产品体现了政策性定位与市场化运作的有机结合,充分体现了普惠性,拥有完善的风控机制作保障,业务可持续发展示范作用明显。

服务对象定位清晰。以"三农"客户为主体,包括从事农业生产经营的住户、国有农(林)场职工、农民工、农村个体工商户等。

需求导向设计灵活。该产品以满足客户的灵活用款需求为主线,以风险定价为原则。统筹兼顾批量化产品的成本运营效率与客户灵活用款的实际需要。设定单户总额，三年期限的总体约束框架，满足客户自由安排用款计划，并根据使用期限，灵活设定保费费率，降低用款成本。通过精细化产品设计，兼顾业务参与各方对于资金、成本、效率需求的多重平衡。

准入门槛低普惠性强。针对符合条件的客户免除反担保要求，也可免除第三方保证，大大降低了"三农"客户的融资门槛，提升了服务效率。

风控机制完善。通过建立完善银担"二八"风险分担机制，与合作银行共建模型，提高操作效率、有效防控风险。形成以日均金融资产作为主要准入条件的风控手段：针对被担保人不同的融资需求，制订了阶梯式的准入要求——担保金额不超过10万元的，要求日均金融资产不低于1万元；担保金额超过10万元的，要求日均金融资产不低于2万元。在产品良好运营一年之后，免除了第三方保证人的准入要求，降低了融资门槛，提高了客户满意度。对合作银行辖属各家分支机构实行准入机制，设定授信总额约束，形成业务、机构双重管理机制。目前，浙江担保集团已分别与农业银行、邮储银行及温州银行开展业务合作，三年期总体授信规模分别达到50亿元、8亿元和5亿元。同时，还以分支机构为单位设置了业务暂停机制，当双方产品合作项下的月末贷款逾期率达到3%时，暂停相应经营机构的新增业务办理。此外，浙江担保集团也积极建立业务交流机制，多次举办产品推介会，帮助银行了解惠农保产品内容，熟悉有关操作要求。增强银担双方互信，实现业务风险联防联控，深化合作交流。

可持续示范作用强。2016年底，该产品业务已在全省范围内全面铺开。截至2020年6月末，业务累计发生额130.23亿元，服务客户59789户，其中，直保业务本年累计代偿率仅0.88%，业务发展可持续性较强。

再担保加持实现产品升级。由于惠农保产品的批量化操作便捷，代偿率相对较低，浙江担保集团计划逐步将直保模式转化为再担保模式，以有效推动产品扩面增量。目前已将杭州、温州、绍兴、湖州等地区的惠农保业务从直接担保转为再担保业务，由地方政府性融资担保机构承接直保业务。通过业务模式的转变推进了全省政府性融资担保体系建设的增质提速。截至2020年6月，由直接担保转为再担保业务的累计客户数已达26931户，累计发生额55.99亿元，在保户数18308户，在保余额40.04亿元。

### 四、主要成效

浙担·惠农保产品运营三年以来,业务规模稳步增长,风险总体可控,取得了较好的成绩。截至2020年6月末,该产品业务累计发生额130.23亿元,服务客户59789户,其中直保模式累计发生额74.24亿元,服务客户32858户,在保余额35.95亿元,在保户数14619户,本年累计代偿率0.88%;再担保模式累计发生额55.99亿元,服务客户26931户,在保余额40.04亿元,在保户数18308户。

# 基于风险穿透式管理的信保业务可持续发展

英大长安保险经纪有限公司

## 一、研发背景

为支持实体经济发展,创造良好营商环境,国家多次部署清理规范各类保证金,鼓励转变保证金缴纳方式。在政策推动下保险行业运用信用保证保险(以下简称信保业务)进行了诸多探索,但受"侨兴债务"、P2P债务违约等事件影响,信保业务的市场供给迅速收缩,很多期望运用保险产品盘活资金的需求得不到满足。一方面实体经济、小微企业融资难,迫切需要盘活资金;另一方面传统的增信方式成本高、办理难、覆盖率低,保险业希望优化业务结构寻找新的增长点又害怕风控缺位拖累业绩。在这种情况下,市场需要"润滑剂"和"桥梁"参与其中,准确连接真实需求和有效供给,消解信息不对称,寻找多方合作共赢的最大公约数,而这正是保险经纪人的用武之地。

## 二、产品介绍

英大长安开发的履约保证金保证保险,以采购合同中约定的履约保证金为赔偿上限,实务中发生供应商未按期供货、货物不符合采购合同约定等情形时,会触发采购合同中约定的履约保证金赔偿条件,构成保险事故。保险事故发生后,由投保人在等待期内自行支付违约金,若投保人未支付则由保险公司进行赔偿,并向投保人追偿。得益于贯穿多方的风险控制体系,该产品既有效地识别转移了物资供货风险,保证了项目进度,又完善了风险管理体系保证了产品质量,还减少了供应商缴纳保证金导致的资金占用,实现了实体经济和金融业共赢。

## 三、具体做法

英大长安利用大云物智链等金融科技技术，嵌入国家电网有限公司供应商评价管理体系，综合考虑供应商资质能力、供货履约记录、整体服务水平、项目质量等信息，投保前有效识别规避风险，投保后制定科学的奖惩措施引导诚信履约。

投保前有效识别规避风险。英大长安投保平台通过与国家电网有限公司电子商务平台和第三方信息机构等平台对接，在准入环节剔除近三年被列入供应商黑名单、失信或被执行人名单的投保人。投保人在线提交投保信息后，查验供应商历史履约情况、供货合同签订详情、审验保险金额和保险期限是否合理等关键信息，有效甄别风险偏高的供应商。对于近一年发生不良履约记录的供应商，平台建议保险公司谨慎承保，严防增量风险，并根据供应商资信情况、抗风险能力，引导保险公司合理定价有序竞争。平台通过综合考虑投保人的实际风险水平，对合作时间久、履约情况好的投保人实行优惠费率。在宣传推广时，平台会明确告知该产品是一种增信产品，并不会免除投保人违约应当承担的经济赔偿责任，保险赔付后，保险公司有权在赔偿金额范围内向投保人进行追偿，避免投保人因为有保险兜底而放松履约质量管理。

投保后奖惩措施鼓励守约。为准确区分恶意违约，英大长安专门设计了赔偿等待期。投保人发生保险事故但在等待期内自行处理违约事件的，视为没有发生保险赔付，仍可享受续保优惠；如果等待期内未处理则由保险公司赔偿后进行追偿，并向国家电网有限公司建议降低此类供应商评价，将恶意违约、情节严重者纳入黑名单。对保险期间未发生赔付的投保人，英大长安会逐年降低保险费率。上述奖惩手段的结合增加了违约失信成本，引导投保人诚信履约，有效管控了恶意违约行为，杜绝相关风险规模性扩散。

## 四、产品成效

自2020年3月推出履约保证金保证保险业务以来，英大长安在六个月内（截至8月底）已经为6000家次供应商办理履约保证金保证保险，为实体企业释放保证金4.8亿元。英大长安旗下信保业务（全口径）已累计服务12382家实体企业,办理信用保证保险11.94万笔,为实体企业释放各类保证金155.78亿元。

  通过全流程覆盖,贯通保险公司、合同双方、社会征信机构等,形成多层次的风险管理体系,英大长安信用保证保险业务规范了投保人行为,引导鼓励诚信履约,既帮助实体经济有效释放资金、解决融资难融资贵问题,又破解了保险供给侧风险管控缺位问题,从而形成良性循环,促进了信用保证保险业务高质量、可持续发展,并助推售电履约保证保险、质量保证金保证保险、应收账款信用保险、应收电费信用保险等一系列支持实体企业发展的普惠金融产品开发。

# 北京市金融风险监测预警平台

北京金信网银金融信息服务有限公司

## 一、研发背景

近年来,各类非法金融活动频发,部分不法分子打着"区块链""虚拟货币""以房养老"等旗号开展非法金融活动,极大地损害了人民群众的利益。对此,北京市地方金融监督管理局深刻认识到首都安全稳定重于泰山,对非法金融活动保持高压打击态势,避免出现"劣币驱逐良币",对非法金融活动实行"零容忍"。

早在2015年,北京市地方金融监督管理局依托大数据技术在全国率先开发金融风险监测预警平台,基于全网实时监测,主动抓取符合非法金融活动特征的信息,通过特征词赋值、模型量化、信息比对,综合分析计算目标企业风险相关度,计算出衡量非法集资风险度的"冒烟指数",有效提升风险预警能力和案件前期核查研判效率。

## 二、产品介绍

北京市金融风险监测预警平台将北京市网络借贷平台、私募股权投资机构、地方各类交易所、地方资产管理公司等20多类从事金融活动的企业纳入监测,依托大数据、监管科技手段整合互联网公开数据、政务公开数据和金融监管机构数据等大数据资源,通过合规性、收益率、投诉率、传播力、特征性五大维度近百个细分指标动态计算企业的风险指标"冒烟指数"(冒烟指数越高,代表企业风险越高),可有效辅助金融监管机构及时掌握金融风险线索。

## 三、具体做法

### (一)创新应用大数据监测预警非法金融活动,实现"线上+线下"立体化监管

北京市金融风险监测预警平台实时接入财经网站、地方金融网站、贴吧、工商税务网站、社交媒体、法院、投诉举报等数据资源,全天候无缝隙监测非法金融活动线索,解决非法金融活动发现难的问题。

### (二)量化非法金融活动风险,辅助监管精准决策

| 冒烟指数分值区 | 风险区划分 | 差异性处置决策略 |
| --- | --- | --- |
| [80, 100] | 取缔类 | 移交线索 |
| [60, 80) | 关注类 | 重点关注、约谈整改 |
| [40, 60) | 整改类 | 重点监测、规劝改正 |
| [20, 40) | 可疑类 | 持续监控 |
| [0, 20) | 正常类 | 正常监测 |

基于海量大数据资源,北京市金融风险监测预警平台通过机器学习模型和专家研判模型共同赋权得到企业风险评分,即"冒烟指数"。当冒烟指数为80(含)~100,则应向公安部门移交线索;冒烟指数为60(含)~80,则意味着其非法集资的风险非常高,需要重点关注、约谈整改。"冒烟指数"的分类分级预警机制可精准研判出高风险企业,有助于金融监管有的放矢。

### (三)依托技术打造市区两级联动机制,创新金融治理模式

从隶属关系来看,北京市地方金融监督管理局和各区金融办分别隶属于北京市政府和各区政府。为提升市区两级协同处置风险的效率,北京市金融风险监测预警平台不仅服务北京市金融监管局,同时也承担着北京各区的风险监测和风险处置的职责。目前,北京房山区、东城区、西城区等区的金融监管局参考"冒烟指数"进行各区现场核查工作,并定期同步上报市金融监管局,逐步形成了市区两级联动机制。

## 四、取得的成效

北京市金融风险监测预警平台已被北京市金融工作局运用到了2015—2019年北京市打击非法集资专项整治行动、互联网金融风险专项整治行动和扫黑除恶等工作中,并取得了显著的成效。

截至2020年3月底,北京市金融风险监测预警平台共监测新闻、论坛、微信、微博、招聘等网络数据300.0亿条,对接全国工商企业数据5000万家、全国金融行业协会数据20余万条,失信公告、裁判文书、执行公告、法院公告等法院数据60余亿条,共监测北京市近20万家企业,发现预警1600余家风险企业,在监测预警、风险排查方面发挥了重要作用。

2019年11月22日,成方金融科技论坛在北京召开。北京市委常委、副市长殷勇出席并发表致辞点赞"冒烟指数","北京的金融科技创新已经具备了先发和引领优势。在监管手段上,我们将着力构建基于大数据、云计算、人工智能在内的监管科技体系。我们在全国首创了'冒烟指数',并不断提升金融风险监测预警的能力"。

"冒烟指数"服务北京市金融监管局后,相继应用于中国银保监会、公安部、中国互金协会、江西金融办、重庆金融办、天津经侦、深圳金融办等200多个金融监管机构监测1000多万家企业的非法金融活动风险,成功预警出多起非法集资大案要案。"冒烟指数"已成为地方金融风险监测预警的事实标准。

# 好伙伴成长计划构建新型银企关系

日照银行股份有限公司

## 一、背景与起因

作为一家扎根于地方的城商行,日照银行始终坚持"立足地方经济、支持中小企业、服务广大市民"的市场定位,将服务小微企业、发展普惠金融作为服务地方经济、助力新旧动能转换的重要举措。

融资难、融资贵是小微企业面临的一大难题,其根源在于银企之间信息不对称。日照银行启动了"好伙伴成长计划",通过构建新型银企合作关系,增进银企互知、互信、互依,为企业提供个性化、定制化、综合化服务。针对小微和普惠金融客户的需求,创新推出满足其"全生命周期"的陪伴式服务,有效缓解融资难题。

## 二、举措与亮点

规划引领,确定服务定位和方向。日照银行成立"好伙伴成长计划"实施领导小组,制订印发日照银行小企业"好伙伴成长计划"实施方案,引导分支行加强市场调研和客户行为研究,从"做业务"向"做客户"转变。日照银行倾斜各项信贷资源,对于"好伙伴"客户尤其是普惠金融业务做到随申随批随放,较好满足小微企业资金需求,并根据企业情况,给予不同程度的利率优惠。

持续创新,推行定制化服务模式。日照银行以发展的视角研判企业未来的现金流,以"好伙伴"的身份进行融入式服务。如办理日照市首笔小微企业知识产权质押贷款,通过商标权质押为茶企融资,成为日照市首例商标权质押融资案例。日照银行对"好伙伴"客户实行名单制管理,坚持一户一策,切实解决企业融资的"燃眉之急"。以日照裕鑫动力有限公司为例,该企业因一批出口订单急需贷款1000万元购买配件,日照银行得知该情况后,立即为其制订解决方案,急事急办、特事特办,不到8小时就完成放款。

多方合作,打造金融服务生态。日照银行先后在山东省5个地市举办投贷联动大赛6次,累计为60余家科创企业"搭台唱戏",为企业提供"债权+股权"服务;与齐鲁、蓝海股权交易中心达成战略合作,为"好伙伴"企业提供培育服务和上市辅导;打通保险公司、电力公司渠道,为企业争取保费优惠、电费优惠政策;与市地方金融监管局等五部门联合发文,试点开展知识产权质押融资业务,在全市推广落地补贴政策,助力企业发展。

科技赋能,提质扩面增效。日照银行在优化业务流程、提升客户体验、扩大服务覆盖面等方面下功夫,使服务小微企业客户达到量增、面扩、价降的目标。利用大数据挖掘小微信用市场,实现小微客户融资"流程在线、风控在线、审批在线、管理在线"的服务模式,提高业务服务质效。推出免费评估工具"估估价",开发线上贷款产品"房抵快贷""光伏贷",利用大数据把控信贷风险,实现线上申请、自动审批、快速放款,进一步丰富了小微企业产品体系,小微企业足不出户就可申请办理。

服务升级,银企关系更加紧密。日照银行发布"好伙伴成长计划"品牌,为"好伙伴"企业授牌,并向社会发布。日照银行将持续推进中央、省、市各项政策措施的落实落地,持续升级对小微和普惠金融客户的服务质效,持续加强谋划布局,承诺与广大客户一道,携手并进,共赢未来。

### 三、成果与反响

日照银行以培育"相互信任、相互支持、共同成长"的"伙伴式"客户为目标,全面树立综合化金融服务理念,懂客户、做客户,注重客户个性化体验,逐渐打造客户、业务、产品多渠道发力的金融生态。截至2019年末,日照银行普惠金融领域贷款余额96.13亿元,比年初增加29.89亿元,余额占比11.67%,增量占比22.72%,达到普惠金融贷款定向降准二档目标。

日照银行"好伙伴成长计划"得到了社会和行业内的充分肯定和广泛好评,在"2019金融服务民营及中小企业案例征集"活动中获"优秀案例奖"。日照银行创新融资模式支持小微企业发展的做法被人民银行、银保监会纳入2018年中国小微企业金融服务白皮书。在人民银行济南分行"山东省金融机构小微金融服务工作成效分类评价"中，日照银行成为唯一一家获批"优秀档"的城商行和法人机构。

# "红原模式"助力藏区农牧业发展

中航安盟财产保险有限公司

四川阿坝州藏区居民以农牧业生产收入为主要生活来源，增收渠道单一，富民产业培育进展较慢。中航安盟保险不断适应新形势下精准扶贫的需求，务实创新，打破常规，形成了一整套适用于藏区的新型保险模式，积极帮助贫困群众防范和化解风险，提高贫困地区和贫困群众的自我发展能力。

## 一、率先开展牦牛养殖保险试点

中航安盟从2013年起在阿坝州红原县启动牦牛养殖保险试点工作，后逐步在以阿坝州红原县、若尔盖县为代表的藏区大力发展和推广。2013年至2019年，中航安盟累计承保牦牛406.7万头，为43166户次牧民提供风险保障81.6亿元，出险赔付3.47亿元，参保牧民户均赔款达到8041元。为牧民户均减损近6万元，远远超过中央确定的脱贫标准。公司坚持创造出的"红原模式"，为现代草原畜牧业的发展提供了坚实保障，而这项工程已成为数十万牧民脱贫增收的"加速器"，现代草原牧业发展的"助推器"，维护民族团结社会和谐的"稳定器"。

## 二、创新"保险+信贷"，推出"惠牧贷"

在若尔盖县，部分贫困牧民想购买农业保险，但无钱交自交保费部分。针对这一现象，中航安盟推出了"政府+保险+类金融机构+企业+专业合作社（牧民）"五方协作的精准扶贫新模式——"惠牧贷"。具体做法是：政府出面为贫困牧民自交保费贷款提供信誉担保；中航安盟提供保险服务；类金融机构按保单提供贷款；牦牛乳业企业补贴牧民定向贷款利息，实现"无息贷款"；中航安盟提供贷款保证保险，牧民牦牛出险后优先偿还贷款，在牧民无力偿还贷款的情况下,由中航安盟向贷款公司支付贷款。2017—2019年,小贷公司共为若尔盖8342户困难牧民提供贷款2301万元,顺利为85万余头牦牛买了保险,中航安盟提供风险保障17.17亿元。"惠牧贷"模式不仅为农业企业(合作社)和农户提供了农业保险,而且直接为农业企业(合作社)和农户提供融资支持,降低了融资成本,充分发挥了保险经济补偿和资金融通的功能,形成了比较完整的金融扶贫服务链,是农业保险精准扶贫的一个有效探索。

### 三、从保成本到保价格、保收入

根据《四川省牦牛和藏系羊价格保险试点方案的通知》(川财经〔2017〕51号),结合当地牦牛市场价格波动过大、农户市场风险保障需求较大的实际情况,2017年,中航安盟在红原县率先试点开展了牦牛活体目标价格保险。当年承保牦牛724头,为28户次提供风险保障278.02万元,赔偿金额82.25万元。

2019年,中航安盟积极响应财政部等关于印发《关于加快农业保险高质量发展的指导意见》的通知(财金〔2019〕102号)中推动农业保险"保价格、保收入"的要求,将农业保险朝着"保价格、保收入"的方向升级换代,试点开办牦牛价格保险,承保牦牛1450头,为71户次提供风险保障626.4万元,已支付赔款30.06万元。

### 四、突破精准扶贫瓶颈,推出"防返贫保险"

阿坝州属于深度贫困地区,自然灾害频繁,人均家庭财富水平比较低,抵御风险的能力比较差。对于建档立卡贫困户和低收入户群体,中航安盟专门开发设计了"防返贫保险",提出了"吉祥三保",即"保平安、保成本、保收入",避免低收入人群"因灾致贫、因病返贫"。该保险以地方财政补贴为基础,以保成本和保价格(保收入)共保为运作方式,以发放"贫困户轮换饲养"的牦牛为重点,按照财政扶持补贴保费190元/头、村集体或贫困户自筹保费5元/头的方式投保。目前已为红原县7个乡镇12个村集体经济组织(含5个贫困村)41户贫困户7886头牦牛提供风险保障2365.8万元。防返贫保险有效降低了养殖户的市场风险,保证了牧民能够持续稳定增收,做到了精准扶贫、精准脱贫,受到广大农牧民的欢迎。

# "优学e+"学费分期贷款产品及资产证券化实践

青岛城乡建设小额贷款有限公司

## 一、研发背景

青岛城乡建设小额贷款有限公司（以下简称"城乡小贷"）推出"优学e+"产品，是对国务院办公厅《关于金融支持经济结构调整和转型升级的指导意见》（国办发〔2013〕67号）中提出的"进一步发展消费金融促进消费升级"要求的具体落实。发展消费金融业务，对于促进经济转型和提升居民消费能力有着重要意义。另外，近年来城乡小贷积极践行新旧动能转换，致力于发展普惠金融。如何突破传统业务瓶颈，以有限的人力物力实现业务的小额分散化，是城乡小贷一直研究的课题。基于以上双重背景，城乡小贷攻坚克难，努力创新，借助大数据、信息处理等金融科技力量，研发出"优学e+"这一产品。

## 二、产品介绍

"优学e+"产品是城乡小贷基于教育场景创设的学费分期贷款产品。城乡小贷依托教育消费场景，运用大数据风控及信息化系统向学员提供学费分期服务。该产品还具有全程线上操作、借款用途真实、小额分散、资金闭环运作、业务标准化等特色，产品形成的资产非常适合发行资产证券化产品。城乡小贷目前已成功发行了山东省小贷行业首单ABS资产证券化产品，形成了资金与业务投放的良好运转，增强了业务的可持续性。

## 三、具体做法

教育机构学员线上申请学费分期贷款。城乡小贷依托大数据风控及信息化系统,在线上完成学员的风控审核、合同签订及银行卡绑定,并将审核通过的学费贷款受托支付至教育机构,而后城乡小贷通过第三方支付系统按月自学员银行卡划扣分期还款金额。通过对业务模式、运行机制及资产证券化导向的设计,城乡小贷有效地解决了普惠金融业务在风险、成本及收益方面的诸多痛点。

## 四、取得的成效

"优学e+"产品上线以来,已累计发放贷款6.93亿元,惠及学员25000余人。该产品通过分期服务减轻了学员对于学费的支付压力,满足了广大人民群众对优质教育资源的迫切需求,促进了优质教育资源由一二线城市向三四线城市乃至边远地区传递。城乡小贷则通过这一产品践行了发展普惠金融,用金融服务国计民生的社会责任;同时也解决了业务小额分散化的难题,加快了公司转型升级的脚步。

城乡小贷在产品规划之初,就充分考虑普惠金融产品必须具有低成本的特点,因此需要匹配低成本的资金,才能实现让利于大众。这让城乡小贷着眼于资产证券化这一融资途径,并参考市场上已有的资产证券化产品标准进行产品设计,最终成功发行了山东省小贷行业首单ABS产品。

"优学e+"产品目前合作机构主要为在线教育机构。在线教育近年来已逐渐普及,特别是2020年在抗击新冠肺炎疫情的背景下,由于学校停课以及大量线下教育机构关停,在线教育异军突起,"停课不停学"让广大群众可以继续接受教育。在线教育可突破场地限制,减少学习者的出行,对疫情防控发挥积极作用。因此,大众对在线教育的需求呈现了巨额增长,在线教育行业未来具备较大的发展潜力。城乡小贷通过"优学e+"产品参与到在线教育场景下的消费金融业务中,顺应了时代的发展趋势,未来也将借助此产品致力于在线教育和消费金融发展中,切实促进产业发展。

# 政策性天使科贷

苏州市融风科技小额贷款有限公司

## 一、研发背景

近年来，苏州工业园（以下简称园区）坚持以创新引领转型升级，加快建设世界一流高科技园区。截至2019年底，园区累计培育科技创新型企业6000多家、苏州工业园区科技领军人才项目近1700个、国家高新技术企业超过1400家、独角兽及独角兽（培育）企业50家。由于上述企业在发展初期，"人脑+电脑"的轻资产特征明显，没有稳定的销售收入和充足的抵质押物，很难获得银行等传统金融机构的支持。为进一步完善园区科技金融服务体系，通过政策性金融服务加速初创期企业发展和孵化期项目成长，2015年，苏州市融风科技小额贷款有限公司（以下简称融风科贷）正式成立。

## 二、产品介绍

近年来，园区大力发展生物医药、纳米技术应用、人工智能三大战略性新兴产业，人才数量、项目质量、产业规模快速提升，形成了"引进高层次人才、创办高科技企业、发展高新技术产业"的链式效应。融风科贷作为江苏省首家政策性科贷公司，聚焦园区早期科创企业"首贷"需求，坚持"做早、做小、最快、最新"总体定位，积极探索"政策性天使科贷"模式，尝试"债权+期权"的投贷联动创新模式；始终坚持"小额、分散"的操作原则，围绕科创项目特色评价标准，突出对团队的综合考量，做到"信用评价为重"；始终坚持"保本微利"的经营理念，贷款利率处于江苏小贷行业最低水平；始终坚持"金融引领孵化、培育"，依托各类资源，为企业提供各类科技资质、人才资质申报及投融资对接等各类增值服务，引导社会资本加大对早期科创企业的支持力度；融风科贷以"合规为先"，落实"一企一策"风险排查，对临时经营困难的企业，不搞简单的断贷、抽贷，切实增强贷款企业的获得感。

### 三、具体做法

融风科贷设立以来，始终坚持政策性定位和差异化经营，全力服务科技型小微企业和科技人才"创新创业"，积极引导和撬动社会资本接力，取得了较好成效，具体情况如下。

#### （一）坚持政策性定位

截至2020年9月，融风科贷实现贷款投放100%在园区、科技型中小微企业占比100%、企业客户占比100%。到2020年6月末，融风科贷已累计向近300家科技型小微企业发放贷款超过10亿元，户均贷款金额不到200万元，贷款平均年化利率与银行保持同一水平，信用类贷款占比约90%，首贷客户占比约70%；先后支持国家人才计划、江苏省双创人才、姑苏创新创业领军人才、园区科技领军人才等各类科创人才创办的企业超过200家，培育高新技术企业近200家，支持企业入选独角兽（瞪羚）项目约60家。支持的初创期企业进入"成长期"后，融风科贷会协助企业做好银行资金或创投基金对接，待企业完成后续融资后，适时退出。截至2020年9月，融风科贷项目更新率超过25%，累计退出进入成长期项目超过100个，退出贷款超过7亿元，退出项目后续获得各类创投基金、银行科技贷款等社会资本支持总额超过30亿元。

案例一：A企业为国家人才计划、江苏省双创人才、姑苏领军人才、园区科技领军人才创办企业，主要从事1.1类及3.1类新药研发、医药中间体的生产和销售。融风科贷于2016年为A企业提供了200万元2年期科贷贷款支持；贷款存续期间，A企业先后获得降糖1.1类新药、2个3.1类新药的临床批件；2017年，A企业获得多家知名创投机构近亿元股权投资。贷款到期后，融风科贷退出。

#### （二）坚持差异化经营

融风科贷开业以来，努力实现与银行、创投基金的差异化经营。融风科贷创新推出"领军贷"产品，运用"投资+债权"的双维评价模式，围绕行业技术、团队构成、商业模式、现金流等因素，借助大数据征信等外部资信评估方式，综合判断企业的创新性和未来的成长性。与传统风险投资和银行类科技金融产品相比，融风科贷的贷款覆盖了更早期的科创企业，小额产品审批更快速、操作更灵活；与同类机构相比，融风科贷的综合融资成本更低。

同时，融风科贷还积极借鉴国外风险贷款成功经验，导入"贷款+期权"投贷联动模式，与客户达成投资期权合作，在以贷为本的基础上，分享未来项目成长带来的超额收益。

案例二：B企业为纳米新材料企业，成立时间不满2年，技术能力较强，但运营和市场营销团队偏弱；产品刚进入市场验证阶段，订单不稳定。鉴于创始团队有坚定的创业决心，以及产品细分市场前景较好，融风科贷为B企业提供了300万元3年期信用贷款，并获得投资选择权。截至2020年9月，企业已经获得3家知名风投机构投资意向书，股权融资处于落地过程中。融风科贷将根据实际情况，择机行权。

### （三）坚持高质量发展

融风科贷坚持高质量发展理念，疫情防控期间，免除所有在贷企业1个月贷款利息，并给予续贷企业优惠贷款利率支持，惠及企业超百家，减免利息金额上百万元，先后获得联合信用专项信用评级A级和省金融办动态监管评级AAA级，赢得了良好的社会评价和监管认可。2017年，融风科贷成功接入人行征信系统，成为苏州市首家接入人行征信系统的科贷公司。在不良贷款控制方面，融风科贷坚持"小额、分散"的原则，在贷项目风险整体可控，不良贷款率控制在1%以下，连续4年实现保本微利。

# 可商业化的户用光伏创新普惠金融产品

浙江互联网金融资产交易中心股份有限公司

## 一、研发背景

建设普惠金融体系，加强对小微企业、"三农"和偏远地区的金融服务，推进金融精准扶贫已经上升至重要的国家金融战略。政策要求2019年普惠型小微企业贷款"两增两控"，以及普惠型涉农贷款增速不低于各项贷款增速、精准扶贫贷款增速高于各项贷款增速，并指示可适度提高小微企业、"三农"、扶贫不良贷款容忍度，并设定了扶贫再贷款实行比支农再贷款更为优惠的利率，鼓励贫困地区地方法人金融机构扩大信贷投放、合理确定贫困地区贷款利率水平。曾经依靠补贴，光伏产业如火如荼，不仅绿色环保，更是极其符合普惠金融的发展方向，深受资本市场与各地政府的青睐，产能占据全球半壁江山。但随着补贴政策的缩紧，寒冬降临，大部分光伏企业入不敷出面临停产。事实上，国家发展改革委下调补贴政策的主要目的之一，就是促进光伏行业健康有序发展，让光伏产业不再是依靠政策补贴而是通过创新金融产品来实现普惠金融的可持续发展。

普惠金融的可持续性发展一直面临农村地区，特别是偏远山区、贫困地区这些金融服务覆盖的"最后一公里"存在的金融供给、需求结构不平衡的困扰。由于我国国情的特殊性，农村地区信息不对称以及对农户的征信缺失现象严重，即便是普惠类贷款，发放仍有一系列的限制条件，而且贷款程序烦琐，多数农户无法完成复杂的审批程序，使普惠贷款支农的效果不明显，普遍存在范围窄、规模小、增长慢、发放不规范、贷款质量和持续性差等问题，因此，普惠贷款的可得性不高，助农脱贫脱困的效果也较差。

浙江互联网金融资产交易中心股份有限公司（以下简称"网金社"）

作为互金资产交易所，助力中小企业、支持绿色发展责无旁贷，利用独立设计的以大数据模型为核心风控措施、交易场景反欺诈风控验证和资金流管控等技术降低普惠金融风险，通过其金融IT及大数据技术拓宽资金融通渠道，为浙江碳银互联网科技有限公司（以下简称"浙江碳银"，一家为解决分布式清洁能源利用与投资需求的产业互联网平台）及其合作方提供更多资金支持。在低风险低成本的前提下，提高金融服务的效率，加速清洁能源领域小微企业的资金周转，支持小微企业创新业务发展。

## 二、产品介绍

网金社是由蚂蚁金服、恒生电子、中投保联合发起的国内第一家经政府批准的互联网金融资产交易中心，2019年7月起，网金社与浙江碳银通过"平台+产业+金融科技"的模式合作，裂变出一个新型产融结合的普惠金融模式，共同打磨出了符合社会发展需要的户用光伏创新普惠金融产品，授信规模达10亿元，授信期限以中短期3个月、长期8年为主，通过助力碳银集聚了一大批清洁能源创新企业，资金用于光伏设备的采购，通过打造数字产融平台，有效促进光伏产业链各主体的集约、协同发展，使得光伏产业与金融服务相得益彰，为普惠金融的可持续发展发挥的样板作用。

## 三、具体做法

### （一）利用金融科技助力产业发展

网金社通过金融科技与产业深度融合，在资产监控方面，搭建供资金方使用的系统。在产业管理层面，协助碳银等平台整合产业内的渠道以及实现供应链上各类主体的协同发展。在风控决策层面，构建模型校验农户风险，为产业平台搭建更多样化的融资方案，引入更低的资金成本。

### （二）加强传统金融机构合作

网金社通过从以下三方面降低金融机构的服务成本，提升服务效率，从而解决普惠金融发展中的可持续性问题。

利用金融科技手段提高融资效率、降低管理成本。实现线上化的资产权益转让融资申请、资金发放、贷后管理等流程,实现多维度的智能账务管理服务,可视化的智能报表管理服务等,可节省大量的人工操作成本。

利用金融科技手段实现业务场景内真实交易的闭环,核验光伏场景中的电站采购搭建、正常发电、余电并网等行为的真实性,降低欺诈造假的风险。由于农民用户多为白户,资金直接进入三方监管账户,农户及合伙人不过钱,可降低资金挪用的风险。

利用金融科技手段进行广泛的数据连接,将供应链上下游、税务、每个电站发电量、并电量等基本数据与碳银申请的融资数据相结合,为合作机构搭建信用风险评估模型和风险预警服务,判断贷前的风险程度与贷后的风险变化。

### 四、取得的成效

碳银在网金社的金融科技加持下,将生产制造商、销售服务商、物流公司、金融机构等各方参与主体串联,改变了整个产业链条上的服务关系,厘清各方职责,促进产业集约化、协同化发展。在这一模式下,信用也由集中变得分散,并且以真实消费和生产驱动,形成以产品消费、设备交付的支付、结算为基础的信用闭环,让扶贫助农的普惠金融不单是政策性、慈善性的,更具有商业可持续性。

# "农村数字金融综合服务体系"助推普惠金融可持续发展

吉林省农村金融综合服务股份有限公司

## 一、设立背景

2015年12月,国务院常务会议同意在吉林省开展农村金融综合改革试验,中国人民银行等八部委联合印发《吉林省农村金融综合改革试验方案》,对吉林省农村金融综合改革进行了总体部署。2016年5月,吉林省委、省人民政府印发《吉林省农村金融综合改革试验实施方案》,对开展改革试验工作进行总体安排部署。为贯彻落实国家以及省委省政府要求,吉林省金融控股集团发起设立吉林省农村金融综合服务股份有限公司(以下简称"吉林农村金服"),作为改革试验的载体,打造农村数字金融综合服务体系,发展可持续的农村普惠金融服务。

## 二、特色功能

吉林农村金服通过打造平台化商业模式,实现四大功能:(1)农民贷款足不出户。在农村地区搭建基础金融服务网络,拓展农村地区金融服务覆盖的广度和深度,填补农村金融服务缺口,将金融服务推送到农户家门口,使农民足不出户就能获得金融服务。(2)业务流程方便快捷。依托自主研发的全线上系统,打通不同产品、服务间的壁垒,使农户贷款申请、办理、审核流程高效迅速。(3)增加农户信用水平。通过建立信用信息评价标准,准确识别农户风险状况,依托土地使用权增加信用评级,改善缺少抵押物的申贷难题。(4)提供综合化服务。通过整合各类金融资源,为农户提供综合化金融服务解决方案,满足农户多种金融需求,提供金融多样化选择,提高农民金融投资能力。

### 三、具体做法

铺设线下体系，搭建农村金融服务基础网络。在吉林省区域范围内，建设省、市、县、乡、村五级机构体系，省级设立服务公司，市级设立服务中心，县级设立服务总站，乡级设立服务分站，村级设立服务站，其中村级服务站与村委会合作建设。每个村级服务站配备1名协理员，由村委会推荐人员担任，经过培训后，协理员发挥熟悉本乡本土的优势，负责开展融资需求调查、推介服务产品、协助申请和开展贷后管理等相关业务。通过基础服务网络，吉林农村金融把各类金融机构的助农惠农金融业务直接引入村里，打通服务的"最后一公里"。

发掘信用资源，创新农村金融服务客户评价标准。吉林农村金融借鉴国内最新研究成果和金融机构历史经验，基于土地承包经营权，利用大数据等方面技术，研发了吉林省金控集团农户信用评价标准1.0版，该标准通过构建农户家庭资产负债表、经营能力评价以及基本信息、创收能力、健康状况、社会评价等评价指标，对农户信用水平进行科学评定，评级结果直接作为农户贷款准入、额度测算、风险定价等审核依据，改变农户因为缺少信用记录、难以获得授信的现实状况。

应用数字技术，为农村金融服务注入科技动力。创新开发农村数字金融综合服务平台，运用电子签章、人脸识别、活体检验、云计算等先进技术，集成了信息采集、大数据风控、智慧管理等多种功能，实现了贷款申请、业务审核、贷款发放、贷后管理等全流程线上化。

开展内外协同，打造农村金融服务产品"超市"。通过与银行、保险、农资洽谈合作，现已形成了贷款、理财、保险、租赁、保理、支付、融物七大类多款产品，满足不同主体的各类服务需求。

### 四、成效显著

截至2020年9月，累计在白城、松原、四平、辽源、长春五个地区设立5个市级农村金融综合服务中心，22个县级农村金融综合服务总站、2467个村级金融服务站；累计评定25.9万户农户信用信息；累计服务1.3万户农户，小额业务累计放款突破5.1亿元。吉林农村金服未来将持续完善农村金融服务模式，提升农村金融覆盖面，强化科技引领，创新惠农产品服务，丰富惠农数字金融生态圈，全力打造农村金融服务新标准。

案例篇

**专家点评**

# 普惠金融是现代金融重要的供给侧改革

清华大学国家金融研究院副院长　张伟

"健全具有高度适应性、竞争力、普惠性的现代金融体系"是党的十九届四中全会对我国金融制度建设的要求。在我国，受益于党中央、国务院的高度重视，普惠金融的发展迎来机遇，随着《推进普惠金融发展规划（2016—2020年）》（以下简称《规划》）的收官，银行、保险、金融科技公司等机构创新出多样化的普惠金融产品，这些多样且适当的产品为健全现代金融体系贡献力量，成为金融供给侧结构性改革的重要落脚点。展望未来，只有坚定不移地推动供给侧结构性改革战略，才能补足普惠金融服务短板，适应好"十四五"新发展格局对普惠金融提出的新要求。

## 一、中国特色普惠金融创新成效显著

新时代中国特色的普惠金融实践创新，为推进全球普惠金融高质量发展贡献力量。在《规划》的顶层指导下，我国普惠金融在不同领域和不同环节都进行了多样创新。

从参与主体来看，除政策性金融机构外，商业银行、保险机构、新型农村金融机构、融资担保机构、金融科技企业成为普惠金融的重要参与主体，这些主体在服务小微企业、"三农"等方面发挥了重要作用。成为助力脱贫攻坚、服务乡村振兴战略的主力军。

### （一）商业银行：银企对接助力小微企业新模式

普惠金融一个重要特征就是致力于用金融服务惠及小微企业。近年来，商业银行在借助科技手段创新金融产品，服务小微企业方面进行了提质增效的探索。

比如，日照银行面向中小微企业启动"好伙伴成长计划"，探索科技赋能小微企业金融服务，借助科技手段破解银企信息不对称难题，并通过倾斜信贷资源、实施利率优惠等为小微企业注入融资活力。深圳农村商业银行借助科技手段向特定经营主体推出的订单贷、脚手架贷、空调贷、民宿贷等特色鲜明的产品，融入深圳经济发展脉搏，为小微企业提供多维度融资方案。

近年的实践显示，商业银行主要是通过设立小企业金融部、普惠金融部，金融产品创新等形式，大力支持普惠金融发展。商业银行在推广普惠金融业务时风险控制能力相对较强，能通过科技以及网络大数据，提升风险发生后的缓释能力，提高了金融资源配置效率。

### （二）保险：精准扶贫视角下的小额保险发展新模式

作为金融的重要组成部分，保险具备的风险管理、资产管理以及增信等功能与助力脱贫攻坚和服务实体经济具有天然的契合度，与普惠金融的连接也就尤为密切。其中，农村小额保险就是典型代表。

中航安盟保险公司创新普惠金融小额保险发展模式，用"红原模式"解决了阿坝州红原县、若尔盖县等藏区部分贫困牧民想购买农业保险，但无钱自交保费的情况，基于牧区牦牛养殖特征，推出了牦牛养殖保险、牦牛目标价格保险、防返贫保险等保险品种，提供了普惠金融精准扶贫的新模式。

该模式具体操作方式为：由"政府+保险+类金融机构+企业+专业合作社（牧民）"五方协作，以政府出面为贫困牧民自交保费贷款提供信誉担保；中航安盟保险提供保险服务；类金融机构按保单提供贷款；牦牛乳业企业补贴牧民定向贷款利息，实现"无息贷款"。组合金融保险既解决了牧民的保险问题，又直接对农业企业（合作社）和农户进行融资支持，形成了保险补偿经济的完整产业链条。

该模式根据农牧区实际，找准对生产生活产生切实影响的生产性资产为切入口，搭建的组合金融保险模式，是助力贫困地区农牧民抵御自然、人身和市场风险、提升生产能力的重要机制支撑。组合金融保险模式的持续性、覆盖面及保障能力值得在进一步推敲基础上，进一步扩大和提升。

## （三）新型农村金融机构：普惠金融助力乡村振兴

农村经济发展离不开农村金融的有力支持。然而，我国农村金融市场供求矛盾十分突出。一方面，涉农贷款来源主要集中在农村信用社、农业发展银行和邮政储蓄银行三大银行。另一方面，随着规模化经营逐渐扩大，农业经营主体在基础设施建设、厂房设备、运输工具等方面的资金需求不断增加，期限要求也相对较长，但当前涉农金融贷款主要集中于小额信用贷款、五户联保贷款等方式，贷款金额较少、期限较短，很难匹配农业经营主体的贷款需求，导致现实中"短贷长投"的现象时有发生。

为补足这一短板，吉林省进行了积极探索。吉林省设立农村金服公司——吉林省农村金融综合服务股份有限公司。该公司借助科技手段开发农村数字金融综合服务平台，通过助贷服务、融资服务、产融结合、农资（农机）商城等平台化模式解决农户分散和规模小造成的金融服务可得性缺乏问题。该模式不仅可以实现助贷传统农村金融，还可以通过先进信息技术推动合作社规模化、规范化经营，实现农村金融服务与农业生产融合发展。

为解决农村普惠金融供给问题，银保监会已经大幅降低农村地区银行和非银行金融机构准入门槛。未来，政策层面可以通过进一步放宽农村金融机构在股东人数、资本金、资产及业务开展等方面的限制实现农村普惠金融的跨越式发展。吉林省这一探索打破了传统农村金融格局，新型农村金融机构的引入带来的竞争活力有助于从根本上提升农村金融服务质量。

## （四）融资担保机构：突破"三农"担保短板

融资难、融资贵、无担保、无抵押历来是制约"三农"主体扩大生产经营规模和提高产出水平的重要因素。担保机构的介入让银行可以实现风险分摊，从而提高了"三农"主体金融服务可获得性。

浙江省担保集团有限公司推出"浙担"品牌系列融资担保产品，通过与合作银行共建模型的方式分摊担保风险，这种模式被称为"二八"风险分担机制，其定位是为从事农业生产经营的住户、国有农（林）场职工等"三农"客户提供贷款担保服务。

该产品在市场上表现出两方面优势：一是服务对象精准度高，易形成品牌效应。产品满足农业经营主体多样化、个性化信贷需求,易打响品牌。二是产品设计灵活度高,易形成可持续性。其通过设置合作银行分支机构业务风险分担机制,有效控制风险,提升了产品可持续竞争力和可持续性。

### (五)金融科技企业:科技赋能普惠金融新路径

随着技术浪潮的推进,越来越多科技公司开始布局普惠金融业务。其精准的细分场景和细分客户,让"长尾市场"群体成为主要受益对象。

青岛城乡建设小额贷款有限公司推出了基于在线教育场景的学费分期贷款产品——"优学e+",该产品一方面依托大数据风控及信息化系统向学员提供学费分期服务,另一方面通过发行资产证券化产品解决成本及资金来源问题,增强业务可持续性。这一模式抓住了新冠肺炎疫情带来的在线教育新机遇,成为科技赋能普惠金融的新途径。

金融科技公司赋能普惠金融还体现在助力创业型、科技型小微企业发展上。比如,苏州市融风科技小额贷款有限公司聚焦苏州工业园区生物医药、纳米技术应用、人工智能三大战略性新兴产业,借助科技手段引导社会资本加大对早期科创企业的支持力度,为园区科技型小微企业和科技人才"创新创业"提供融资服务。

从上述实践看,金融科技公司通过技术对客户、生态场景进行精准细分完善了我国普惠金融的生态链条。

## 二、坚持发展可持续的普惠金融

尽管近年来我国推动中国特色普惠金融实践之路发展迅速,但实施过程中也面临效率低、成本高等问题。要补齐这一短板,就要坚定不移地推动供给侧结构性改革战略,发展可持续的普惠金融,以适应"十四五"新发展格局对金融高质量发展提出的新要求。

### (一)完善金融基础设施助力普惠金融行稳致远

一是推动建立地方征信平台和中小企业融资综合信用服务平台,共享各类公共数据,解决小微企业信息不对称问题。二是借助疫情带来的数字经济新机遇,加强信用平台信息共享,通过科技手段掌握客户信用情况。三是推动建立统一的动产和权利担保登记公示系统，为企业办理动产和权利质押担保融资提供便利。四是农村金融服务点与电商服务站等融合共享填补农村金融服务市场空白。

### （二）借助科技手段平衡好创新和风险的关系

一是借助现代科技手段提升金融机构风控效率。鼓励将物联网、区块链、人工智能等技术嵌入交易环节，对库存以及物流实施远程监测，借助科技力量提升风控效率，加强交易真实性和合理性审查。无人机、遥感卫星、掌上终端及其他科技工具也有助于提升金融机构科技水平，降低业务运营成本，提高风险保障能力。二是相应的风控工作也需要引入更加专业、动态、全流程的第三方信用和风险管理机构力量。

### （三）注重商业持续性

普惠金融不是慈善，其发展必须具备可持续性。而当下的普惠金融普遍面临较高的自然风险、市场风险，这些风险可能会影响机构业务发展积极性。建议在政府引导下建立起完善的普惠金融商业可持续体系。比如，在银行业普惠金融实践中，完善融资担保代偿补偿机制，提高金融机构缓释信用贷款风险的能力，保护银行积极性。如此，才能持续提高金融体系的包容性。

### （四）引进国际经验与输出中国案例

一是在全球普惠金融实践中，不少国家形成了先进经验。比如，早期普惠金融的先锋——格莱珉银行提供了避免金融排斥的案例。再比如，肯尼亚、巴西在借助技术手段拓展普惠金融模式方面积累了优秀的经验，这些案例值得引入。二是在开展数字普惠金融实践中，中国形成了很多有效模式，在开展精准扶贫和助力全面建成小康社会的过程中形成了宝贵的中国经验，可以此为基础构建中国特色的普惠金融理论体系并且向世界分享中国经验。

> 研究文章

# 为全面打赢脱贫攻坚战贡献金融力量

中国农业银行三农业务总监 陈军

农村金融在过去很长一段时间基本等同于扶贫金融,即使到现在仍然具有强烈的扶贫金融属性。作为国务院扶贫开发领导小组成员单位,中国农业银行(以下简称农业银行)肩负着服务脱贫攻坚的使命,长期在农村商业金融扶贫的一线深耕探索,为广大农民改善生活状况提供了有力支持。当前,脱贫攻坚已进入决战决胜、全面收官的关键时期。农业银行将认真贯彻落实中央部署要求,坚持农村金融的扶贫金融属性,持续加大金融扶贫工作力度,为高质量打赢脱贫攻坚战、全面建成小康社会作出应有贡献。

## 一、围绕做好农村金融扶贫工作进行不懈探索和努力

农业银行自成立之日起,主要职责就是金融扶贫和服务"三农"。1951年,农业银行成立初期,就开办了贫下中农无息专项贷款,组织办理贫农合作基金贷款和极贫户贷款,有力地支持了贫困农民的生产生活。此后,农业银行虽然经历"三撤三设",但是在存续期间,农业银行始终围绕把支持广大农民改善贫困状况作为重要职责使命。1979年农业银行恢复后,当年即明确把"帮助农村农民富裕起来"作为重要的目标任务。从1986年开始,按照当年成立的国务院贫困地区经济开发领导小组安排,由农业银行承担扶贫专项贴息贷款发放工作。此后,农业银行扶贫贷款规模不断增加、业务种类不断丰富,有力地支持了国家扶贫开发计划的实施。

20世纪90年代以来,农业银行围绕商业扶贫进行了重要探索。90年代中期,农业银行开始了以"一分一脱"为主要标志的商业

化转型。1998年5月，根据国务院金融体制改革精神，农业银行共接收了农业发展银行划转的扶贫贷款350亿元。此后，农业银行开始逐步按照商业银行扶贫的思路，遵循"放得出、收得回、有效益"的原则，探索金融扶贫有效模式。2008年股改以后，农业银行扶贫工作的定位进一步明确为通过市场化手段支持扶贫工作，工作的重点主要放在支持贫困地区基础设施建设和产业发展上，特别是围绕国务院《中国农村扶贫开发纲要（2011—2020年）》安排，重点支持14个集中连片特困地区发展，支持了一大批重点企业、重点项目、特色产业。到2014年底，农业银行在集中连片特困地区各项贷款余额3367亿元，占四大行该类贷款余额的42.7%。

新的历史时期，持续做好脱贫攻坚金融服务是农业银行重要的职责使命。党的十八大以来，以习近平同志为核心的党中央，站在全面建成小康社会、实现"两个一百年"奋斗目标和中华民族伟大复兴的高度，作出决胜脱贫攻坚、共享全面小康的重大决策，把脱贫攻坚摆到治国理政的重要位置，作出一系列部署，以前所未有的力度推进脱贫攻坚，积极兑现让贫困人口和贫困地区同全国一道进入全面小康社会的庄严承诺。农业银行作为党领导的、国有控股的大型商业银行，深入学习贯彻习近平总书记关于扶贫工作的重要论述，发挥了金融扶贫国家队、主力军作用，聚焦职能职责，强化使命担当，全力支持服务贫困地区经济社会发展，为高质量打赢脱贫攻坚战、全面建成小康社会作出了应有贡献。

## 二、聚焦职责职能，不断深化脱贫攻坚重点领域的金融服务

一是加大贫困地区信贷投放力度。基础设施和产业是制约贫困地区经济社会发展的重要瓶颈，也是金融扶贫工作的重要着力点。近年来，农业银行围绕贫困地区基础设施建设、民生社会事业、特色产业培育发展、新型城镇化和美丽乡村建设、工业企业和民营小微企业发展等重点领域，持续找准结合点，不断加大信贷投放力度，改善深度贫困地区经济发展条件和投资环境。截至2019年年末，农业银行在832个国家扶贫重点县贷款余额10914亿元，比年初增加1675亿元，同比多增588亿元，增速18.14%，高于全行各类贷款平均增速6.25个百分点。

二是扎实做好精准扶贫工作。"精准扶贫、精准脱贫"是新时期扶贫工

作的基本方略，也是做好金融扶贫工作的重要原则。近年来，农业银行通过大力开展产业精准扶贫、项目精准扶贫和到户精准扶贫，着力建立贫困户与产业发展主体、重点带贫项目间的利益联结机制，支持带动一大批贫困人口脱贫致富。截至2019年末，农业银行精准扶贫贷款余额3942亿元，比年初增加642亿元，增速19.44%，高于全行各类贷款平均增速7.55个百分点，服务带动贫困人口498.8万人。其中，产业精准扶贫贷款余额1339亿元，项目精准扶贫贷款余额1770亿元，到户精准扶贫贷款余额716亿元，其他个人类精准扶贫贷款余额117亿元。

三是突出做好深度贫困地区金融服务。深度贫困地区是脱贫攻坚的"坚中之坚"，是"硬仗中的硬仗"。近年来，农业银行把服务深度贫困地区作为全行金融扶贫工作的重中之重，专门出台《助力深度贫困地区脱贫攻坚二十条倾斜政策》，在信贷规模、利率优惠、产品创新、渠道建设、财务资源、人才队伍、考评激励、挂点指导、消费扶贫、东西协作等方面制定精准支持政策。截至2019年末，在深度贫困地区各项贷款余额4026亿元，较年初增加688亿元，增幅20.62%，高于全行各类贷款平均增速8.73个百分点；其中在"三区三州"深度贫困地区各项贷款余额1128亿元，较年初增加175亿元，增幅18.42%，高于全行各类贷款平均增速6.53个百分点。

四是持续做好定点扶贫工作。定点扶贫是实现精准扶贫、精准脱贫的重要举措。农业银行高度重视定点扶贫工作，专门制定了工作意见和帮扶措施，围绕加大对定点扶贫县的信贷投放、选派扶贫干部到定点扶贫县任职、帮助定点帮扶对象招商引资和发展产业、开展扶贫捐赠和教育培训、聚焦"两不愁、三保障"突出问题实施教育医疗和饮水安全项目等做了大量工作，取得了积极成效。截至2019年末，农业银行在4个定点扶贫县的贷款余额104亿元，较年初增加15亿元，增幅17.36%，高于全行各类贷款平均增速5.47个百分点。全年累计投入无偿帮扶资金11125万元，是2018年的6.2倍；帮助引进帮扶资金2358万元；培训基层干部4158人、技术人员21190人。目前，4个县已全部实现脱贫摘帽。

五是深入开展消费扶贫和教育就业扶贫。发挥农业银行金融科技优势，研发创办"扶贫商城"，为贫困县搭建特色农产品展销平台，已与240家中央和地方扶贫单位达成合作意向，为121家单位开辟扶贫合作专区，上线商品实现对中央单位定点帮扶的592个贫困县100%全覆盖。2019年，农业银行通过线上扶贫商城、后勤集采、员工自愿购买等方式，全年直接购买和帮助销售贫困地区农产品8.44亿元。于2018年启动实施"金穗圆梦"助学活动，农业银行员工捐赠出资5178万元，按每人5000元的标准资助建档立卡贫困家庭大一新生，两年来累计资助大学生7828名、金额3914万元。在深度贫困地区实施"千人计划"，计划三年内面向深度贫困地区建档立卡贫困家庭大学生专项招聘1000人，目前已累计招聘547人。

### 三、强化支持保障，提升金融服务脱贫攻坚的能力和水平

一是建立健全体制机制保障。加强组织领导。在总行成立了以党委书记任组长的金融扶贫工作领导小组，统筹推进金融扶贫各项工作，各党委成员结合分管领域组成扶贫专项工作组。挂牌设立扶贫开发金融部，在分支行成立专门的金融扶贫团队。完善"三农"金融事业部职责职能，持续强化事业部对金融扶贫工作的支持保障。健全工作机制。建立健全"总行统筹、省市分行推进、县支行抓落实"的工作机制，对金融扶贫工作进行逐级动员、层层落实，上下联动一体推进金融扶贫各项工作。落实政策安排。总行先后出台金融扶贫制度文件93个，形成了包括扶贫产品和服务模式创新、业务规范管理、考核激励、资源配置和尽职免责等在内的一整套金融扶贫差异化政策制度安排并持续抓好落实，确保金融扶贫工作取得实效。

二是持续加大金融扶贫创新力度。创新金融扶贫信贷政策。充分考虑贫困地区的差异性、特殊性，在客户准入、抵押担保、利率定价和尽职免责等方面作出一系列差异化安排。开辟信贷审批"绿色通道"，对国家扶贫重点县机构上报的信贷审批业务，全部实行优先办结。创新金融扶贫产品。制定下发《关于进一步加强金融扶贫产品创新工作的意见》，下放扶贫信贷产品创新权限，扩大贫困地区分行"三农"产品创新基地数量，鼓励和指导分支行积极创新区域特色金融扶贫产品。2019年以来共创新推出27项金融扶贫产品，在贫困地区适用的"三农"特色产品合计达213项。创新金融扶贫模式。在前期探索形成小额信贷扶贫、政府增信扶贫、龙头企业带贫、特色产业扶贫、旅游扶贫等金融扶贫模式的基础上，进一步创新优化教育扶贫、工业扶贫、"扶贫车间"带贫、资产收益扶贫、产业链扶贫、"公益岗位"扶贫等

模式,全行金融扶贫模式增加到15个。

三是积极构建"五位一体"。服务渠道网络。加大物理网点建设力度。2019年特事特办,以最快速度在贫困地区选址新增了58个人工网点,针对部分贫困地区少数民族客户不识汉字的实际困难,及时升级科技运营系统,在自助设备上提供了6种少数民族语言供选择。加大自助网点建设。在贫困地区新增了44个自助网点,全行贫困地区网点自助设备达3.86万台,比年初增加8200台,增幅26.97%。深入推进惠农金融服务点升级。在832个国家扶贫重点县新布放电子机具42127台,电子机具行政村覆盖率从69.9%提高到86.6%。针对少数民族地区对电子机具的服务功能需求,拟以后研发上线藏文、维吾尔文板机具。大力推广互联网金融服务渠道。掌银、网银、扫码支付等互联网服务渠道已覆盖全部贫困县,国家扶贫重点县掌银用户超过1000万户。试点开展流动金融服务。农业银行在四川、云南、甘肃、青海、西藏5家分行累计为190个网点空白乡镇提供移动金融服务。

四是不断强化金融扶贫考核考评和资源投入。加大考核力度。将金融扶贫工作作为对分支行党建工作考核的重要内容,纳入总行部门和相关分行综合绩效考核。针对一级分行和扶贫重点县支行制订脱贫攻坚专项评价方案,实施穿透式考核考评。倾斜配置资源。将信贷计划、经济资本、工资费用、固定资产等各方面资源向贫困地区特别是深度贫困地区倾斜,优先保障贫困地区资源需要。部分专项资源实行穿透式配置,专款专用。选派优秀人才奋战扶贫一线。每年选派一批干部员工到贫困县、贫困乡镇、贫困村挂职或担任第一书记、驻村工作队员。到2019年末全行奋战在扶贫一线的扶贫干部达到2410人。推进东西部行行扶贫协作和对口帮扶。统筹12家东部分行结对帮扶"三区三州"和4个定点扶贫县,在金融创新、招商引资、扶贫捐赠等方面加强对口帮扶,形成全行金融扶贫"大合唱"。2019年累计帮助贫困地区引进招商引资项目46个,计划总投资金额47.32亿元。

## 四、再接再厉做好脱贫攻坚收官阶段金融服务工作

一是进一步完善服务脱贫攻坚工作机制。进一步健全金融服务脱贫攻坚组织领导、协调推进、总分联动、东西协作、督导检查等制度机制,发挥好总行金融扶贫工作领导小组职能,强化综合统筹和协调推进,确保金融扶贫

工作取得实效。健全多维度金融扶贫考核体系，强化激励约束，形成金融扶贫工作合力。持续深入开展扶贫工作调研和评估督导，强化对政策执行情况的跟踪评估，及时完善金融扶贫政策制度和产品模式，帮助基层行解决金融扶贫工作中的困难问题。

二是不折不扣地完成金融扶贫目标任务。围绕贫困地区基础设施建设、富民兴村特色产业、民生事业和公共服务、乡村治理体系等重点领域，切实加大扶贫贷款投放力度，力争2020年在832个扶贫重点县新增贷款超过1000亿元并且贷款增速高于全行各类贷款平均水平。将优秀的人员、优惠的政策、优势的资源投入深度贫困地区特别是未摘帽贫困县，尽全力做好对国务院扶贫开发领导小组挂牌督战的52个未摘帽贫困县和1113个贫困村的金融服务。进一步压实定点扶贫工作责任，持续加大对4个定点扶贫县和6个重点帮扶县的挂点联系和指导帮扶。认真落实中央统筹推进新冠肺炎疫情防控和经济社会发展工作部署，积极做好贫困地区"稳增长""稳投资"重大项目、重点项目复工复产、贫困农民工返岗就业金融服务，努力把疫情对金融扶贫工作影响降到最小。

三是持续深化金融扶贫创新。根据贫困地区实际，因地制宜加大金融扶贫特色产品、典型模式的宣传培训、推广复制和移植创新力度。加快贫困地区数字化转型步伐，突出科技赋能，强化线上线下联动，优先做好贫困地区"惠农e贷""惠农e付"推广和电商扶贫工作。大力开展信用村、信用户创建和农户信息建档，创新推广适用产品模式。面向贫困地区产业、园区、农村集体经济组织和贫困农户等群体，做优服务场景、建强金融生态，不断提升贫困地区综合金融服务水平。

四是持续做好金融服务全面脱贫与乡村振兴有效衔接。随着脱贫攻坚任务的如期完成，贫困地区将逐步进入巩固脱贫成果和防止致贫返贫、实施乡村振兴战略的新阶段。我们将认真落实中央脱贫攻坚和乡村振兴战略部署，按照"四个不摘"要求，持续加大对定点扶贫县和已脱贫地区帮扶力度，探索金融扶贫与乡村振兴金融服务的有效衔接，建立以金融服务解决相对贫困的长效机制。

# 后记

2020年，是全面建成小康社会收官之年，是开启全面建设社会主义现代化国家新征程的接力之年，也是《推进普惠金融发展规划（2016—2020年）》实施的收官和迎接下一个规划之年。中国金融业全面深化改革，严守风险底线，服务实体经济，助推高质量发展。面对突如其来的疫情，普惠金融作用凸显，为全面建成小康社会、打赢脱贫攻坚战提供了强有力的支撑，在构建新发展格局中重塑金融发展新优势。

人民日报全国党媒信息公共平台牵头举办的"中国普惠金融典型案例征集和评选"等主题系列活动连续第三年举办，坚持挖掘普惠金融实践中最具代表性、可供行业参考和借鉴的典型金融产品和做法、促进普惠金融更好发展的宗旨。

受新冠肺炎疫情影响，2020年的案例征集和评选活动较往年推迟了三个月开展，但各方参与的积极性并未减弱。在不到两个月的时间里，在中国银行业协会、中国保险行业协会、中国互联网金融协会、中国融资担保协会、中国小额贷款公司协会、中国财务公司协会以及中国银行保险报等单位的大力支持下，共征集到来自银行、保险、融资担保、小贷公司、财务公司、金融科技公司等行业341家单位的569件案例，参评案例数量与2019年基本持平，案例质量显著提高。案例评选遵循公开、公正、科学的评审原则和流程，参考网络公开投票参与热度，经过相关协会和评审专家推荐和多轮线上、线下评审，最终评出30个典型案例，其中包括10个"中国普惠金融助力抗击疫情"典型案例，5个"中国普惠金融助力脱贫攻坚"典型案例、5个"中国普惠金融产品创新"典型案例、5个"中国数字普惠金融"典型案例和5个"中国普惠金融可持续发展"典型案例。获评案例所属单位在2019年11月12日举办的第三届中国普惠金融创新发展峰会上获得了主办单位的联合授牌。为弥补"典型案例"名额限制的遗憾，为业界和研究单位提供更多值得借鉴和研究的实践参考，人民日报全国党媒信息公共平台作为主题系列活动的牵头主办单位，组织挖掘和整合所征集到的案例，共同编撰了《数普惠 新金融——中国普惠金融实践案例集锦（2020）》。

本书共收录了包括获奖的30个中国普惠金融典型案例（2020）的一共65个普

惠金融实践案例。本书开篇和各章的研究文章，摘自我们的《普惠金融研究》读物已征得相关作者同意。中国银行业协会、中国保险行业协会、中国融资担保协会、中国小额贷款公司协会和中国财务公司协会专门为本书撰写了所属行业的综述。针对五类普惠金融案例，分别配发了专家撰写的点评文章。此书是全面了解和研究当前我国普惠金融发展实践的一本不可多得的参考资料。

从案例报送单位类型来看，65个案例中包括银行案例23个，保险公司案例10个，小贷公司案例9个，融资担保公司案例11个，财务公司案例3个，金融科技等其他公司案例9个；从案例类别来看，65个案例中包括中国普惠金融助力抗击疫情案例22个，中国普惠金融助力脱贫攻坚案例14个，中国普惠金融产品创新案例10个，中国数字普惠金融案例8个，中国普惠金融可持续发展案例11个。

作为"中国普惠金融典型案例征集和评选"主题系列活动的重要成果之一，本书离不开相关监管部门和中国银行业协会、中国保险行业协会、国家金融与发展实验室、中国融资担保协会、中国小贷公司协会、中国财务公司协会、中国银行保险报等单位及其负责人的大力支持，同时也离不开参评中国普惠金融典型案例（2020）的来自银行、保险、融资担保、小贷公司、财务公司、互联网金融公司等单位的支持。我们谨代表本书的组织单位，对为本书作出贡献的上述单位和没能一一列出名字的相关人员表示衷心的感谢！

让我们共同谱写普惠金融事业的"十四五"新篇章！

人民日报全国党媒信息公共平台普惠金融项目组
2020年11月

## 全国党媒信息公共平台

"全国党媒信息公共平台"是人民日报社认真贯彻落实以习近平同志为核心的党中央关于推进媒体深度融合发展的指示要求,着眼于系统性提升党媒内容生产能力、舆论引导能力和可持续发展能力,在人民日报全媒体新闻平台(中央厨房)建设取得阶段性成果和经验的基础上规划建设的新一代平台体系。中央厨房要解决媒体集团内部融合问题,"全国党媒信息公共平台"则要推进媒体行业融合。

平台化是媒体融合发展的大势所趋。人民日报社在中央厨房建设取得阶段性成果和经验的基础上,规划打造一个行业融合的全新平台。2017年8月19日,中共中央宣传部、人民日报社、中国记协和中共广东省委、浙江省委、安徽省委的领导同志在深圳共同启动了平台建设。12月15日,平台正式命名为"全国党媒信息公共平台"。

"全国党媒信息公共平台"由人民日报媒体技术股份有限公司负责规划、建设与运营。平台的建设内容可以概括为:"百端千室一后台",即:以人民日报全媒体新闻平台为基础,连接人民日报系各类新媒体终端,与全国各类中央媒体、地方媒体、行业媒体以及党政机关、企事业单位的新闻宣传部门携手合作,联通数百个客户端,孵化上千个融媒体工作室,在保持各类端口后台独立的前提下,打造一个共享的技术后台,从而构建起面向全国党媒的人才共享、内容共享、技术共享、渠道共享、盈利模式紧密协作的公共平台。

中国银行业协会在京召开"2019年中国银行业十件大事、好新闻发布会"

中国银行业协会党委书记、专职副会长潘光伟出席2019年中国普惠金融国际论坛并致辞

深入开展课题研究,发布行业品牌报告

中国银行业协会(China Banking Association, CBA)成立于2000年5月,是经中国人民银行和民政部批准成立,并在民政部登记注册的全国性非营利社会团体,是中国银行业自律组织。2003年中国银监会成立后,中国银行业协会主管单位由中国人民银行变更为中国银监会。2018年3月,中国银行保险监督管理委员会成立后,中国银行业协会主管单位由中国银监会变更为中国银行保险监督管理委员会。凡经业务主管单位批准设立的、具有独立法人资格的银行业金融机构(含在华外资银行业金融机构)和经相关监管机构批准、具有独立法人资格、在民政部门登记注册的各省(自治区、直辖市、计划单列市)银行业协会以及相关监管机构批准设立、具有独立法人资格、依法与银行业金融机构开展相关业务合作的其他类型金融机构,以及银行业专业服务机构均可申请加入中国银行业协会成为会员单位。

截至2020年5月,中国银行业协会共有736家会员单位、32个专业委员会。会员单位包括开发性金融机构、政策性银行、大型商业银行、股份制商业银行、城市商业银行、民营银行、农村信用社、农村商业银行、金融租赁公司、汽车金融公司、货币经纪公司、消费金融公司、金融资产管理公司、外资金融机构、新型农村金融机构、中国银联、银行业信贷资产登记流转中心有限公司、银行业理财登记托管中心有限公司、其他金融机构、各省(自治区、直辖市、计划单列市)银行业协会等。

中国银行业协会的最高权力机构为会员代表大会,由300名会员代表组成。会员代表大会的执行机构为理事会,对会员代表大会负责。理事会在会员代表大会闭会期间负责领导协会开展日常工作。理事会闭会期间,常务理事会行使理事会职责。常务理事会由会长1名、专职副会长1名、副会长若干名、秘书长1名组成。协会设监事会,由监事长1名、监事若干名组成。中国银行业协会日常办事机构为秘书处。秘书处设秘书长1名,副秘书长若干名。秘书处共有18个部门,包括办公室(党委办公室)、人力资源部(党委组织部)、纪委办公室、自律部、维权部、协调服务一部、协调服务二部、协调服务三部、协调服务四部、热线服务部、系统服务部、宣传信息部、计划财务部、国际关系部、农村合作金融工作联络部、研究部、中小银行服务部、金融租赁专业委员会办公室。此外,还设立了东方银行业高级管理人员研修院、《中国银行业》杂志社和英国代表处。

根据工作需要,中国银行业协会设立32个专业委员会 包括农村合作金融工作委员会、法律工作委员会、自律工作委员会、银团贷款与交易专业委员会、银行业专业人员职业资格考试专家委员会、外资银行工作委员会、托管业务专业委员会、保理专业委员会、金融租赁专业委员会、银行卡专业委员会、行业发展研究委员会、消费者保护委员会、中间业务专业委员会、货币经纪专业委员会、贸易金融专业委员会、养老金业务专业委员会、理财业务专业委员会、城市商业银行工作委员会、利率工作委员会、安全保卫专业委员会、汽车金融专业委员会、客户服务与远程银行委员会、财务会计专业委员会、绿色信贷业务专业委员会、票据专业委员会、私人银行业务专业委员会、村镇银行工作委员会、银行业产品和服务标准化专业委员会、信息科技专业委员会、台资银行工作委员会、声誉风险管理专业委员会,以及消费金融专业委员会。

中国银行业协会以促进会员单位实现共同利益为宗旨,履行自律、维权、协调、服务职能,维护银行业合法权益,维护银行业市场秩序,提高银行业从业人员素质,提高为会员服务的水平,促进银行业的健康发展。

2014年,荣获国务院残疾人工作委员会"全国助残先进集体"称号,成为唯一获此荣誉的全国性行业协会;2015年,连续第二次被民政部授予"全国先进社会组织"的荣誉称号;继2009年,在民政部组织的全国性行业协会商会等级评估活动中,中国银行业协会以总分第一的成绩获得5A最高等级后,在2015年,连续第二次在该项评估中获评5A最高等级。

## 中国社会科学院国家金融与发展实验室
National Institution for Finance & Development (NIFD), CASS

设立于2005年，原名为"中国社会科学院金融实验室"。这是中国第一个兼跨社会科学和自然科学领域的国家级金融智库。其后，中国社科院依托经济学部，陆续设立了十余家以金融、经济政策研究为取向的智库型研究机构，其中包括2010年与上海市政府合作设立的"陆家嘴研究基地"。

2015年6月，中国社科院批准上述十余家智库型研究机构整合为"国家金融与发展实验室"（以下简称"实验室"）。

2015年11月10日，"中央全面深化改革领导小组"第十八次会议批准实验室为首批25家国家高端智库之一。

2016年始，实验室同若干省市政府密切合作，先后成立了上海金融与发展实验室、广州金羊金融研究院、实验室青岛基地、实验室成都基地、芜湖皖江金融科技研究院等机构，以上机构均为实验室在该地的研究基地。

实验室下设研究中心、院、所、基地、论坛等，广泛覆盖了国内外金融经济的主要领域，包括：国家资产负债表、中国债券论坛、财富管理、宏观金融、金融法律与金融监管、银行、支付清算、资本市场与上市公司、全球经济与金融、经济增长与金融发展、金融科技、消费金融、文化金融、保险、房地产金融、投融资、长三角一体化、大湾区经济发展、国际政治经济学、特殊资产、中国政府债务、中欧金融与经济发展等。

# 中国融资担保业协会
CHINA FINANCING GUARANTEE ASSOCIATION, CFGA

2019中国担保高峰论坛在长春举行

歌唱祖国齐奋进　凝心聚力铸辉煌——中担协拓展训练

中国融资担保业协会第二届自律专业委员会第一次会议在京召开

中国融资担保业协会在长春举办金融科技与担保培训

中国融资担保业协会组织全体员工参观中国人民抗日战争纪念馆

经原中国银行业监督管理委员会和中华人民共和国民政部批准，中国融资担保业协会（CHINA FINANCING GUARANTEE ASSOCIATION，CFGA）于2013年1月18日正式成立。协会是由融资担保机构、地方融资担保行业自律组织和担保领域具有一定影响的个人自愿组成的全国性融资担保行业自律组织，是非营利性社会团体法人。协会接受业务主管单位中国银行保险监督管理委员会和社团登记管理机关中华人民共和国民政部的业务指导和监督管理。

2013年9月17日，中国融资担保业协会成立大会和全体会员大会在北京召开。原中国银监会副主席阎庆民、蔡鄂生出席会议并发表重要讲话。《国务院关于促进融资担保行业加快发展的意见》（国发〔2015〕43号）明确指出，中国融资担保业协会要加强行业自律建设，积极承担部分行业管理职能，在行业统计、机构信用记录管理、行业人才培养和文化建设等方面发挥重要作用，为行业监管提供有效补充；制订科学合理的人才培养、储备和使用的战略规划，研究制定从业人员管理制度，提高人员素质，推进队伍建设。

中国融资担保业协会始终坚持自律、维权、协调、服务宗旨，积极发挥行业机构与主管部门间的桥梁纽带作用。面对会员需求，服务为先，快速响应；面对相关主管部门，积极沟通，建言献策；大力开展各类培训活动，积极开展对外宣传，切实提升行业影响力，助力行业发展。

近年来，中国融资担保业协会在主管部门和行业机构的大力支持下，逐步发展壮大。截至2020年10月，共有323家会员，其中会长1家、副会长38家、理事23家、监事4家、地方协会38家、会员219家。

2015年1月30日,中国小额贷款公司协会在北京召开成立大会,中国银监会副会长周慕冰和中国人民银行副行长潘功胜分别发表讲话并为中国小额贷款公司协会会徽揭牌

2015年1月30日,中国小额贷款公司协会在北京召开成立大会暨第一届会员代表大会

2020年9月25日,党委书记、会长王非同志主持召开第二届会长办公会第一次扩大会议

2020年9月25日,中国小额贷款公司协会召开第二届会长办公会第一次扩大会议

中国小额贷款公司协会(China Micro-credit Companies Association, CMCA,以下简称中贷协)成立于2015年4月,是经原中国银监会批准成立,并在民政部登记注册的全国性、行业性、非营利性社会团体。中贷协的业务主管部门是中国银保监会,同时接受中国人民银行和民政部的工作指导与监督管理。会员单位包括依法设立的小额贷款公司、小额贷款公司母公司,地方小额贷款公司自律组织以及为小额贷款公司提供服务的机构等。截至2020年9月30日,共有364家会员单位,其中副会长单位19家,理事单位39家,副监事长单位1家,监事单位1家。

中国小额贷款公司协会宗旨是:遵守国家宪法、法律、法规和经济金融方针政策,依法履行行业自律、维权、服务、协调职能;搭建沟通桥梁,为政府和会员服务;维护小额贷款公司合法权益,维护市场公平竞争;面向小额贷款公司,提供专业服务;参与法规建设,促进全国小额贷款公司健康发展。

中国小额贷款公司协会职能:自律、维权、服务、协调。

2018年以来,中贷协通过各种形式在各地举办主题培训活动,共举办培训论坛29期,其中线上培训5场,共34200余人次参加,为提升行业人员素质和业务能力起到重要作用。

为政府和会员单位搭建沟通桥梁,参与法规建设和行业研究。组织多方通过合作、调研、闭门会议等形式形成相关报告,提出小贷公司行业监管政策和立法建议;与国际金融公司(IFC)、中国人民大学中国普惠金融研究院(CAFI)、德国IPC咨询(北京)有限公司签订战略合作框架协议,并有序开展了相关合作。

中贷协组织全国各省市小贷协会代表签署了《全国小额贷款公司依法合规经营承诺书》,发布了《中国小额贷款公司协会2018年行业自律要点》,提倡全国小贷公司行业加强党的建设,做到维护小额贷款公司合法权益,维护市场公平竞争,引导小贷行业健康、规范、可持续发展。

为加强典型引领和行业宣传工作,与各地方协会专委会编制了《全国优秀小贷人和全国小贷公司行业突出贡献者简要事迹汇编》《小贷公司风险管理经验类比分析》等书籍;开展了以"正确识别小额贷款公司,严厉打击非法放贷行为,切实维护经济金融秩序"为主题的全国小额贷款公司宣传月活动;基于最高人民法院出台的《关于修改〈关于审理民间借贷案件适用法律若干问题的规定〉的决定》和银保监会发布的《关于加强小额贷款公司监督管理的通知》,中贷协向小贷行业发出了减费让利支持实体经济的行动倡议,同时号召全行业开展贷款利率定价大讨论活动。

中国小额贷款公司协会
微信公众号

中国小额贷款公司协会
官方网站

2019年12月12日至13日,中国财务公司协会第22次会员大会在济南举行。中国银保监会党委委员、副主席祝树民,国务院国资委总会计师白英姿出席会议并发表讲话

2019年12月26日,全国财务公司统计人员会议在北京华尔顿酒店举办

2020年9月7日,中国财务公司协会联合北京国家会计学院举办财务公司审计业务专题培训

中国财务公司协会(China National Association of Finance Companies)于1994年经中国人民银行批准成立,其前身是1988年成立的"全国财务公司联合会",是企业集团财务公司的行业自律性组织,全国性、非营利性的社会团体法人。在中国境内批准设立的企业集团财务公司均可自愿申请成为中国财务公司协会会员。中国财务公司协会的业务主管机关是中国银行保险监督管理委员会,社团登记机关是中华人民共和国民政部。

截至2019年末,中国财务公司协会共有会员单位254家,分布在能源电力、机械制造、民生消费、农林牧渔等关系国计民生的20多个重要行业。财务公司行业始终以"立足集团、服务实体"为原则,充分发挥"资金归集平台、资金结算平台、资金监控平台、金融服务平台"功能,在帮助企业集团降低财务成本、优化配置金融资源、提高资金效率、调整产业结构和增强竞争力等方面作出了卓越贡献,在支持实体经济发展方面发挥了重要作用,已成为我国金融体系中的重要组成部分。

中国财务公司协会成立33年来,以维护公平市场秩序,营造良好发展环境,引领行业发展方向,立足企业集团金融需求,提升行业服务实体经济质效为使命,认真履行"自律、维权、协调、服务"职责,在推动行业规范发展、协调行业监管政策、研究行业发展问题、提升行业社会影响力、促进国内外交流合作等方面做了大量卓有成效的工作,促进了会员单位实现共同利益,推动财务公司行业规范、稳健发展。